국내외
부품구매(URL)부터
제작까지

Artificial Intelligence and embeded system

확, 다른!
아두이노 사이다 교과서

인공지능 | 딥러닝 | 음성인식 | 물체인식 | 원거리통신 | 32비트 | IoT | TCP/IP | MQTT

주승환 지음

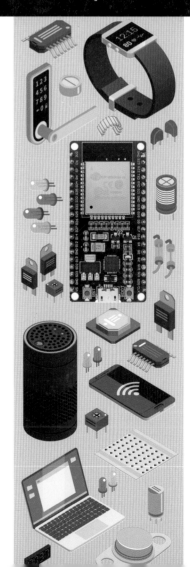

GoldenBell
www.gbbook.co.kr

머리말

이 책을 쓴 목적은 궁극적으로 『가장 쉬운 방법으로 아두이노 최상급으로 가기』이다.

이 책은 소프트웨어나 하드웨어 초보자 혹은 아두이노를 한두 번 접한 사람을 위해 썼다. 더욱이 초심자라면 이 책을 강권하고 싶다.

아두이노는 현재 판매되는 메가와 우노, 고급 하드웨어 보드와 사용자 인터페이스가 같아서 개발 환경이 배우기 쉽게 되어 있다. 따라서 처음 배울 때부터 모든 것을 지원하고 개발할 수 있는 하드웨어 보드를 잘 선택해야 한다. 그러지 않으면 모든 작업을 고급 하드웨어 보드에 맞추어 다시 해야 하는 상황이 생긴다.

이를 위해 무엇이 필요할까?

PC와 1만 원대 아두이노 하드웨어만 있으면 된다. PC만 있으면 추가 비용도 거의 들지 않는다.

이 책을 마스터하면 아두이노로 구글 스피커에서 음성 인식을 할 수 있는 장치와 구글 디바이스를 만들 수 있다. 또한 아두이노로 만든 장치를 아마존 알렉사 스피커에 연결해서 모든 명령을 음성으로 시킬 수 있다. 예컨대, 이런 구글 디바이스를 실생활에 쓰거나 만들어 팔 수도 있다.

필자는 메탈 3D 프린터를 제작하고, 3D 프린팅 기술이 있어, 음성 인식이 되는 Moen Smart faucet 같은 수전(faucet)을 메탈 3D 프린터로 만들 수 있다.

 필자가 메탈 3D 프린터로 협회 제작시에 만든 Faucet이다.

 해외에 제작하여 아랍에밀레이트 최고급 호텔에 설치된 Faucet

 GROHE와 American Standard 에서도 발매

이 책에는 그동안 여러가지 센서, 모터, 스마트 팜, 스마트 홈에 쓰던 기술을 모두 담았다. 이것으로 여러분이 원하는 거의 모든 것을 충분하게 구현이 가능하다. 여러분의 개발의도에 맞는 하드웨어, 소프트웨어를 구현할 수 있다.

기존의 아두이노의 기능을 다 포함하고, 처리속도는 32비트 리스크(RISC)로 엄청나게 빨라지고, Wifi와 블루투스가 내장되고, Web, App, 먼거리 RF 통신, LoRa, AWS IoT 연결, 구글 디바이스로 만들어서 음성 인식이 가능하다.

스마트 시계를 만들어 시계처럼 오랫동안 가지고 다닐 수 있게 만들고, 숱하게 많은 기능을 넣을 수 있는 기술을 시작하는 것이다. 가격은 같은 성능에 비해 1/10이고, 기존의 아두이노 보드와 별 가격 차이가 없이 쓸 수 있다.

또한, 추가로 아마존 AWS에 연결하여 IoT 사물(Thing)을 만들고 스마트 홈, 스마트 팜, 스마트 제조나 공장에 필요한 장비를 만들기 위한 개념까지 확립한다.

센서 – 온도, 습도, pH, 토양 수분, CO, CO2, 공기질 센서
제어 – 릴레이 – 냉난방, 가습기, 모터, 솔레노이드 밸브
모터 제어기 – Nema 17 모터 제어

각각 아두이노로 구동을 해보고 이것을 어디에 쓰는지에 대해 진지하게 접근한다.

예

센서에서 읽어서 On off 하면 스마트 팜 – 모터, 난로, 가습기, 물을 제어한다.
물건이나 공구를 정확히 1m 이동시키면   스마트 공장
집에 있는 냉난방, 습도, 창문 열고 하면 – 스마트 홈

통신을 통해서 PC, 스마트폰, 웹, 아마존 서버와 IoT 사물까지 연결할 수 있는 방법을 따라하기만 하면 숙달된다. Wifi로 PC와 연결하고 제어하고, Wifi로 스마트폰에서 사용하면 IoT, 클라우드에 연결하고 인공 지능, 빅데이터까지 확대할 수 있는 기본 기술을 따라하기만 하면 익혀진다.

스마트 팜을 내가 스스로 개발하거나 집안 자동화 또는 인공지능 구글 홈, 어시스턴스, 아마존의 알렉사와 소프트웨어적으로 연결하면 말로 하는 인공지능이 된다.

마지막 장에서는 인공지능에 대해 실습을 한다. ESP32-CAM 카메라에서 비디오 촬영을 하면 실시간으로 물체나 사람을 검출해서 알려준다. 예를 들어 지금 촬영하는 것이 사람인지 책인지 사과인지 알려준다. ESP32와 PC의 파이썬을 활용해 인공지능을 구현한다. 이 기술을 통해 추후에는 카메라로 사람을 식별하거나 음성 인식을 해서 문을 열게 하여, 비밀번호가 전혀 필요 없는 현관문 도어록(door lock) 장치를 만들 수 있다.

이걸 필두로 우리나라 전자 제품 만드는 기술이 음성 인식이 되고, 인공 지능, 초연결이 되는 기술로 업그레이드 되었으면 한다. 이것이 필자가 집필하는 목적이다.

이 책 다음에는 후편으로 실제 적용해서 개발하는 사례에 대한 책을 쓸 것이다. 여러분이 직접 새로운 전자 제품을 창조할 수 있게 하기 위해…!

2022 . 4
주승환

알림!

참고로 메탈 3D 프린팅, 플라스틱(산업용) 3D 프린팅을 배우실 분은 언제든지 환영한다.
  – **지도교수** : 주승환 (인하대학교 제조혁신전문대학원 적층제조 전공)
  – **장소** : 인하대, 제조혁신전문대학원 (21999 인천시 연수로 갯벌로 36 항공우주융합캠퍼스
        제조혁신전문대학원)
  – **e-mail** : ishkoret@naver.com / jshkoret@inha.ac.kr

목차
Contents

제1부
IoT 개발 보드 선정 : ESP32

LESSON 1 시작하기 : PC와 스마트폰 없이 생활할 수 없는 시대이다   10

1-1 아두이노 최상급으로 가기 ------------------------------------ 10

LESSON 2 개발 보드 선정 ----------------------------- 15

LESSON 3 ESP32 사용하기 ---------------------------- 18

3-1 ESP32 소개 ------------------------------------- 18

3-2 ESP32의 종류 ----------------------------------- 19

3-3 가장 대표적인 ESP32-WROOM-32 응용 모듈 ----------------- 19

3-4 ESP32 모듈 구성 -------------------------------- 20

3-5 ESP32 개발 보드 선택 ----------------------------- 21

3-6 ESP32 개발보드의 종류 ---------------------------- 21

3-7 구매 – 최종 선택 ------------------------------- 22

3-8 저렴한 DEVKIT 기종 ----------------------------- 24

3-9 개발 환경 선택 -------------------------------- 27

3-10 개발 환경 설치 ------------------------------- 28

LESSON 4 ESP32로 제어기기 만들기 ---------------------31

4-1 ESP32 포트제어 ----------------------------------- 31
  4-1-1 LED 깜등하기   31
  4-1-2 PWM을 사용해서 LED 제어 ------------------------- 49
4-2 Wifi 테스트 ------------------------------------- 51
4-3 OLED 화면에 표시하기 ------------------------------ 62
4-4 AHT10 온습도계 --------------------------------- 71
4-5 CO 센서 --------------------------------------- 86
4-6 통합시스템 제작: 온도·습도 자동조절, CO 농도 표시 ------------- 94
4-7 스테핑 모터 제어 -------------------------------- 104

LESSON 5 통신시스템 들어가기 --------------------- 117

5-1 블루투스, BLE ---------------------------------- 118
5-2 MQTT – IoT – 근거리 ---------------------------- 135
5-3 LoRa – IoT – 원거리 ---------------------------- 148

LESSON 6 응용 ---------------------------------- 176

6-1 스마트 시계 – 휴대용 ----------------------------- 176
6-2 CAM 카메라 ------------------------------------ 195
6-3 오디오 장치 개발 – 아마존 알렉사 연결 ------------------ 206

제2부
PC와 연결하기

LESSON 7 PC와 연결하기 (C# – TCP/IP) ------------- 212

7-1 콘솔 프로그램 단방향 PC에서 ESP8266 --------------------- 212

    7-1-1 ESP8266 개발 환경 셋팅 ---------------------------------- 212

    7-1-2 온도 습도(DHT11 센서) 제어 시스템(PC-ESP8266 통신) ---------- 216

7-2 콘솔 프로그램 양방향 ------------------------------------ 232

7-3 윈도즈 폼 프로그램 단방향 -------------------------------- 247

LESSON 8 App, 웹과 연동하기 --------------------- 255

8-1 안드로이드 앱 연동 프로그램 개발 – 앱 인벤터 ----------------- 255

8-2 NodeRed – Wifi Web(웹)으로 연동하는 개발도구 ------------- 262

제3부
클라우드와 연결하기

LESSON 9 아마존 IoT --------------------------- 282

9-1 아마존 IoT 구현, 통신 연동 테스트 --------------------------- 282

9-2 아두이노를 활용한 아마존 IoT 연결 ------------------------- 288

9-3 아마존 서버로 활용하기, 우분투 설치 ------------------------ 301

제4부
스마트팜, 홈, 제조 및 인공지능 실습

LESSON 10 스마트홈 ------------------------------------- 308

10-1 스마트홈 – 홈오토메이션의 오해와 진실 ------------------- 308

10-2 구글 스피커 / 아마존 알렉사 음성인식 스피커 --------------- 316

10-3 인공지능 음성인식되는 구글 디바이스 만들기 --------------- 322

10-4 구글 홈 디바이스 ----------------------------------- 334

10-5 구글 디바이스 제작 프로젝트 : 인공지능 음성인식, 말 알아듣는 싱크대 수도 341

LESSON 11 스마트팜 ------------------------------------- 342

11-1 스마트팜을 시작하며 --------------------------------- 342

11-2 스마트팜에 사용하는 센서 ----------------------------- 352

LESSON 12 스마트 제조 ---------------------------------- 360

12-1 스마트 제조란? ------------------------------------- 360

12-2 스마트 제조에 사용하는 센서 --------------------------- 364

LESSON 13 인공지능 ------------------------------------ 373

13-1 인공지능 –딥러닝의 이해 ------------------------------ 373

13-2 ESP32 인공지능 예제 실제 수행 – 물체 인식 --------------- 378

13-3 앞으로 진행할 인공지능 프로젝트 ----------------------- 392

제1부

IoT 개발 보드 선정 : ESP32

LESSON 1 시작하기 : PC와 스마트폰 없이 생활할 수 없는 시대이다

LESSON 2 개발 보드 선정

LESSON 3 ESP32 사용하기

LESSON 4 ESP32로 제어기기 만들기

LESSON 5 통신시스템 들어가기

LESSON 6 응용

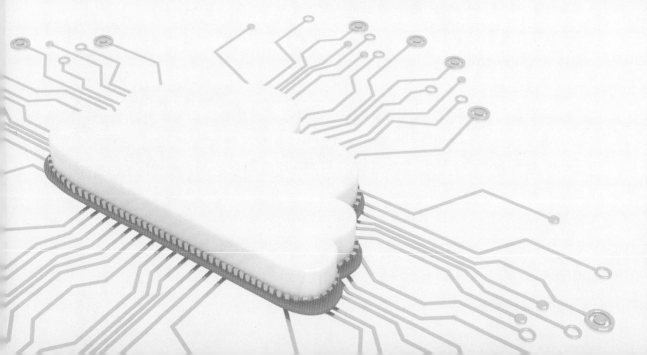

LESSON 01

시작하기 : PC와 스마트폰 없이 생활할 수 없는 시대이다

1-1 아두이노 최상급으로 가기

아두이노로 구글 스피커에서 음성 인식을 하는 장치와 구글 디바이스를 만든다. 아두이노로 만든 장치를 아마존 알렉사 스피커에 연결해서 음성으로 모든 명령을 할 수 있고, 직접 만든 스마트 시계를 차고 다니며 모든 기능을 쓸 수 있고, 구글 음성 스피커로 시계를 가동할 수도 있다.

1~3km 떨어진 장소의 온도, 습도, 강수 여부를 체크해서 정보를 음성으로 알려줄 수 있다면 최고의 인터페이스일 것이다. 'PC 서버 없이 아마존에 연결하여 이런 정보를 얻고, 아마존의 사물(thing)과 연결하여 스마트폰에서 프린트하고 제어하도록 하는 최상급 아두이노 기술을 어떻게 만들 것인가?' 하는 문제는 아두이노 입문자와 사용자에게 아주 중요하다. 기존의 아두이노 메가, 우노로는 성능상 현실적으로 불가능하다.

그러면 어떻게 할 것인가? 아두이노로 아마추어 엔지니어가 아닌 최상급 엔지니어가 되는 길이 여기 있다.

이 책을 읽으면 아두이노로 장난감 정도만 만들던 독자가 음성 인식을 하는 최상급 구글 디바이스를 만들 수 있다. 이 책에는 그동안 나온 여러 가지 센서, 모터, 스마트 팜, 스마트 홈 기술이 모여 있다. 책을 통해 이 기술에 대해 배우고, 여기에 맞는 하드웨어와 소프트웨어를 구현할 수 있다.

기존 아두이노의 기능은 다 포함하고, 처리속도는 32비트 리스크(RISC)로 엄청나게 빨라지고, Wifi와 블루투스가 내장되고, Web, App, 먼거리 RF 통신, LoRa, AWS IoT 연결, 그리고 구글 디바이스로 만들어서 음성 인식이 가능한 장치를 만들 수 있다. 스마트 시계로 만들어 오랫동안 차고 다닐 수 있게 만들고 숱하게 많은 기능을 넣을 수 있는 기술을 시작하는 것이다. 가격은 성능이 같은 다른 장치에 비해 1/10로 기존 아두이노 보드와 거의 비슷하다. 따라서 관련 있는 공부를 시작했는데도 아두이노 최상급 전문가에 도전하지 않는 사람은 바보이다.

이 분야에서 가장 빨리 성공하는 방법은 이 책에 나온 기술을 배워서 최고의 전문가는 되지 못하더라도, 아두이노 최상급 전문가 정도의 실력을 갖추는 것이다.

우리는 PC와 스마트폰 없이 일상생활이 불가능한 시대에 살고 있다. 앞으로는 인공지능이 판단하고 말로 명령을 내리는 시대가 올 것이다. 어떤 시대에도 말단에는 항상 IoT 디바이스가 필요하고 그 기능을 담당할 제품은 MCU 와 센서 그리고 통신을 통한 연결을 해야 하는데, 이 기능을 할 만한 하드웨어 제품은 ESP32이고 소프트웨어 개발 환경은 아두이노이다. 이 아두이노가 가격, 성능, 그리고 앞에서 이야기 한 모든 것을 다 만족 시킨다. ESP32가 모든 것을 구현할 수 있는 아두이노의 최상급이다. 최상급의 예를 이 책에서 모두 설명한다. 프로그램도 다운로드 받을 수 있으니 최고의 조건이 아닐 수 없다.

아두이노를 쓸 때는 최상급으로 바꾸는 것이 최선이다. 기존 아두이노 8비트 우노 메가를 쓰면 기능을 구현하기 위해 같은 작업을 여러 번 해야 한다. 대부분 라이브러리가 달라서 계속해서 작업을 처음부터 다시 시작해야 한다. 최상급 아두이노를 쓰는 건 이를 피하고 빨리 작업하는 길이다. 이왕 배우려면 앞으로 계속 쓸 수 있는 기술을 배워야 할 것이다.

예를 들면, 개별적인 시스템과 방의 온도, 습도 제어 시에 온도, 습도 센서와 난로를 MCU 연결하여 온도 습도를 일정하게 하는 시스템을 제작할 수 있다. 즉, MCU에서 개별적인 온도 습도 센서를 측정하고 난로를 제어하는 시스템을 만들어 이것을 PC나 스마트폰에 연결한다. 그 이후에 이것을 필요하다면 인공지능 음성인식 시스템인 구글 홈 등에 연결한다. 그러면 말로 모든 명령을 내리고 할 수 있다.

"헤이 구글, 온도는 24도, 습도는 40%로 유지해줘."

하면, AI가 음성을 자동으로 인식하고 각 장비에 전달한다. 그 과정에서 MCU, 통신, PC, 스마트폰 연결 등 많은 작업이 진행된다. 이때 모든 것을 연결하는 작업을 해야 하는데, 이 책에서는 체계적으로 진행해서 1차로 MCU 32비트를 통한 PC, 스마트 폰을 연결해서 제어한다.

2차로 이 시스템을 음성인식 스마트 홈 시스템인 구글 홈/어시스턴스에 연결하여 구글 또는 아마존 알렉사 스피커에서 제어하게 한다.

이렇게 하려면 일단 제어를 할 수 있는 두뇌 역할을 하는 MCU가 필요한데, 이것을 선정하고 PC나 스마트폰에 연결하는 통신시스템을 정하고 여기에 맞는 소프트웨어, App, Web, 윈도즈 프로그램을 개발해야 한다. 이것을 손쉽게 하는 방법을 찾아야 한다.

우선 MCU는 가성비가 좋은 것을 선택해야 하는데 가성비가 기존 것의 1/10 정도이면서 성능이 우수한 것이 시장에 있는 ESP32, ESP8266이라는 32비트, RISC칩이다. ESP8266은 블루투스가 지원이 안된다. 모든 것이 손쉽게 지원되는 ESP32를 선택하는 것이 가장 현명하다. ESP32를 선택하면 여러 MCU에 맞추어 같은 일을 반복하지 않아도 된다. MCU는 보통 8비트 Mega, Uno보드를 사용하다가 Wifi가 필요하면 ESP8266, 블루투스까지 필요하면 최종적으로 ESP32로 간다. 이렇게 거쳐 가면서 비슷한 프로그램 만들기를 반복하기보다 처음부터 ESP32를 선택하는 것이 최선이다. 가격 차이도 거의 나지 않는다.

ESP32는 뒤에서 설명하는 손목 시계, GSM(스마트폰 통신 방식), GPS, LoRa 등 거의 모든 시스템 지원이 가능하여 필자는 이 시스템을 여러분에게 권한다. 필자는 각 보드를 아두이노의 메가 우노, ESP8266 사용해 보아서 모든 보드를 가지고 있지만 ESP32 위주로 쓰고 있다. 이유는 여러분이 쓰려는 모든 기능이 구현이 되어 있고 납땜이나 다른 연결을 할 필요 없이 완제품 보드를 구입할 수 있어서 사용이 간편하고 소프트웨어도 잘 구현되어 있기 때문이다.

1~2만원대로 저렴하다. 저가형 보드는 몇 천원에도 구입이 가능하다. 소프트웨어도

잘 구현되어서 잘 찾아쓰면 된다. 완제품 보드에서 케이스까지 쉽게 구할 수 있어 바로 실생활에 적용이 가능하고 간편하다.

아두이노 메가를 쓸 경우 블루투스와 LCD, Wifi, 배터리, 케이스 등을 연결하느라 시간이 오래 걸리는데, ESP32는 이것저것 할 필요 없이 한 보드에 모두 연결된 것을 바로 구매할 수 있다. 이 MCU는 여러 가지 개발 환경을 제공하는데, 가장 쓰기 쉬운 아두이노 환경을 제공한다.

통신 시스템도 근거리 통신망인 이더넷과 Wifi, 블루투스를 모두 지원하고 원거리 통신망인 LoRa도 제공한다. 배터리를 사용하여 원거리 1~5km 사이의 통신을 손쉽게 지원한다. 근처의 공장이나 스마트 팜에 온도, 습도나 집 근처에 센서를 두고 배터리로 몇 개월 혹은 몇 주 동안 사용할 수 있다. 완제품 형태로 구성된 보드를 사용하면 안정성도 높고 번거로운 작업을 할 필요도 없다.

다음으로 이 통신시스템에 맞는 통신 프로토콜 중 간단한 것은 MQTT이다. MQTT는 IoT에서 가장 기본적인 프로토콜로 많이 쓰인다. 일반적으로는 Wifi로 TCP/IP를 지원 가능하고 MQTT도 바로 지원된다.

PC는 윈도즈를 사용하고 개발 환경은 C#과 Web을 기본으로 하고 스마트 폰은 App, Web으로 프로그램을 한다. 서버 없이 하려면 아마존 AWS 서버를 사용하여 연결하는 법을 배운다.

ESP32 컨트롤러 제어는 MIT 대학에서 공개한 app inventor라는 개발 환경을 이용해 안드로이드 폰의 App을 개발하여 사용한다. 통신은 블루투스나 Wifi를 이용해서 한다.

그 이후 음성으로 명령을 내려야 하는데 현재 음성 인식 인공지능은 기술적으로는 완전히 구현되었다. 인공지능은 구글의 홈, 어시스턴스, 아마존의 알렉사 스피커를 이용하면 다 연결된다. 여기에 최종적으로 인터페이스를 하면 완벽한 시스템을 구축할 수 있다. 모든 것을 말로 할 수 있다.

"헤이 구글, 조명 켜줘."
"헤이 구글, 후앙(또는 후드) 켜줘."

하면 모든 것이 다 된다. 인공지능 연결은 스마트 홈으로 대변된다. 이 책에서 최대한 여러 장치를 연결해보기는 하겠지만, 아직 스마트 홈 음성 인식 기술 등이 아주 우수하지는 않아서 조금 불편하다. 그러나 조만간 문제가 해결되고 스마트 홈이 대세가 될 것이다.

이 책에서 기술을 배우면 모든 것이 연결된 환경을 구축할 수 있다. 이 방식을 이해하고 구현할 수 있다면 향후 30년간 기술적인 추이를 따라서 아두이노를 기반으로 연구·개발하여 모든 것을 쉽게 구현할 수 있고, 생활에 편의를 느낄 수 있을 것이다.

요약하면 아래와 같다.
- PC 윈도즈와 스마트폰에 모든 것을 연결
- 근거리(wifi, 블루투스), 원거리(LoRa) 연결
- 모든 것을 PC 와 스마트폰에서 제어하기 – wifi, 블루투스
- 스마트폰으로 아두이노 컨트롤러 제어 – app inventor
- 제어 장치(CCTV, 온·습도 조절기, 모터 제어(차고 문 열기, 펌프 가동 등)와 PC,
- 스마트폰을 연결하여 IoT 구현

추후 음성인식 인공지능 연결
- 구글 , 알렉사 스피커에 연결하여 음성 인식
- 빅데이터로 AWS–IoT, AWS 서버에 연결

LESSON 02

개발 보드 선정

먼저 개발 환경을 선정하고 이후에 거기에 맞는 보드를 선택한다.

기본 개념은 앞에서 언급한 PC, 스마트폰 앱, 각 IoT 기반 장치를 하니로 연결하는 것이다. 스마트폰과 PC는 우리가 특별히 지정할 것이 별로 없으나 IoT 기반 컨트롤러 장치는 선택의 여지가 아주 많다. 일반적으로 오픈소스 개념의 아두이노, 라스베리파이, 인공지능을 한다면 Nvidia(엔비디아)사의 Jetson Nano 등 엄청나게 많은 하드웨어가 있고 개발 환경인 편리한 소프트웨어가 있다.

개발 환경은 소프트웨어는 아두이노-IDE, 루아(Lua), 파이썬 각 하드웨어에서 제공하는 개발하는 환경이 있다. 여기서는 가장 손쉽게 사용할 수 있고 이용자가 많고 소프트웨어와 하드웨어 가격대가 낮은 아두이노-IDE 를 기반으로 한다.

아두이노-IDE는 동일하지만 하드웨어는 여러 가지가 있다. 8비트 기반인 아두이노-메가, 우노가 있고 32 비트 RISC 기반(ARM 코아는 아님)인 ESP8266, ESP32를 기반으로 한다.

일반적으로 많이 쓰는 것은 아두이노 메가인데, 8비트라 한계가 많다. 간단한 작업은 편하지만, 통신 등을 연결하면 추가로 부가 보드와 선을 연결해야 하고, 보드별로 하드웨어와 소프트웨어도 달라서 일을 할수록 사용하기 복잡해지므로 결국 상위 보드를 이용하게 된다. 아날로그 입력 신호도 1개 밖에 없어서 결국 핀이 여러 개인 ESP8266과 ESP32를 선택하게 된다. 가격도 비슷한데 성능은 현저히 우수하며 한 보드에 모든 기능이 다 있다. 또한 OLED, 센서, 배터리 등이 부착된 보드도 많아서 납땜을 할 일도 없고 케이스도 있는 경우도 많아 완제품으로 사용이 간편하다.

가격이 기존의 성능을 가진 하드웨어 프로세서에 비해 가격이 1/10 이고 Wifi와 블루투스가 된다. 또한 소프트웨어로 구글 스피커에 연결된다.

> **결론**
>
> 사용할 보드명 :
>
> CPU ESP32 – Wifi, 블루투스 – 2가지
>
> **(보드명) 배터리 전원 보드** : 아두이노 보드명 : WeMOS LOLIN32
>
>   이하 배터리 전원보드로 칭한다.
>
> **(보드명) Lilygo LoRa 보드** : 아두이노 보드명 : DEV kit
>
> CPU ESP 8266 – Wifi – 보드명 WeMOS D1 R1

ESP32를 주로 사용하고 ESP8266은 과거 개발한 소프트웨어와의 호환성 때문에 일부 사용한다.

각 MCU에 보드가 수십 가지 있는데 여기에서는 USB에 연결해서 PC 환경에서 쉽게 사용 가능한지를 기준으로 각 MCU에 파생된 보드를 선정하였다.

ESP32는 최종적 응용을 위해 여러 가지 기능을 가진 Lilygo LoRa 보드 (Dev Kit)와 배터리 전원 보드를 선정하였다.

배터리 전원보드는 여러 가지 기능이 있는 보드로 OLED 스크린과 자체 배터리 전원, Core가 2개이고 IO 핀 수도 가장 많은 최고의 제품을 선정하였다. 배터리를 달아 전원이 없는 환경에서도 사용 가능하게 하여 응용 범위를 넓혔다. 이 보드는 사용해보니 USB 연결 부분과 Upload 부분에서 불안정하다고 생각했는데, 사용법만 알면 매우 안정적이다.

Lilygo LoRa 보드(Dev Kit)는 LoRa 통신을 가진 보드로 Lilygo사의 제품이다. 이 제품은 중국 회사의 보드 중에서 매우 안정적이고 소프트웨어 지원도 다른 보드에 비해서 좋은 편이다.

ESP32 보드는 2가지를 주로 사용할 예정이고 ESP8266 보드도 필요에 따라 쓸 예정이다. ESP8266 보드는 주로 과거의 소프트웨어와 호환하기 위해 사용할 것이다.

> **결론**
>
> ESP32 보드를 주로 사용하고 필요에 따라 이전 버전 보드를 사용한다.

LESSON 03

ESP32 사용하기

3-1 ESP32 소개

ESP32는 ESPressif Systems라는 중국 회사에서 ESP8266이 인기를 얻고 나서 후속작으로 내놓은 상위 기종이다. Wifi뿐만 아니라 Bluetooth 4.2도 기본으로 지원하고 특히 듀얼코어로 속도가 2배 정도 빨라졌다. GPIO가 17개에서 36개로 두 배 이상 늘어났으며 Touch 센서와 온도 센서 기능이 추가되었다. (온도 센서는 단종 – 실제로 테스트를 해봄.)

	ESP8266	ESP32
Processor	Tensilica L106 32-bit single core micro controller	Xtensa Dual-core 32-bit LX6 microprocessor
Typical Frequency	80 MHz	160 MHz
ROM	none	448 KB
RAM	160kB	520 KB
RTC RAM	768 Bytes	8kB slow + 8kB fast
QSPI flash/SRAM,	up to 1 x 16 MB	up to 4 x 16 MB
GPIOs	17	36
Wi-Fi	802.11 b/g/n/e/i	802.11 b/g/n/e/i
Bluetooth	no	Bluetooth 4.2 and BLE
PWM Pins	8 Software	1 Hardware/16 software
ADC	10 bit	12 bit
DAC	no	2 x 8 bit
Touch sensor	no	10
Temperature Sensor	no	yes
Cryptographic engine	no	yes
Power supply:	2.5V to 3.6V	2.3V to 3.6V

3-2 ESP32의 종류

ESP32도 ESP8266과 마찬가지로 ESP32칩을 기반으로 플래시 메모리 등을 추가하여 응용 모듈을 만들고, 이를 기반으로 사용하기 편하도록 개발 보드를 만들어 판매한다. 3단계로 구성된다. https://www.espressif.com/en 홈페이지의 Product를 보면 SoC – Module – DevKit로 구성이 되어 있다. 여

기서 모든 자료 및 판매되는 제품에 대한 정확한 정보를 얻을 수 있다.

   SoC   –   Module   – DevKit

   칩 – 응용모듈   – 개발보드   로 이해하면 된다.

3-3 가장 대표적인 ESP32-WROOM-32 응용 모듈

ESP32 응용모듈 중에서 대표적인 것은 칩제조사인 ESPRESSIF 사에서 만든 ESP32-WROOM-32이 대표적이다. 전면부는 알루미늄 캔으로 쉴드되어 있고 후면부에는 핀배열이 표시되어 있는데 LAYOUT은 다음과 같다.

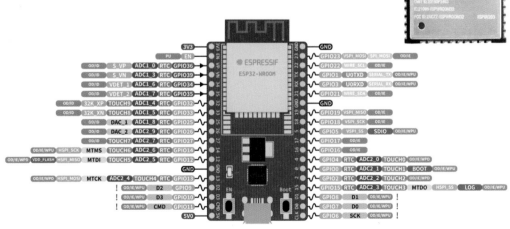

ESP32 Specs
32-bit Xtensa® dual-core @240MHz
Wi-Fi IEEE 802.11 b/g/n 2.4GHz
BLuetooth 4.2 BR/EDR and BLE
520 KB SRAM (16 KB for cache)
448 KB ROM
34 GPIOs, 4x SPI, 3x UART, 2x I2C,
2x I2S, RMT, LED PWM, 1 host SD/eMMC/SDIO,
1 slave SDIO/SPI, TWAI®, 12-bit ADC, Ethernet

3-4 ESP32 모듈 구성

ESP32 모듈은 다양한 주변 장치에 연결하기 위한 인터페이스를 무선 통신과 기판 실장 프로세서 모두에 제공하는 일체형 통합 인증 Wi-Fi/Bluetooth 솔루션이다. 이 프로세서는 실제로 처리 코어가 두 개이며 80MHz ~ 240MHz 사이에서 작동 주파수를 독립적으로 제어할 수 있다. 프로세서의 주변 장치를 통해 다음과 같은 다양한 외부 인터페이스에 쉽게 연결할 수 있다.

SPI   I²C   UART   I²S   이더넷   SD카드   정전식터치

응용 분야의 요구 사항에 따라 개발자가 선택할 수 있는 다양한 ESP32 모듈이 있다. 먼저 가장 널리 사용되는 ESP32 모듈은 ESP32-WROOM-32D이며 최대 240MHz로 실행된다. 모듈에는 구현을 간소화하는 PC 기판 트레이스 안테나가 포함되어 있다. 모듈에는 4Mbytes 플래시가 포함되어 있고 모듈 크기를 최소화하기 위해 핀 38개가 정사각형으로 배열되어 있다. 실제로 WROOM-32D는 ESP-WROOM-32U와 완벽하게 호환되는 핀이다. WROOM-32U는 싱글 코아용으로 설계된 모듈이다. WROOM-32D 모듈은 다양한 플래시 메모리 크기로 제공된다. 모듈은 8Mbytes ESP32-WROOM-32D, 16Mbytes ESP-WROOM-32D 같은 메모리 지원 변형품이 추가로 제공된다. 이 모듈은 DeVkit 개발 보드가 많이 나와 있다. ESP32 모듈과 키트를 사용하면 새로운 시스템과 기존 시스템 모두에서 Wi-Fi 또는 Bluetooth를 통해 IoT에 상대적으로 간단하게 무선 연결할 수 있다.

Espressif Systems에서 개발하여 제작한 ESP32(Wi-Fi와 이중 모드 Bluetooth를 통합한 저비용 저전력 SoC(시스템온칩) 시리즈)로 되어 있어 무선 주파수(RF)와 무선 설계의 미묘한 차이로 고생하는 일이 거의 없다.

낮은 에너지 소비, 다양한 오픈 소스 개발 환경, 라이브러리로 인해 모든 종류의 개발자에게 아주 편한 환경을 제공한다. 그러나 ESP32는 다양한 모듈 및 개발 기판에 제공되므로 적절한 모듈 및 개발 기판을 선택하는 것이 어렵다.

3-5 ESP32 개발 보드 선택

기판은 매우 기본적인 '시작' 기판부터 보조 프로세서와 OLED를 포함하는 정교한 기판까지 다양하다. ESP32-WROOM-32 응용모듈은 PCB장착용으로 핀배열이 촘촘하기 때문에 일반인들이 개발용으로 사용하기에는 불편하다. 여기에 브레드보드형 핀배열과 USB interface, 정전압Regulator 등을 추가하여 개발작업에 편한 개발용 보드를 만들어 판매한다. ESP8266 환경에서는 개발용 보드 종류가 한정적이었지만 ESP32 환경에서는 이 개발보드 종류가 매우 많아지고 핀배열도 각자 달라 좀 혼란스럽기는 하지만 다양한 용도에 따라 선택할 수 있다.

3-6 ESP32 개발보드의 종류

어디서 보드를 사든 보드에 대한 정보는 여기에서 찾아보는 것이 가장 정확하다.
https://bit.ly/3I36JSO

- **Breakout 보드형** : 2.54mm 간격 브레드보드형 핀배열 보드에 ESP32-WROOM-32를 장착해 사용할 수 있는 형태
- **NodeMCU형** : ESP8266 NodeMCU와 비슷한 모양의 개발 보드

가장 기본적인 ESP32-DEVKIT, ESP32-DEVKIT C 일반형과 C 형이 있다. 이 기판은 설계자 또는 개발자가 시작하는 데 필요한 모든 전력 조건 및 프로그래밍 회로를 갖춘 간단한 WROOM-32D용 브레이크아웃 기판이다. 이 기판은 기판 실장 USB 마이크로 커넥터 또는 V-IN 브레이크아웃 헤더를 통해 구동된다. 그런 다음 점퍼 또는 전선을 사용하여 다양한 부품을 WROOM-32D에 연결할 수 있다.

Espressif Systems ESP-WROVER-KIT는 설계자가 ESP32 기반 응용 제품을 개발하는 데 필요한 모든 것을 갖춘 전체 ESP32 개발 솔루션을 제공한다. 예를 들어 WROVER에는 FTDI의 FT2232HL USB-직렬 컨버터가 포함되어 있다. 또한 이 기판에는 기판 실장형 3.2인치 LCD, microSD 커넥터, RGB LED 및 카메라 인터페이스가 포함되어 있다. 또한 개발 기판에는 모든 I/O가 정렬되어 있고 핀 헤더를 통해 쉽게 액세스할 수 있다. 현재는 단종되어 시장에 잘 나오지 않지만 카메라와 함께 판매한다.

ESP32-CAM 보드 카메라 모듈 : 1만원 미만에 구입 가능

https://bit.ly/3q4iFxJ

- **WeMos D1형** : ESP8266 WeMos D1 와 비슷한 모양에 ESP32를 장착한 모양의 보드
- **OLED장착형** : 소형 OLED Screen을 아예 보드에 내장한 형태의 보드
- **배터리 부착형** : 리튬배터리를 전원으로 연결할 수 있는 단자가 있거나 배터리를 꽂아 사용할 수 있는 형태의 보드

여러 곳에서 여러 가지 보드를 판매하는데, 알리익스프레스에서 직접 구매하는 것이 가장 저렴하다. 단점은 배송이 느리다는 것이다. 필자는 직접 사용해 본 후 소프트웨어 지원 및 안정성으로 인하여 Lilygo사 제품을 선호하게 되었다.

3-7 구매 - 최종 선택

우리가 구매해서 사용하는 보드는 다음과 같다.

❶ **A-배터리 보드** : OLED+배터리 보드

아두이노-IDE 개발환경이 인식하는 '보드명 : WeMOS LOLIN32' 이나 여기에 OLED, 배터리 등이 추가되었다.

❷ **B-LoRa 보드** : DEVKIT+OLED+LoRa

아두이노-IDE 개발환경이 인식하는 '보드명 : DEVKIT' 이나 여기에 OLED, LoRa 등이 추가되었다.

❸ **ESP32-CAM 보드 카메라 모듈** : 1만원 미만에 구입 가능하다.

https://bit.ly/3q4iFxJ

최종 구매 보드는 ❶ **A-배터리 보드**이다. 여기서는 이렇게 부른다.

OLED, 배터리 사용 가능

WeMOS LOLIN32(Dual Core) + OLED + 배터리 사용 가능

https://bit.ly/3INW6EP

아래는 A-배터리 보드의 영어로 된 사양 중 중요한 내용을 발췌한 것이다.

0.96 Inch OLED Display 18650 Lithium Battery WiFi Bluetooth Shield ESP32 ESP-32 ESP8266 CP2102 Module Development Board Module

LG 3000mAH 18650 battery 로 17시간 이상 사용 가능하다. LED inside(Green means full& Red means charging) 충전과 사용을 동시에 할 수 있다.

1 Switch could control the power.

1 extra LED could be programmed(Connected with GPIO16[D0])

》》 충전 스펙

0.5A charging current / 1A output / Over charge protection

Over discharge protection / Full ESP32 pins break out

CP2102 Module

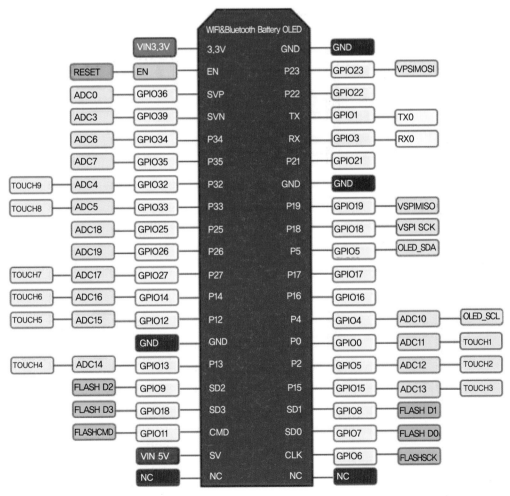

▲ 칩 배치도

3-8 저렴한 DEVKIT 기종

❷ **B-LoRa 보드**의 설명이다. LoRa보드는 기본 DevKit 보드 위에 LoRa를 구현하였다. DevKit는 가장 단순하고 저렴해서 간단한 테스트용으로는 이것을 사용한다. 다른 기능을 사용하면 자연스럽게 구입이 될 것이라 따로 구입은 하지 않는다. LoRa보드 내에 DevKit가 내장되어 있다.

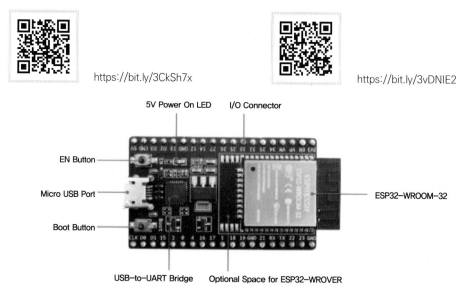

https://bit.ly/3CkSh7x

https://bit.ly/3vDNIE2

ESP32-DevKitC V4 with ESP32-WROOM-32 module soldered

Key Component	Description
ESP32-WROOM-32	A module with ESP32 at its core.
EN	Reset button
Boot	Download button. Holding down Boot and pressing EN initiates Firmware Download mode for downloading firmware through the serial port
USB-to-UART Bridge	Single USB-UART bridge chip provides transfer rates of up to 3 Mbps
Micro USB Port	USB interface. Power supply for the board as well as the communication interface between a computer and the ESP module
5V Power On LED	Turns on when the USB or an external 5V power supply is connected to the board. For details see the schematics in Related Documents.
I/O	Most of the pins on the ESP module are broken out to the pin headers on the board. You can program ESP32 to enable multiple functions such as PWM, ADC, DAC, I2C, I2S, SPI, etc.

Dev kit 사용시 자체 내장 LED 2 번이다.

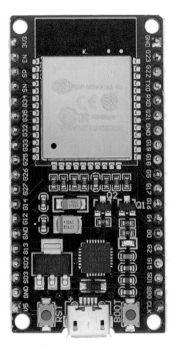

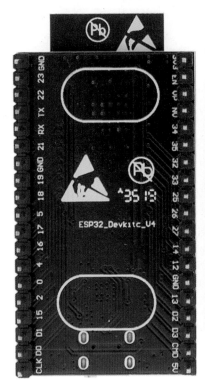

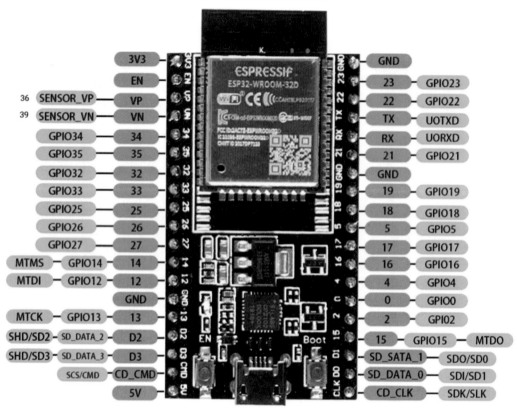

ESP32-WROOM-32D

>> **LoRa 보드** : B–LoRa 보드 : DEVKIT + OLED + LoRA

아두이노–IDE 개발환경이 인식하는 '보드명 : DEVKIT' 이나 여기에 OLED, LoRa 등
이 추가되었다. DevKitC 에 비하면 일찍 나온 보드이다.

자세한 내용은 뒷장의 LoRa 보드에서 설명한다.

3-9 개발 환경 선택

ESP32가 널리 사용되면서 장치를 개발하고 프로그래밍하기 위해 선택 가능한 다양한 개발 환경이 있다. 가장 널리 사용되는 개발 도구는 다음과 같다.

Espressif IoT Development Framework(IDF)

Arduino IDE

MicroPython

첫 번째 환경인 Espressif IDF는 숙련된 소프트웨어 개발자를 위한 개발 도구이다. 이 도구 체인에는 응용 제품, 컴파일러, 라이브러리 등을 개발하는데 유용한 다양한 항목 (예: IDE)이 포함되어 있다. IDF에서는 Wi-Fi용 lwIP TCP/IP 스택 및 TLS 1.2와 함께 FreeRTOS를 기본 실시간 운영 체제(RTOS)로 사용한다. C언어, 전자 제품 개발에 필요한 지식을 가진 엔지니어에게 권한다. 일반인에게는 어려운 점이 많아 사용하지 않는 것이 좋고 ESP 시계나 오디오 등 특별한 제품을 개발하길 원하는 사람이 사용하면 좋다.

우리가 사용할 환경이다. 최소한의 프로그래밍 경험만 있는 개발자의 경우 널리 사용되는 Arduino IDE를 사용하여 응용 제품을 개발한 후 ESP32에 넣어 배포할 수 있다. Arduino IDE는 전문가용 개발 환경보다 약간 더 느리고 투박하지만 많은 예제를 제공하고 ESP32를 지원하여 초보자가 훨씬 쉽게 개발하도록 해준다.

마지막으로 Python에서 응용 제품을 개발하려는 개발자를 위해 ESP32는 오픈 소스 MicroPython 커널에서 지원한다. 개발자는 MicroPython을 ESP32로 로드한 다음 응용 제품을 위한 Python 스크립트로 개발할 수 있다. 산업 설정에서 응용 제품을 즉시 매우 쉽게 업데이트할 수 있으므로 내장형 개발에 일반적으로 요구되는 풍부한 전문 지식이 필요 없다. 사용하려면 파이썬(python) 언어를 배워야 한다는 문제가 있으므로 파이썬 언어 개발자에게 권한다.

> **결론**
> 여기서는 가장 쉽고 일반인에 편한 아두이노 환경을 사용한다.

3-10 개발 환경 설치

보드는 배터리 보드 A형 : OLED+ 배터리 보드 설치한다.

❶ 아두이노 개발 환경을 설치한다.

파일 → 환경설정 메뉴로 가서 아래와 같이 입력을 한다.

ESP8266 의 경우

http://arduino.esp8266.com/
stable/package_esp8266com_
index.json

ESP32의 경우

https://github.com/espressif/arduino
-esp32/releases/download/2.0.2/
package_esp32_dev_index.json

을 등록한 후에 보드매니저에 와서 ESP32 보드를 설치한다.

❷ 설치가 끝나면,

아두이노IDE 메뉴에서 툴 → 보드 → 보드매니저를 선택하여 보드메니저 화면을 호출한다.

❸ ESP32 보드에서 WeMOS LOLIN32 선택

> **문제점**
>
> – USB가 안정적으로 작동하는 컴퓨터와 좋은 케이블을 사용해야 한다.
> – 싼 USB 케이블을 사용해서 시리얼 포트가 연결이 안되어 고생했다.
> – 연결이 잘되는 좋은 USB 케이블로 해결해야 한다.

❹ USB 포트 소프트웨어가 작동하지 않는 경우에는 따로 설치를 한다.

❺ CP210x Windows Drivers 를 설치한다.

https://bit.ly/3Mtt1At

❻ 위의 링크에 가서 X64 install 설치 프로그램을 설치해야 한다.

❼ USB 연결이 안되어 설치 시 고생을 많이 했다.
- USB 포트가 연결되었는시 장치 관리자에서 획인한다.

> 🔊 오디오 입력 및 출력
> 📷 이미징 장치
> 🖨 인쇄 대기열
> 💽 저장소 컨트롤러
> 🖥 컴퓨터
> ⌨ 키보드
∨ 🖧 포트(COM & LPT)
   🖧 Intel(R) Active Management Technology - SOL(COM3)
   🖧 Silicon Labs CP210x USB to UART Bridge(COM8)
> ▢ 프로세서
> 🎮 휴먼 인터페이스 장치

❽ ASUS 노트북에서 설치가 안되어 결국 ASUS가 아닌 컴퓨터에서 작업하여 진행했다. 시간이 오래 걸리니 잘 선택해야 한다. 필자는 호환성 문제 때문에 하루 이상 고생했다.

❾ 업로드(Upload)시 문제가 생겨 Boot 스위치를 눌러야 하는 단점이 있었다. 사용에는 문제가 없으나 불편한 점이 많았다.
코드가 다 업로드되면 BOOT 버튼을 놓고 모듈의 EN 버튼을 클릭한다. 그럼 코드가 동작할 것이다.

❿ 기능이 많은 만큼 감수해야 하는 점이 있었고 판매 업체가 군소 업체이기 때문에 그런 문제가 생긴건 같아서, 추후에는 비교적 규모가 있는 Lilygo사 제품을 구매했다.

⑪ USB 연결 에러

ASUS사 노트북에서 아래와 같이 장치관리자에서 USB 포트를 12로 잡았으나 아두이노에서 포트를 못 잡는 경우가 생긴다. 이 노트북에서 사용이 불가한 경우가 있었다. USB의 호환성이 떨어졌다.

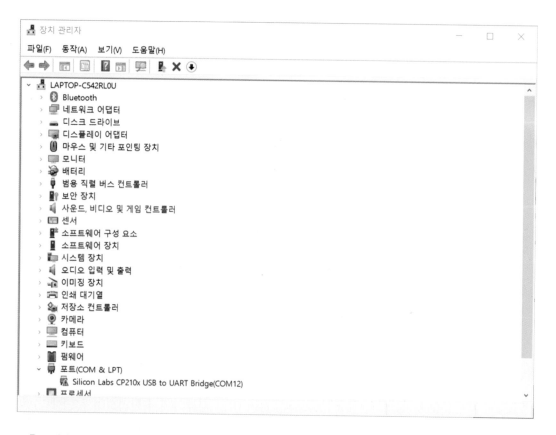

Dev Kit - LoRa 보드

⑫ 설치법은 동일하고 아두이노 ESP 보드선택에서 DEV Kit 를 선택하면 된다.

USB 연결과 Upload 에서 문제가 없고 Boot 스위치를 눌러야 하는 단점이 없다. 그냥 아두이노 처럼 사용하면 된다.

> **참고**
>
> Lilygo 사의 제품이다. 이 회사의 보드에 맞는 소프트웨어는 여기서 찾으면 된다.
>
>
>
> https://bit.ly/3MmV1G9   https://bit.ly/3pIgdN1

ESP32로 제어기기 만들기

4-1 ESP32 포트제어

4-1-1 LED 점등하기

아두이노를 하면 보드 테스트용으로 가장 먼저 하는 것이다. 여기서는 ESP32 보드를 사용하니 보드를 DEVKIT 또는 WeMOD LoLIN32 보드 2개 중에 하나를 선택한다.

```
int LED_BUILTIN=2; // DEVKIT + LoRa
//int LED_BUILTIN=15; // OLED+ Battery
```

예제 : Blink_esp32_dev .ino 에서 각 보드에 맞추어서 바꾼다. DEVKIT 기준으로 실행한다.

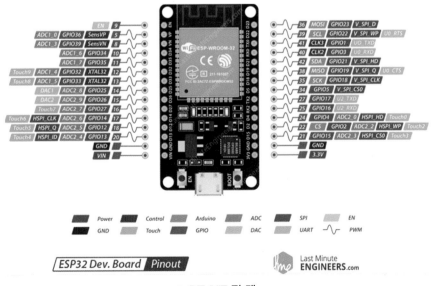

▲ DEVKIT 핀 맵

2번 핀(GPIO 번호이다)이면 실제는 보드 22, D2, GPIO2번 핀인데 내부 LED이다. 따라서 불이 반짝인다. D2라고 입력하면 동작하지 않는다.

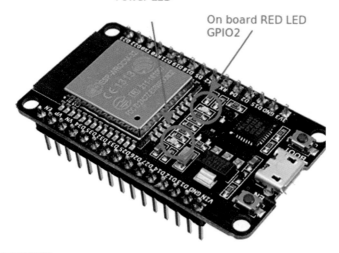

Power LED

On board RED LED
GPIO2

참고

각 보드 별 내장 LED 번호가 다르다.

WeMOS LOLIN32 OLED 보드 - 15번이 카타로그에 나옴

DEVKIT =2   다른 보드 = 21

프로그램 : DEV kit 보드

```
/*
Blink

Turns an LED on for one second, then off for one second, repeatedly.

Most Arduinos have an on-board LED you can control. On the UNO, MEGA and ZERO
it is attached to digital pin 13, on MKR1000 on pin 6. LED_BUILTIN is set to
the correct LED pin independent of which board is used.
If you want to know what pin the on-board LED is connected to on your Arduino
model, check the Technical Specs of your board at:
https://www.arduino.cc/en/Main/Products
```

```
modified 8 May 2014
by Scott Fitzgerald
modified 2 Sep 2016
by Arturo Guadalupi
modified 8 Sep 2016
by Colby Newman

This example code is in the public domain.

https://www.arduino.cc/en/Tutorial/BuiltInExamples/Blink
*/
int LED_BUILTIN=2; // DEVKIT + LoRa
//int LED_BUILTIN=15; // OLED+ Battery

// the setup function runs once when you press reset or power the board
void setup() {
 // initialize digital pin LED_BUILTIN as an output.
 pinMode(LED_BUILTIN, OUTPUT);
}

// the loop function runs over and over again forever
void loop() {
 digitalWrite(LED_BUILTIN, HIGH);  // turn the LED on (HIGH is the voltage level)
 delay(1000);           // wait for a second
 digitalWrite(LED_BUILTIN, LOW);   // turn the LED off by making the voltage LOW
 delay(1000);           // wait for a second
}
```

결과

LED가 깜박인다

프로그램 : BlinkRGB_WEMOS

WeMOS LOLIN32 OLED 보드 - 15번이 카타로그에 나옴

RGB 다이오드를 각 색깔 별로 켜는 프로그램인데, RGB 보드를 연결하지 않아도 내장 LED 15번이 켜진다.

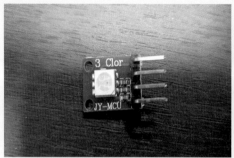

▲ RGB LED 다이오드

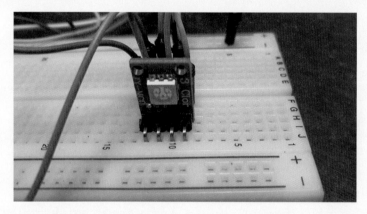

RGB 다이오드 기판 13, 14, 15에 연결하고, GND를 연결한다.

```
/*
ESP8266 Blink by Simon Peter
Blink the blue LED on the ESP-01 module
This example code is in the public domain

The blue LED on the ESP-01 module is connected to GPIO1
(which is also the TXD pin; so we cannot use Serial.print() at the same time)
```

Note that this sketch uses LED_BUILTIN to find the pin with the internal LED
*/
```
int LED_BUILTIN2 = 15;  // WeMOS LoLin32 LED
int LED_BUILTIN3 = 14;
int LED_BUILTIN4 = 13;

//int LED_BUILTIN2 = D15;
//int LED_BUILTIN3 = D14;
//int LED_BUILTIN4 = D13;

void setup() {
 //pinMode(LED_BUILTIN, OUTPUT);
 pinMode(LED_BUILTIN2, OUTPUT);    // Initialize the LED_BUILTIN pin as an output
 pinMode(LED_BUILTIN3, OUTPUT);    // Initialize the LED_BUILTIN pin as an output
 pinMode(LED_BUILTIN4, OUTPUT);    // Initialize the LED_BUILTIN pin as an output


}


// the loop function runs over and over again forever
void loop() {
 digitalWrite(LED_BUILTIN2, LOW);   // Turn the LED on (Note that LOW is the voltage level
 // digitalWrite(LED_BUILTIN, LOW);

 // but actually the LED is on; this is because
 // it is active low on the ESP-01)
 delay(1000);             // Wait for a second
 // digitalWrite(LED_BUILTIN, HIGH);
 digitalWrite(LED_BUILTIN2, HIGH); //BLUE
digitalWrite(LED_BUILTIN3, HIGH); //Green
digitalWrite(LED_BUILTIN4, HIGH); //red
 delay(3000);             // Wait for two seconds (to demonstrate the active low LED)
}
```

녹색 LED는 전원을 알리는 것으로 항상 켜져 있고 내장 LED는 파란색이다.
위의 프로그램을 RGB 연결 없이 실행해도 내장 LED 15번이 파랗게 켜진다.

≫ 릴레이 구동 프로그램

ESP32 GPIO 핀 아두이노에서 사용 요령

RELAY_BUILTIN =23

GPIO 23을 아두이노에서 23으로 사용하면 된다.

≫ 릴레이 하드웨어 연결

'릴레이 전원-하얀색 연결선-GND, 회색 5V 보드'
순으로 릴레이에 연결한다. 릴레이 핀은 보드의 GPIO
23번에 빨간색으로 연결하여 릴레이에 연결한다. 2개
의 선 중에서 검은색 선은 사용하지 않는다. 같이 붙어
있는 선이라 사용하지 않는다. 한선으로 연결을 해도
된다. 필자는 2개짜리나 어쩔 수 없이 연결…

릴레이 쪽은 기판 바닥에 표시된 대로 연결을 하면 된다.

릴레이 구동

```
/*
  ESP 32 릴레이 구동
*/

int RELAY_BUILTIN = 23;

void setup()
{
  pinMode(RELAY_BUILTIN, OUTPUT);
}

void loop()
{
  digitalWrite(RELAY_BUILTIN, HIGH);   // turn the LED on (HIGH is the voltage level)
  delay(1000);                // wait for a second
  digitalWrite(RELAY_BUILTIN, LOW);   // turn the LED off by making the voltage LOW
  delay(1000);                // wait for a second
}
```

이후에는 Wifi를 사용한 후에 Wifi로 릴레이를 제어한다. 다음에 할 부분이다.

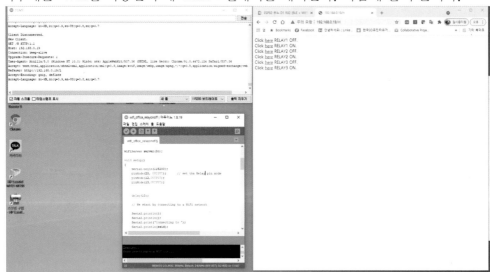

Click here의 Relay on과 off를 하면 릴레이가 켜지고, 꺼진다.

≫ SCR 전자식 릴레이 연결

고출력, 저출력 2가지를 실험한다. 릴레이 제어와 동일하다.

단, SCR 은 교류용 직류용이 있어서 구분하여 사용해야 한다. 장점은 릴레이의 따깍 따깍 하는 소리가 나지 않는다.

≫ 저출력용 SCR 테스트

구입

https://bit.ly/3sJjeP4

8채널 SCR 릴레이

》 사양

Omron 5V 솔리드 스테이트 릴레이 240V 2A, 저항 퓨즈 240V 2A 출력

입력 전력 : 5V DC (160MA)

모듈 제어 터미널 전압 : 이 모듈은 AC 전류를 제어하는 데 사용할 수 있으며 DC 전류를 제어 할 수 없다.

》 연결

DC + : 5V 입력, ESP32

DC− : GND, ESP32

아래는 220V를 연결한다. AC 전원 회로에서 스위치 역할을 하게 연결한다.

CH1: 1 릴레이 모듈 신호 트리거 터미널

CH2: 2 릴레이 모듈 신호 트리거 터미널

CH3: 3 릴레이 모듈 신호 트리거 터미널

CH4: 4 릴레이 모듈 신호 트리거 터미널

<u>(−) 전압시에 활성화가 된다.</u>

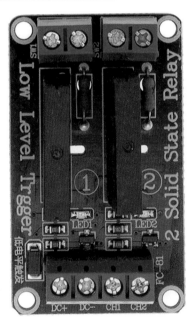

<u>연결은 2개의 채널을 기준으로 설명한다. 나머지 채널은 동일하다.</u>

-

<u>SW1 : AC 전원을 연결한다. DC 는 사용 불가</u>

SW1 의 실제 배선 상태이다.

프로그램은 동일하나 채널 수가 많아서, 채널 수만큼 추가를 해서 제어한다.

int RELAY_BUILTIN1= 23;

int RELAY_BUILTIN2 = 24;

int RELAY_BUILTIN3 = 25;

…..

필요한 수만큼, 순서대로 연결한다.

digitalWrite(RELAY_BUILTIN, LOW);   일때 릴레이가 연결된다.


```
/*
  ESP 32 릴레이 구동
*/


int RELAY_BUILTIN = 23;


void setup()
{
 pinMode(RELAY_BUILTIN, OUTPUT);
}
```

```
void loop()
{
    digitalWrite(RELAY_BUILTIN, HIGH);  // turn the LED on (HIGH is the voltage level)
    delay(1000);                        // wait for a second
    digitalWrite(RELAY_BUILTIN, LOW);   // turn the LED off by making the voltage LOW
    delay(1000);                        // wait for a second
}
```

≫ 고출력 SCR

AC 60A 제어용 SCR을 구입한다. 전열기나 모터 제어용이다.
프로그램은 동일하다.

https://bit.ly/35w3K8q

≫ 준비물

12,24V 파워 서플라이

ESP32 와 릴레이

60A 제어 SCR, 방열판

그림에서와 같이 전열기와 같은 제어 대상, 또는 모터

AC 모터

Wiring graphic

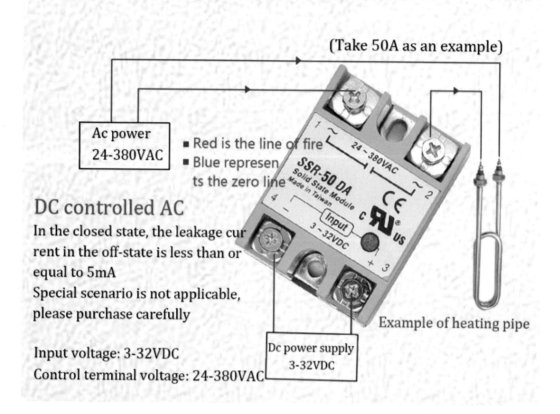

(Take 50A as an example)

Ac power
24-380VAC

- Red is the line of fire
- Blue represents the zero line

DC controlled AC

In the closed state, the leakage current in the off-state is less than or equal to 5mA
Special scenario is not applicable, please purchase carefully

Input voltage: 3-32VDC
Control terminal voltage: 24-380VAC

Dc power supply
3-32VDC

Example of heating pipe

SCR이 고출력이라 전기적으로 회로와 분리하기 위해서 ESP32에서 릴레이를 달고 제어 명령을 24V를 on off 해서 SCR 을 제어한다.

맨 앞의 릴레이 제어 프로그램에서 12V나 24V 파워를 제어하여 조절한다.

ESP32 Pin map

ESP32 보드의 핀맵을 알고 있어야 추후 응용이 편하다. 여기서는 2개의 보드를 중심으로 설명한다.

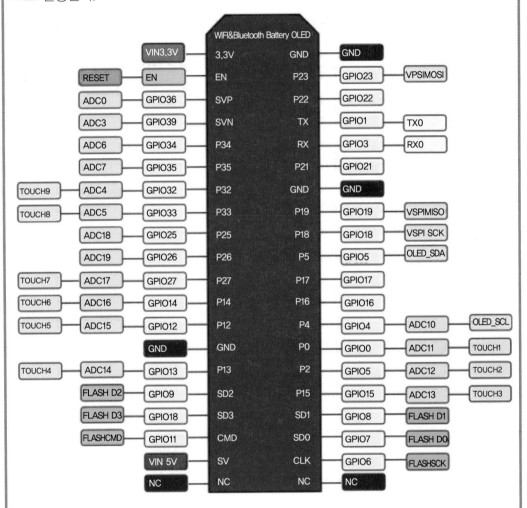

WIFI&Bluetooth Battery OLED

>> **OLED+ 배터리 보드 핀맵** : 아래의 DevKit 보드와 다른 점은 맨 밑에 안 쓰는 핀인 nc가 하나씩 더 있어 순서에만 주의를 하면 된다.

≫ ESP32 DEVKIT GPIO 핀맵

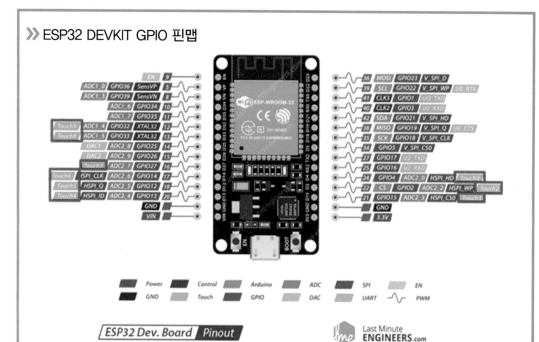

ESP 모듈은 기본적으로 블루투스와 와이파이를 사용할 수 있으며 36개의 GPIO도 사용할 수 있다. DEVKIT 보드는 이 ESP32 칩/모듈을 간단히 사용할 수 있는 개발 보드이다.

≫ ESP32 Peripheral

18 ADC(Analog-to-Digital Converter) channel

3 SPI

3 UART

2 I2C

16 PWM

2 DAC (Digital-to-Analog Converter)

2 I2S

10 Capacitive sensing GPIO

ADC와 DAC는 특정 핀에서만 사용할 수 있지만 나머지들은 코드에서 유저가 설정한 대로 사용 가능하다. 이와 같이 핀을 따로 코드에서 설정해서 사용할 수 있지만, 기본적으로 고정되어 있는 기능도 있다. 아래 핀 맵에 나타나있다.

ESP32 핀별 기능

》》INPUT Only Pins

입력 전용 핀, 내부 풀업/풀다운 없음, 출력으로 사용 불가.

GPIO 34

GPIO 35

GPIO 36

GPIO 37

GPIO 38

GPIO 39

》》SPI flash intergrated on the ESP-WROOM-32

일부 보드들은 GPIO 6-11핀도 사용 가능하지만 ESP-WROOM-32칩에 내장된 SPI Flash와 연결되어있기 때문에 해당 칩을 사용하는 경우 다른 용도로 사용하는 것을 권장하지 않음.

GPIO 6 (SCK/CLK)

GPIO 7 (SDO/SD0)

GPIO 8 (SDI/SD1)

GPIO 9 (SHD/SD2)

GPIO 10 (SWP/SD3)

GPIO 11 (CSC/CMD)

》》Capacitive Touch GPIO

ESP32는 정전식 터치 입력이 가능, 10개의 터치 입력 센서 이용 가능.

T0 (GPIO 4)

T1 (GPIO 0)

T2 (GPIO 2)

T3 (GPIO 15)

T4 (GPIO 13)

T5 (GPIO 12)

T6 (GPIO 14)

T7 (GPIO 27)

T8 (GPIO 33)

T9 (GPIO 32)

≫ ADC (Analog-to-DIgital Converter)

18개의 12-bit(0-4095(3.3V)) ADC 채널

ADC1_CH0 (GPIO 36)

ADC1_CH1 (GPIO 37)

ADC1_CH2 (GPIO 38)

ADC1_CH3 (GPIO 39)

ADC1_CH4 (GPIO 32)

ADC1_CH5 (GPIO 33)

ADC1_CH6 (GPIO 34)

ADC1_CH7 (GPIO 35)

ADC2_CH0 (GPIO 4)

ADC2_CH1 (GPIO 0)

ADC2_CH2 (GPIO 2)

ADC2_CH3 (GPIO 15)

ADC2_CH4 (GPIO 13)

ADC2_CH5 (GPIO 12)

ADC2_CH6 (GPIO 14)

ADC2_CH7 (GPIO 27)

ADC2_CH8 (GPIO 25)

ADC2_CH9 (GPIO 26)

DAC (Digital-toAnalog Converter)

≫ 2개의 8-bit DAC 채널

DAC1 (GPIO 25)

DAC2 (GPIO 26)

≫ RTC GPIO

전력 소모를 적게 하여 장시간 배터리로 사용할 수 있게 하는 기능을 가진 핀.

RTC_GPIO0 (GPIO 36)

RTC_GPIO3 (GPIO 39)

RTC_GPIO4 (GPIO 34)

RTC_GPIO5 (GPIO 35)

RTC_GPIO6 (GPIO 25)

RTC_GPIO7 (GPIO 26)

RTC_GPIO8 (GPIO 33)

RTC_GPIO9 (GPIO 32)

RTC_GPIO10 (GPIO 4)

RTC_GPIO11 (GPIO 0)

RTC_GPIO12 (GPIO 2)

RTC_GPIO13 (GPIO 15)

RTC_GPIO14 (GPIO 13)

RTC_GPIO15 (GPIO 12)

RTC_GPIO16 (GPIO 14)

RTC_GPIO17 (GPIO 27)

≫ PWM

출력 가능한 모든 핀은 PWM으로 사용 가능, 따라서 입력 전용 핀인 34-39는 PWM으로 사용 불가능.

필요한 파라미터

Signal Frequency

Duty Cycle

PWM Channel

》》 신호 GPIO핀

》》 I2C

ESP32에는 두 개의 I2C 채널이 있으며 모든 핀을 SDA 또는 SCL로 설정할 수 있다.
Arduino IDE와 함께 ESP32를 사용할 경우 기본 I2C 핀은 다음과 같다.

GPIO 21 (SDA)

GPIO 22 (SCL)

》》 SPI

SPI	MOSI	MISO	CLK	CS
VSPI	GPIO23	GPIO19	GPIO18	GPIO5
HSPI	GPIO13	GPIO12	GPIO14	GPIO15

》》 Interupt

All GPIOs can be configured as interrupts.

》》 Reference

https://bit.ly/3sMT51O

4-1-2 PWM을 사용해서 LED 제어

PWM은 모터 제어, LED의 조명 제어 등에 사용한다. 모터는 출력이 낮은 서보 모터 등을 제어할 수 있다. 여기서 사용하는 LED 제어 주파수는 5000 정도면 충분하다.

> 핀은 자체 내장 LED를 사용해서 테스트를 하기 때문에 PWM 채널로 쓸 수 있는 지 체크한다. 2번은 사용 가능하다. 주의할 점은 GPIO 34, 35, 36, 37, 38, 39번 핀은 PWM을 출력하지 못한다.
> 상기 핀은 아날로그 입력 또는 디지털 입력/출력에만 사용할 수 있다.
> **PWM GPIO** : 2, 4, 12 ~ 19, 21, 22, 23, 25, 26, 27, 32, 33 중 16개(16 채널) 사용하여 제어 가능

2번을 사용하면 내장 LED라 선을 연결할 필요 없이 테스트할 수 있다.
LED가 어두어졌다가 밝아진다.

ledcSetup(LEDC_CHANNEL_0, LEDC_BASE_FREQ, LEDC_TIMER_13_BIT);
PWM 채널 하나를 LED 제어에 사용하고 세팅을 한다.

> ESP32에는 3개의 하드웨어 타이머가 있고 3개의 타이머를 사용하여 16개의 아날로그 출력을 할 수 있으며 그 출력은 채널 번호(0 ~ 15)를 할당하여 사용한다. 여기서는 13을 사용한다.

주파수는 LED 제어를 할 것이라 5000이면 충분하다.

> ledcSetup(pwm_channel, freq, resolution)   //
> 아날로그 채널에 대한 설정(freq: 보통 5000, resolution : 보통 8)

ledcAttachPin(LED_PIN, LEDC_CHANNEL_0);
LED_PIN 내장 LED 2번을 PWM 채널로 배정한다.

> **아두이노** : pinMode(pwm_ledPin, OUTPUT);
> **ESP32** : ledcAttachPin(pwm_ledPin, pwm_channel) // 아날로그 핀과 사용할 아날로그 채널(0~15 채널) 연결

ledcAnalogWrite(LEDC_CHANNEL_0, brightness);

uint32_t duty = (8191 / valueMax) * min(value, valueMax);

ledcWrite(channel, duty);   // LEDC_CHANNEL_0 가 Channel 이다.

아두이노 : analogWrite(pwm_ledPin, duty);   // 설정된 아날로그 핀에 값 대입

ESP32 : ledcWrite(pwm_channel, duty);   // GPIO 하드웨어 핀에 쓰는 것이 아니라,
설정된 아날로그 채널에 값을 쓰면 GPIO 핀으로 신호가 나간다.

기존 아두이노 보드와 함수가 다른 것이 특징이다.

아두이노 프로그램 : pwm

```
#define LEDC_CHANNEL_0 0
#define LEDC_TIMER_13_BIT 13
#define LEDC_BASE_FREQ 5000
#define LED_PIN 2   // 내장 LED 사용
int brightness = 0;
int fadeAmount = 5;
void ledcAnalogWrite(uint8_t channel, uint32_t value, uint32_t valueMax = 255)
{
 uint32_t duty = (8191 / valueMax) * min(value, valueMax);
 ledcWrite(channel, duty);
}
void setup() {
 ledcSetup(LEDC_CHANNEL_0, LEDC_BASE_FREQ, LEDC_TIMER_13_BIT);
 ledcAttachPin(LED_PIN, LEDC_CHANNEL_0);
}
void loop() {
 ledcAnalogWrite(LEDC_CHANNEL_0, brightness);
 brightness = brightness + fadeAmount;
 if (brightness <= 0 || brightness >= 255) {
 fadeAmount = -fadeAmount;
 }
 delay(30);
}
```

4-2 Wifi 테스트

❶ ESP32 예제 – Wifi – Wifiscan을 실행한다. Wifi 연결 없이 Wifi를 확인할 수 있다.

❷ Wifi에 접속할 수 있는 네트워크를 검색한다.

10개의 네트워크를 찾았고, SO*****로 시작하는 네트워크가 필자가 사용하는 네트워크이다.

❸ 이 프로그램은 네트워크의 암호 없이 Wifi가 잘 동작하는지 파악이 가능하다.

시리얼 모니터를 사용해서 결과를 볼 수 있다.

Wifiipv6

현재 ESP32 의 IP 주소를 찾아주는 프로그램이다. 이것은 자체 주소를 알아야 할 때 사용한다.

IPV6 주소

IPV4 주소 : 우리가 주로 쓰는 ip 주소이다.

그리고 표준시를 접속하여 데이터를 받아서 표시한다.

❹ Iptime 네트워크 이름과 ********(각 사이트 별로 다름) 암호를 넣어주어야 접속을 해서 각 주소를 알아서 알려준다.

```
//#define STA_SSID ""
//#define STA_PASS ""


#define STA_SSID "iptime"
#define STA_PASS "*********"
```

프로그램 : WifiIPV6

```
#include <WiFi.h>


//#define STA_SSID ""
//#define STA_PASS ""


#define STA_SSID "iptime"
#define STA_PASS "*********"


#define AP_SSID  "esp32-v6"


static volatile bool wifi_connected = false;


WiFiUDP ntpClient;


void wifiOnConnect(){
  Serial.println("STA Connected");
  Serial.print("STA IPv4: ");
  Serial.println(WiFi.localIP());


  ntpClient.begin(2390);
}
```

```
void wifiOnDisconnect(){
  Serial.println("STA Disconnected");
  delay(1000);
  WiFi.begin(STA_SSID, STA_PASS);
}

void wifiConnectedLoop(){
  //lets check the time
  const int NTP_PACKET_SIZE = 48;
  byte ntpPacketBuffer[NTP_PACKET_SIZE];

  IPAddress address;
  WiFi.hostByName("time.nist.gov", address);
  memset(ntpPacketBuffer, 0, NTP_PACKET_SIZE);
  ntpPacketBuffer[0] = 0b11100011;  // LI, Version, Mode
  ntpPacketBuffer[1] = 0;    // Stratum, or type of clock
  ntpPacketBuffer[2] = 6;    // Polling Interval
  ntpPacketBuffer[3] = 0xEC; // Peer Clock Precision
  // 8 bytes of zero for Root Delay & Root Dispersion
  ntpPacketBuffer[12]  = 49;
  ntpPacketBuffer[13]  = 0x4E;
  ntpPacketBuffer[14]  = 49;
  ntpPacketBuffer[15]  = 52;
  ntpClient.beginPacket(address, 123); //NTP requests are to port 123
  ntpClient.write(ntpPacketBuffer, NTP_PACKET_SIZE);
  ntpClient.endPacket();

  delay(1000);
  int packetLength = ntpClient.parsePacket();
  if (packetLength){
    if(packetLength >= NTP_PACKET_SIZE){
```

```
        ntpClient.read(ntpPacketBuffer, NTP_PACKET_SIZE);
    }
    ntpClient.flush();
        uint32_t secsSince1900 = (uint32_t)ntpPacketBuffer[40] << 24 | (uint32_t)
ntpPacketBuffer[41] << 16 | (uint32_t)ntpPacketBuffer[42] << 8 | ntpPacketBuffer[43];
    //Serial.printf("Seconds since Jan 1 1900: %u\n", secsSince1900);
    uint32_t epoch = secsSince1900 - 2208988800UL;
    //Serial.printf("EPOCH: %u\n", epoch);
    uint8_t h = (epoch  % 86400L) / 3600;
    uint8_t m = (epoch  % 3600) / 60;
    uint8_t s = (epoch % 60);
    Serial.printf("UTC: %02u:%02u:%02u (GMT)\n", h, m, s);
  }


  delay(9000);
}

void WiFiEvent(WiFiEvent_t event){
  switch(event) {

    case ARDUINO_EVENT_WIFI_AP_START:
      //can set ap hostname here
      WiFi.softAPsetHostname(AP_SSID);
      //enable ap ipv6 here
      WiFi.softAPenableIpV6();
      break;

    case ARDUINO_EVENT_WIFI_STA_START:
      //set sta hostname here
      WiFi.setHostname(AP_SSID);
      break;
```

```
        case ARDUINO_EVENT_WIFI_STA_CONNECTED:
          //enable sta ipv6 here
          WiFi.enableIpV6();
          break;
        case ARDUINO_EVENT_WIFI_STA_GOT_IP6:
          Serial.print("STA IPv6: ");
          Serial.println(WiFi.localIPv6());
          break;
        case ARDUINO_EVENT_WIFI_AP_GOT_IP6:
          Serial.print("AP IPv6: ");
          Serial.println(WiFi.softAPIPv6());
          break;
        case ARDUINO_EVENT_WIFI_STA_GOT_IP:
          wifiOnConnect();
          wifi_connected = true;
          break;
        case ARDUINO_EVENT_WIFI_STA_DISCONNECTED:
          wifi_connected = false;
          wifiOnDisconnect();
          break;
        default:
          break;
    }
}

void setup(){
    Serial.begin(115200);
    WiFi.disconnect(true);
    WiFi.onEvent(WiFiEvent);
    WiFi.mode(WIFI_MODE_APSTA);
    WiFi.softAP(AP_SSID);
    WiFi.begin(STA_SSID, STA_PASS);
```

```
  }

  void loop(){
    if(wifi_connected){
      wifiConnectedLoop();
    }
    while(Serial.available()) Serial.write(Serial.read());
  }
```

>> 단순한 서버 테스트 : hello server

❶ ESP32를 단순히 글자만 보내는 서버로 테스트한 것이다.

❷ **소스 변경** : DEVKit 를 사용해서 LED 2번으로 하면 내장 LED가 변한 것을 볼 수 있다.

```
//const int led = 13;
const int led = 2;
```

❸ 실제 필요한 메시지를 보내는 서버 부분은 이 부분이다. 여기에 필요한 메시지를 넣으면 화면에 표시된다.

```
server.send(200, "text/plain", "hello from esp32!");
```

❹ 시리얼 모니터 화면에서 현재 ESP32의 서버 IP 어드레스를 확인하여 크롬으로 접속한다.

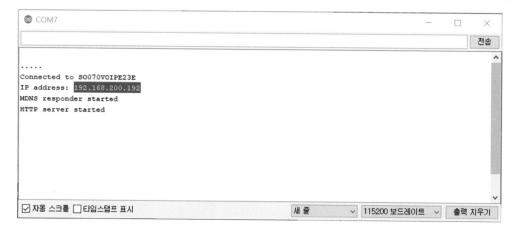

❺ 접속이 완료되면

```
server.send(200, "text/plain", "hello from esp32!");
```

라는 메시지가 화면에 표시된다.

❻ Simplewifiserver

Chrome 이나 Web 화면에서 보드에 LED 를 켜고 끌 수 있다.

앞에서 알게된 DEVKIT 보드의 내장 LED의 번호가 2번이니 2번으로 테스트한나.

크롬이나 웹브라우저에서 위의 시리얼 모니터에서 알려준 주소로 '192.168.0.22'를 쳐서 들어간다.

❼ Web 화면에서 LED 핀을 2번으로 해서 보드 내장 LED를 켜고 끈다.

위에서 on 부분의 here을 누르면 아래와 같이 시리얼 모니터에 표시되고 LED 불이 켜진다.

≫ 시리얼 모니터의 출력 표시

New Client.

GET /L HTTP/1.1

Host: 192.168.0.22

Connection: keep-alive

Upgrade-Insecure-Requests: 1

User-Agent: Mozilla/5.0 (Windows NT 10.0; Win64; x64) AppleWebKit/537.36 (KHTML, like Gecko) Chrome/98.0.4758.82 Safari/537.36

Accept: text/html,application/xhtml+xml,application/xml;q=0.9,image/avif,image/webp,image/apng,*/*;q=0.8,application/signed-exchange;v=b3;q=0.9

Referer: http://192.168.0.22/H

Accept-Encoding: gzip, deflate

Accept-Language: ko-KR,ko;q=0.9,en-US;q=0.8,en;q=0.7

Client Disconnected.

≫ 소스 변경

Web 화면에서 LED 핀을 5-〉2 로 해서 보드 내장 LED를 켜고 끈다.

```
// the content of the HTTP response follows the header:
// client.print("Click <a href=\"/H\">here</a> to turn the LED on pin 5 on.<br>");
// client.print("Click <a href=\"/L\">here</a> to turn the LED on pin 5 off.<br>");
   client.print("Click <a href=\"/H\">here</a> to turn the LED on Board pin 2 on.<br>");
   client.print("Click <a href=\"/L\">here</a> to turn the LED on Board pin 2 off.<br>");
```

LED 핀을 5번에서 2번으로 소프트웨어적으로 바꾸면 내장 LED로 LED가 꺼지고 켜지는 것을 확인할 수 있다.

```
// pinMode(5, OUTPUT);    // set the LED pin mode
   pinMode(2, OUTPUT);    // set the LED pin mode
```

```
    // Check to see if the client request was "GET /H" or "GET /L":
        if (currentLine.endsWith("GET /H")) {
          digitalWrite(2, HIGH);         // GET /H turns the LED on
        }
        if (currentLine.endsWith("GET /L")) {
          digitalWrite(2, LOW);          // GET /L turns the LED off
        }
    }
```

》》 Web에서 Relay on off

위와 같은 방법으로 릴레이를 연결한다.

GPIO 핀 12,13,23을 사용한다. 여기서는 23을 주로 사용한다.

》》 소스 분석

필요한 숫자만큼 릴레이를 붙여서 웹으로 켜고 끄면 된다. 아래 부분만 세팅하면 바로 사용할 수 있다. 위의 소스의 변형이라고 보면 된다.

```
pinMode(23, OUTPUT);     // set the Relay pin mode
   pinMode(12,OUTPUT);
   pinMode(13,OUTPUT);


    // Check to see if the client request was "GET /H" or "GET /L":
    if (currentLine.endsWith("GET /H")) {
      digitalWrite(23, HIGH);          // GET /H turns the LED on
    }
    if (currentLine.endsWith("GET /L")) {
      digitalWrite(23, LOW);           // GET /L turns the LED off
    }


    if (currentLine.endsWith("GET /I")) {
      digitalWrite(12, HIGH);          // GET /H turns the LED on
    }
```

```
        if (currentLine.endsWith("GET /J")) {
          digitalWrite(12, LOW);          // GET /L turns the LED off
        }


        if (currentLine.endsWith("GET /O")) {
          digitalWrite(13, HIGH);         // GET /H turns the LED on
        }
        if (currentLine.endsWith("GET /P")) {
          digitalWrite(13, LOW);          // GET /L turns the LED off
        }
```

≫ 시리얼 모니터 화면 출력

Connecting to iptime9

....

WiFi connected.

IP address:

192.168.0.22

New Client.

GET /H HTTP/1.1

Host: 192.168.0.22

Connection: keep-alive

Cache-Control: max-age=0

Upgrade-Insecure-Requests: 1

User-Agent: Mozilla/5.0 (Windows NT 10.0; Win64; x64) AppleWebKit/537.36 (KHTML, like Gecko) Chrome/98.0.4758.82 Safari/537.36

Accept: text/html,application/xhtml+xml,application/xml;q=0.9,image/avif,image/webp,image/apng,*/*;q=0.8,application/signed-exchange;v=b3;q=0.9

Accept-Encoding: gzip, deflate

Accept-Language: ko-KR,ko;q=0.9,en-US;q=0.8,en;q=0.7

Client Disconnected.

IP 주소로 접속한다.

here 부분을 눌러서 릴레이 on off해서 불을 켜거나 모터를 켠다.

결론

Wifi 테스트에서 web으로 LED를 켜고 끄고, 릴레이를 원하는 만큼 붙여서 전등, 모터 등 여러 가지를 web 화면으로 제어할 수 있는 방법을 배웠다. 센서를 배우고 센서를 활용해서 제어를 하려고 한다.

4-3 OLED 화면에 표시하기

이번에 구입한 2가지 보드는 모두 OLED를 가지고 있다. 이것의 구동에 대해서 알아본다.

≫ 릴리고 T1 V1.0 보드 OLED

릴리고사의 TTGO는 www.lilygo.cn 브랜드이며 중국 심천에 있는 보드 회로 메이커이다. ESP32 시리즈는 Tensilica Xtensa LX6 마이크로 프로세서를 사용하며, 내장 안테나 스위치, RF, 필터 및 전력 관리 모듈을 포함한다.

LoRa 라이브러리를 설치를 한 후에 예제 프로그램을 실행한다.
LoRa 라이브러리 설치는 LoRa 장을 보고 설치한다.

Example description
├── OLED   # OLED demo examples
│   ├── SSD1306SimpleDemo

https://bit.ly/3uHF9pD

│   └── SSD1306UiDemo

https://bit.ly/3wYvVlf

아주 잘 돈다. 이것 위주로 설명한다.

≫ 소스 수정

utilities.h의 보드에 맞게 수정한다.

```
// #define LILYGO_TBeam_V0_7
// #define LILYGO_TBeam_V1_0
// #define LILYGO_TBeam_V1_1
#define LILYGO_T3_V1_0
// #define LILYGO_T3_V1_6
// #define LILYGO_T3_V2_0
```

》》글자 쓰기 : 프로그램 LoRaReceiver

OLED에 센서의 상태, 통신의 송수신 상태를 표시하기 위해 글자를 쓰는 경우가 많은데 이 경우에는 아래의 프로그램을 쓰는 것이 좋다.

라이브러리는 많이 쓰는 u8g2 라이브러리를 사용하는 것이 좋다.

```
#ifdef HAS_DISPLAY
    if (u8g2) {
        u8g2->clearBuffer();
        char buf[256];
        u8g2->drawStr(0, 12, "Received OK!");
        u8g2->drawStr(0, 26, recv.c_str());
        snprintf(buf, sizeof(buf), "RSSI:%i", LoRa.packetRssi());
        u8g2->drawStr(0, 40, buf);
        snprintf(buf, sizeof(buf), "SNR:%.1f", LoRa.packetSnr());
        u8g2->drawStr(0, 56, buf);
        u8g2->sendBuffer();
    }
#endif
```

아래 사진은 표시가 된 예이다. 이런 식으로 필요한 데이터를 화면에 표시한다.

》》 로고 표시 하기 및 OLED 데모

SSD1306SimpleDemo_lora

로고나 그림을 화면에 표시할 때 이 함수를 사용한다.

image.h에 로고나 그림에 해당하는 데이터를 넣는다.

```
#define WiFi_Logo_width 60
#define WiFi_Logo_height 36
const uint8_t WiFi_Logo_bits[] PROGMEM = {
0x00, 0x00, 0x00, 0x00, 0x00, 0x00, 0x00, 0x00, 0x00, 0x00, 0x00, 0xF8,
0x00, 0x00, 0x00, 0x00, 0x00, 0x00, 0x80, 0xFF, 0x07, 0x00, 0x00, 0x00,
0x00, 0x00, 0xE0, 0xFF, 0x1F, 0x00, 0x00, 0x00, 0x00, 0x00, 0xF8, 0xFF,
0x7F, 0x00, 0x00, 0x00, 0x00, 0x00, 0xFC, 0xFF, 0xFF, 0x00, 0x00, 0x00,
0x00, 0x00, 0xFE, 0xFF, 0xFF, 0x01, 0x00, 0x00, 0x00, 0x00, 0xFF, 0xFF,
0xFF, 0x03, 0x00, 0x00, 0x00, 0xFC, 0xFF, 0xFF, 0xFF, 0xFF, 0x00, 0x00,
0x00, 0xFF, 0xFF, 0xFF, 0x07, 0xC0, 0x83, 0x01, 0x80, 0xFF, 0xFF, 0xFF,
0x01, 0x00, 0x07, 0x00, 0xC0, 0xFF, 0xFF, 0xFF, 0x00, 0x00, 0x0C, 0x00,
0xC0, 0xFF, 0xFF, 0x7C, 0x00, 0x60, 0x0C, 0x00, 0xC0, 0x31, 0x46, 0x7C,
0xFC, 0x77, 0x08, 0x00, 0xE0, 0x23, 0xC6, 0x3C, 0xFC, 0x67, 0x18, 0x00,
0xE0, 0x23, 0xE4, 0x3F, 0x1C, 0x00, 0x18, 0x00, 0xE0, 0x23, 0x60, 0x3C,
0x1C, 0x70, 0x18, 0x00, 0xE0, 0x03, 0x60, 0x3C, 0x1C, 0x70, 0x18, 0x00,
0xE0, 0x07, 0x60, 0x3C, 0xFC, 0x73, 0x18, 0x00, 0xE0, 0x87, 0x70, 0x3C,
0xFC, 0x73, 0x18, 0x00, 0xE0, 0x87, 0x70, 0x3C, 0x1C, 0x70, 0x18, 0x00,
0xE0, 0x87, 0x70, 0x3C, 0x1C, 0x70, 0x18, 0x00, 0xE0, 0x8F, 0x71, 0x3C,
0x1C, 0x70, 0x18, 0x00, 0xC0, 0xFF, 0xFF, 0x3F, 0x00, 0x00, 0x08, 0x00,
0xC0, 0xFF, 0xFF, 0x1F, 0x00, 0x00, 0x0C, 0x00, 0x80, 0xFF, 0xFF, 0x1F,
0x00, 0x00, 0x06, 0x00, 0x80, 0xFF, 0xFF, 0x0F, 0x00, 0x00, 0x07, 0x00,
0x00, 0xFE, 0xFF, 0xFF, 0xFF, 0x01, 0x00, 0x00, 0xF8, 0xFF, 0xFF,
0xFF, 0x7F, 0x00, 0x00, 0x00, 0x00, 0xFE, 0xFF, 0xFF, 0x01, 0x00, 0x00,
0x00, 0x00, 0xFC, 0xFF, 0xFF, 0x00, 0x00, 0x00, 0x00, 0x00, 0xF8, 0xFF,
0x7F, 0x00, 0x00, 0x00, 0x00, 0x00, 0xE0, 0xFF, 0x1F, 0x00, 0x00, 0x00,
0x00, 0x00, 0x80, 0xFF, 0x07, 0x00, 0x00, 0x00, 0x00, 0x00, 0x00, 0xFC,
0x00, 0x00, 0x00, 0x00, 0x00, 0x00, 0x00, 0x00, 0x00, 0x00, 0x00, 0x00,
};
```

≫ 이미지를 그려주는 함수

```
void drawImageDemo()
{
  // see http://blog.squix.org/2015/05/esp8266-nodemcu-how-to-create-xbm.html
  // on how to create xbm files
  display.drawXbm(34, 14, WiFi_Logo_width, WiFi_Logo_height, WiFi_Logo_bits);

  // 시작 위치, 로고 넓이,높이 (60,36) 으로 그리고, 실제 데이터는 WiFi_Logo 에 있다.
  // 이것은 image.h 에 정의
}
```

소스에서 데모할 함수를 배열로 만들어 준다.

```
Demo demos[] = {drawFontFaceDemo, drawTextFlowDemo, drawTextAlignmentDemo,
drawRectDemo, drawCircleDemo, drawProgressBarDemo, drawImageDemo};
```

Loop를 돌면서 Demo 함수를 하나씩 실행한다.

```
demos[demoMode]();
demoMode = (demoMode + 1)  % demoLength;
```

이때 이미지 그리는 함수도 수행된다.
다른 기능은 프로그램을 보면서 하나씩 알아가며 적용한다.

≫ OLED+배터리 보드 OLED 사용하기

중국 보드 중에서 사용이 가능한 제품은 릴리고사의 TTGO, 헬텍 정도이다. 이런 보드를 호환 보드 등 여러 곳에서 생산 판매하므로 선택의 여지가 많으나, 처음에는 원 메이커 보드를 사용하다가 호환 보드를 사용하는 것이 좋을 듯 하다. 좋은 회사의 보드는 소프트웨어나 설명이 잘 되어 있고 사용이 편하기 때문이다. 또한 OLED는 보드에 장착되어 나오는 제품이 사용하기 편하고 연결하느라 고생할 필요도 없으므로, 처음에는 OLED가 기본적으로 장착되어 나온 보드를 사용하기를 권한다.

현재 사용되는 배터리 보드는 TTGO의 호환 보드이다.

≫ OLED 라이브러리 2가지 테스트

(1) Adfruit 라이브러리 – 일반적이나 8266 과 같이 사용해서 맞추어 주어야 할 것이 많고 이 라이브러리에 맞는 것만 컴파일해야 한다.

(2) 다른 버전

라이브러리 매니저에서 esp32_oled를 검색해서 설치한다.

이 보드에서는 이 라이브러리를 쓰기를 권한다.

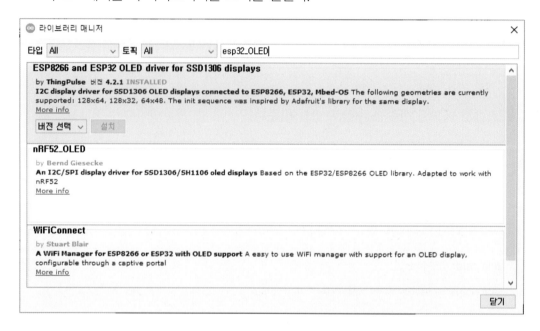

❶ 1번 라이브러리 설치

가장 호환성이 좋은 라이브러리로 가장 많이 사용한다. 아래의 소스를 기본으로 테스트했다. 가장 단순하게 동작이 잘 되는 라이브러리 모델이다.

아래와 같이 라이브러리를 설치한다.
개별적으로 설치하니 에러가 발생했다.

https://bit.ly/3HM8eVf

https://bit.ly/3KruUMg

https://bit.ly/3KqNqo5

개별적으로 설치하기보다는 SSD1306 라이브러리 전체를 툴에서 라이브러리 관리로 설치한다.

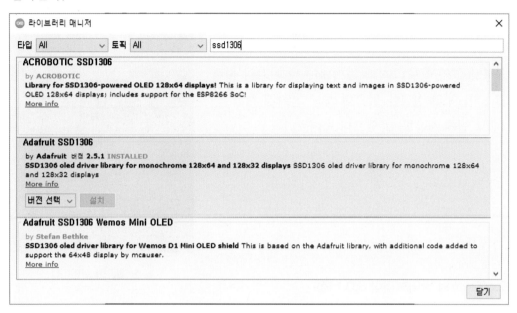

실행 파일

OLEDtest_Batteryboard

현재 보드

Wemos Lolin32 ESP32 with built-in SSD1306 OLED

I2C 연결이

SDA = 5   SCL = 4

소스를 아래와 같이 수정해야 한다.

Wire.begin(5, 4);

이 내용을 몰라서 엄청나게 고생했다. 중국산 보드는 설명이 없어서 각 정보를 알아내는 데 시간이 오래 걸린다. 이 책의 설명을 읽으면 보드도 싸게 사고 프로그램도 쉽게 사용할 수 있으니 좋다.

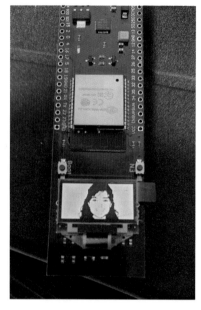

▲ 실행을 한 화면이다.

❷ Esp32_oled 라이브러리 3.0 버전

라이브러리는 2가지가 있는데 아래와 같이 끝 부분이 displays로 끝나는 버전을 사용한다. 다른 display로 끝나는 버전은 실행되지 않는다. 잘 보고 해야 헤매면서 시간을 보내지 않는다. 필자는 제대로 된 라이브러리를 찾지 못해서 오랜 시간 헤맸다.

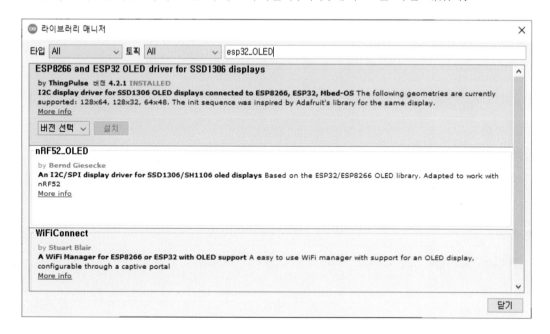

》》 핀 번호 보드에 맞추기

Wemos Lolin32 ESP32

//SSD1306Wire display(0x3c, SDA, SCL);   // ADDRESS, SDA, SCL - SDA and SCL usually
populate automatically based on your board's pins_arduino.h e.g. https://github.com/esp8266/
Arduino/blob/master/variants/nodemcu/pins_arduino.h
SSD1306Wire display(0x3c, 5, 4);

위와 같이 프로그램 앞 부분을 다 고친다.

> **중요**
>
> 라이브러리 버전이 낮아서 실행이 안되는 문제가 있었는데, 해결됨.
> ESP8266_and_ESP32_OLED_driver_for_SSD1306_displays-4.2.1 잘 됨.

》》 데모 프로그램 실행

수정한 프로그램은 _battery로 끝부분을 파일명에 추가했다. 이것을 실행한다. 필자는 가끔 컴파일이 안되고 에러가 나는 상황을 겪었는데, 그 이유는 알 수 없지만 다시 실행 하면 동작한다.

Upload가 안되면 boot 버튼을 눌러준다. OLED 위에 있고 boot라고 표시가 되어 있다. 어쨌든 6개의 모든 데모 프로그램이 잘 돌아간다.

❶ **시계** : 데모 중에 시계는 Time 라이브러리를 설치해야 한다.
　　　시계가 디지털과 아날로그로 표시된다.

❷ **2개 스크린** : 핀 위치에 맞게 2번째 OLED를 연결 하면 2군데에서 디스플레이되나, 현재는 디스플레이가 하나만 설치되어 있어서 하나만 나온다.

❸ SSD1306SimpleDemo_battery 데모

비디오로 동작하는 것을 녹화하였다. 참고 바란다.

https://youtu.be/G8iSMc1esuk

결론

배터리 보드에서는 1번 라이브러리보다 2번 라이브러리를 쓰는 것이 사용이나 응용 범위가 더 많아서 필자는 2번 라이브러리를 주로 사용한다.

참고

업로드가 안되면 업로드시에 Boot를 누르고, 실행이 안되면 en 버튼(리셋)을 누르면 새로 다운로드 받은 프로그램이 실행된다.

4-4 AHT10 온습도계

고정밀 온도센서로 다른 센서에 비해 AHT10 정밀도가 높다.

https://bit.ly/3641VQ0

▲ 센서 전면 사진

❶ 라이브러리 추가

https://bit.ly/3tGIrsL

*master.zip 을 AHT10.zip 으로 바꾸어 라이브러리 추가해야 에러가 없다.

❷ 핀접속

Device Pin	
1 (GND)	GND
2 (VCC)	3.3V
3 (SCL)	ESP32 GPIO22/D22
4 (SDA)	ESP32 GPIO21/D21

아두이노 소스 코드에서 이렇게 맞춘다.

ESP32.................................. GPIO21/D21   GPIO22/D22   3.3v

배선 연결부

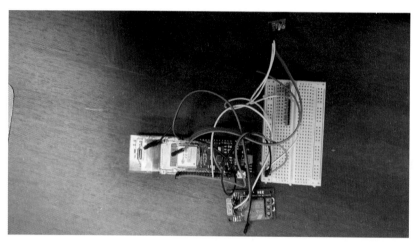

▲ 전체 연결 사진

AHT11, 배터리 ESP32 보드, 릴레이로 구성

❸ 프로그램 실행

예제 프로그램을 실행한다.

AHT10_Any_MCU_Serial 이고 SCL, SDA는 위와 같이 맞추어 준다.

```
/**************************************************************************************
*************/
/*
    This is an Arduino library for Aosong ASAIR AHT10, AHT15 Digital Humidity & Temperature
Sensor

    written by : enjoyneering79
    sourse code: https://github.com/enjoyneering/

    This chip uses I2C bus to communicate, specials pins are required to interface
    Board:                SDA        SCL        Level
```

```
Uno, Mini, Pro, ATmega168, ATmega328..... A4          A5          5v
Mega2560................................. 20          21          5v
Due, SAM3X8E............................ 20          21          3.3v
Leonardo, Micro, ATmega32U4.............. 2          3          5v
Digistump, Trinket, ATtiny85............ 0/physical pin no.5   2/physical pin no.7   5v
Blue Pill, STM32F103xxxx boards.......... PB7          PB6          3.3v/5v
ESP8266 ESP-01.......................... GPIO0/D5     GPIO2/D3          3.3v/5v
NodeMCU 1.0, WeMos D1 Mini.............. GPIO4/D2          GPIO5/D1          3.3v/5v
ESP32.................................. GPIO21/D21     GPIO22/D22        3.3v


Frameworks & Libraries:
ATtiny  Core      - https://github.com/SpenceKonde/ATTinyCore
ESP32  Core       - https://github.com/espressif/arduino-esp32
ESP8266 Core      - https://github.com/esp8266/Arduino
STM32  Core       - https://github.com/stm32duino/Arduino_Core_STM32
                  - https://github.com/rogerclarkmelbourne/Arduino_STM32


GNU GPL license, all text above must be included in any redistribution,
see link for details  - https://www.gnu.org/licenses/licenses.html
*/
/********************************************************************************
************/
#include <AHT10.h>
#include <Wire.h>

uint8_t readStatus = 0;

AHT10 myAHT10(AHT10_ADDRESS_0X38);

void setup()
{
```

```
  Serial.begin(115200);
  Serial.println();

  while (myAHT10.begin() != true)
  {
    Serial.println(F("AHT10 not connected or fail to load calibration coefficient")); //(F()) save
string to flash & keeps dynamic memory free
    delay(5000);
  }
  Serial.println(F("AHT10 OK"));

  //Wire.setClock(400000); //experimental I2C speed! 400KHz, default 100KHz
  }

  void loop()
  {
    /* DEMO - 1, every temperature or humidity call will read 6 bytes over I2C, total 12 bytes */
    Serial.println(F("DEMO 1: read 12-bytes, show 255 if communication error is occurred"));
    Serial.print(F("Temperature: ")); Serial.print(myAHT10.readTemperature()); Serial.println(F("
+-0.3C")); //by default "AHT10_FORCE_READ_DATA"
    Serial.print(F("Humidity...: ")); Serial.print(myAHT10.readHumidity());   Serial.println(F("
+-2%"));  //by default "AHT10_FORCE_READ_DATA"

    /* DEMO - 2, temperature call will read 6 bytes via I2C, humidity will use same 6 bytes */
    Serial.println(F("DEMO 2: read 6 byte, show 255 if communication error is occurred"));
    Serial.print(F("Temperature: ")); Serial.print(myAHT10.readTemperature(AHT10_FORCE_
READ_DATA)); Serial.println(F(" +-0.3C"));

    Serial.print(F("Humidity...: ")); Serial.print(myAHT10.readHumidity(AHT10_USE_READ_
DATA));   Serial.println(F(" +-2%"));
    /* DEMO - 3, same as demo2 but different call procedure */
```

```
Serial.println(F("DEMO 3: read 6-bytes, show 255 if communication error is occurred"));

readStatus = myAHT10.readRawData(); //read 6 bytes from AHT10 over I2C

if (readStatus != AHT10_ERROR)
{
    Serial.print(F("Temperature: ")); Serial.print(myAHT10.readTemperature(AHT10_USE_
READ_DATA)); Serial.println(F(" +-0.3C"));
    Serial.print(F("Humidity...: ")); Serial.print(myAHT10.readHumidity(AHT10_USE_READ_
DATA));   Serial.println(F(" +-2%"));
}
else
{
  Serial.print(F("Failed to read - reset: "));
  Serial.println(myAHT10.softReset());        //reset 1-success, 0-failed
}

 delay(10000); //recomended polling frequency 8sec..30sec
}
```

컴파일하고 다운로드 한다. 시리얼 모니터 실행하면 아래와 같이 3개로 출력이 된다.

```
DEMO 1: read 12-bytes, show 255 if communication error is occurred
Temperature: 21.71 +-0.3C
Humidity...: 35.38 +-2%
DEMO 2: read 6 byte, show 255 if communication error is occurred
Temperature: 21.81 +-0.3C
Humidity...: 35.38 +-2%
DEMO 3: read 6-bytes, show 255 if communication error is occurred
Temperature: 21.84 +-0.3C
Humidity...: 35.40 +-2%
```

DHT11에 비해 정밀도와 신뢰도가 높다. DHT11은 에러도 많이 나고 온도나 습도가 기존 습도계 측정을 해보면 많이 다른데, 이것은 비슷하다.

≫ i2C 버스

모든 센서나 OLED 디스플레이 등을 보면 I²C 버스를 사용한다. IO 장치를 연결하는 버스인데 I²C는 Inter Integrated Circuit의 약자이다. 동기화된 멀티 마스터, 멀티슬레이브 버스이다. 아래와 같이 연결되는 버스이다. 여러 가지 IO 장치를 2개의 선으로 데이터를 송수신하기 위한 버스이다.

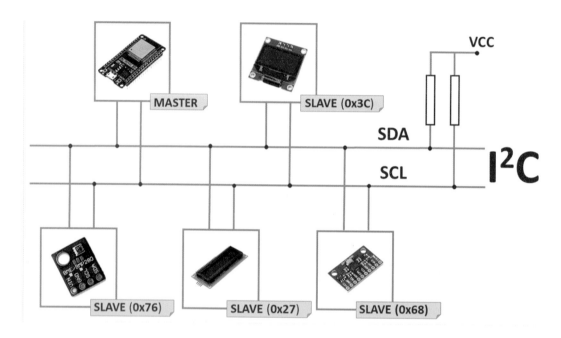

위와 같이 연결한다.

참고로 I2C 버스가 연결이 되었는지 파악하는 프로그램
I2Cscanner

```
/********
  Rui Santos
  Complete project details at https://randomnerdtutorials.com
********/

#include <Wire.h>

void setup() {
  Wire.begin();
  Serial.begin(115200);
  Serial.println("\nI2C Scanner");
}


void loop() {
  byte error, address;
  int nDevices;
  Serial.println("Scanning...");
  nDevices = 0;
  for(address = 1; address < 127; address++ ) {
    Wire.beginTransmission(address);
    error = Wire.endTransmission();
    if (error == 0) {
      Serial.print("I2C device found at address 0x");
      if (address<16) {
        Serial.print("0");
      }
      Serial.println(address,HEX);
      nDevices++;
    }
```

```
    else if (error==4) {
     Serial.print("Unknow error at address 0x");
     if (address<16) {
       Serial.print("0");
     }
     Serial.println(address,HEX);
    }
  }
  if (nDevices == 0) {
    Serial.println("No I2C devices found\n");
  }
  else {
    Serial.println("done\n");
  }
  delay(5000);
}
```

실행하여 시리얼 모니터로 확인을 한다.

Scanning...

I2C device found at address 0x38

done

위의 AHT10 프로그램에 보면 I2C 주소를 알 수 있다. 2개가 동일한 것을 확인할 수 있다.
AHT10 myAHT10(AHT10_ADDRESS_0X38);

> PC 웹에서 상태를 표시하는 프로그램
> **ESP32wificlient_Temp_Humidity_ok**

크롬 브라우저에서 시리얼 모니터에서 확인한 주소로 들어가면 온도와 습도가 표시되는
것을 볼 수 있다.

```
/*
    This sketch establishes a TCP connection to a "quote of the day" service.
    It sends a "hello" message, and then prints received data.
*/

#include <WiFi.h>


//#define STASSID2 "S0070VOIPE23E"
//#define STAPSK2  "8D38BEE23D"


//#include <WiFiUdp.h>
//#include <WiFiServer.h>
//#include <WiFiClientSecure.h>
//#include <WiFiClient.h>
//const char* ssid     = STASSID2;
//const char* password = STAPSK2;
const char* ssid     = "iptime9";
const char* password = "**********";

#include <AHT10.h>
uint8_t readStatus = 0;
AHT10 myAHT10(AHT10_ADDRESS_0X38);

/*
#include <MQ7.h>
MQ7 mq7(26,3.3);
*/
// Temporary variables
static char celsiusTemp[7];
```

```
static char fahrenheitTemp[7];
static char humidityTemp[7];

WiFiServer SettingServer(800);
// Web Server on port 80
WiFiServer server(80);

int Relay = 23;

/*
struct SEED_DATA
{
  float Temperature;
  char* Temp;
  float Humidity;
};

struct MONITOR_DATA
{
  SEED_DATA BasicData;
  bool LEDLight;
};

// C#
SEED_DATA SetData;
MONITOR_DATA MonitorData;

int Relay = D8;
float post_h;
*/

void setup() {
```

```
  pinMode(LED_BUILTIN, OUTPUT);    // Initialize the LED_BUILTIN pin as an output
  pinMode(Relay, OUTPUT);
digitalWrite(LED_BUILTIN, LOW);  // Turn the LED on (Note that LOW is the voltage level
digitalWrite(Relay, HIGH);
// but actually the LED is on; this is because
// it is active low on the ESP-01)
//delay(1000);              // Wait for a second
//digitalWrite(LED_BUILTIN, HIGH);  // Turn the LED off by making the voltage HIGH
//delay(2000);
Serial.begin(115200);

Serial.println();

while (myAHT10.begin() != true)
{
    Serial.println(F("AHT10 not connected or fail to load calibration coefficient")); //(F()) save
string to flash & keeps dynamic memory free
    delay(5000);
}
Serial.println(F("AHT10 OK"));

// We start by connecting to a WiFi network

Serial.println();
Serial.println();
Serial.print("Connecting to ");
Serial.println(ssid);

/* Explicitly set the ESP8266 to be a WiFi-client, otherwise, it by default,
   would try to act as both a client and an access-point and could cause
   network-issues with your other WiFi-devices on your WiFi-network. */
```

```
  // WiFi.mode(WIFI_STA);
  WiFi.begin(ssid, password);

  while (WiFi.status() != WL_CONNECTED) {
   delay(500);
    Serial.print(".");
  }
  Serial.println("");
  Serial.println("WiFi connected");
  Serial.println("IP address: ");
  Serial.println(WiFi.localIP());

  server.begin();

  static bool wait = false;

}

void loop() {
  String request;
  boolean blank_line = true;

  //WiFiClient MonitorClient = MonitorServer.available();
  //WiFiClient client = server.available();
  /*
  Serial.println("Monitor new client");
  while(!MonitorClient) { // Wait until client sends data
    delay(1);
  }
  */
  // Serial.println("New Monitor client connecting...");
```

```
//   while (MonitorClient.connected()) {
//     Serial.println("New Monitor connected");


/*
  while(!MonitorClient)
  {
    delay(1);
  }
*/


/*
  Temperature
  fahrenheitTemp
  humidity
  Humidity_setting
*/


// Listenning for new clients
WiFiClient client = server.available();

if (client) {
  Serial.println("New Web client");
  // bolean to locate when the http request ends
  boolean blank_line = true;
  while (client.connected()) {
    if (client.available()) {
      char c = client.read();

/* DEMO - 1, every temperature or humidity call will read 6 bytes over I2C, total 12 bytes */
// Serial.println(F("DEMO 1: read 12-bytes, show 255 if communication error is occurred"));
//  Serial.print(F("Temperature: ")); Serial.print(myAHT10.readTemperature()); Serial.
```

```
println(F(" +-0.3C")); //by default "AHT10_FORCE_READ_DATA"
  //  Serial.print(F("Humidity...: ")); Serial.print(myAHT10.readHumidity());    Serial.println(F("
+-2%"));  //by default "AHT10_FORCE_READ_DATA"
  /*
  Serial.print(mq7.getPPM());
  Serial.println(" ppm");
  delay(1000);
  */

    if (c == '\n' && blank_line) {

      client.println("HTTP/1.1 200 OK");
      client.println("Content-Type: text/html");
      client.println("Connection: close");
      client.println();
      // your actual web page that displays temperature and humidity
      client.println("<!DOCTYPE HTML>");
      client.println("<html>");
      client.println("<head></head><body><h1>     William Joo's Smart Farm </h1><h3> ");
        client.println("<head></head><body><h1>  Temperature, Humidity and CO gas Control
System </h1><h3> ");
      // client.println("DEMO 1: read 12-bytes, show 255 if communication error is occurred");

        client.println("Temperature : "); client.print(myAHT10.readTemperature()); client.
println("C  +-0.3C"); //by default "AHT10_FORCE_READ_DATA"

      client.println("</h3><h3>Humidity in %: ");
        client.print(myAHT10.readHumidity());    client.println("%  +-2%");   //by default
"AHT10_FORCE_READ_DATA"
      client.println("</h3><h3>CO gas in ppm: ");
      //client.print(mq7.getPPM());
```

```
        client.print("12.34");
        client.println(" ppm");
        delay(1000);
/*

        client.println(humidity);
        client.println("%</h3><h3>Humidity in setting: ");
        client.println(Humidity_setting);
        */

        client.println("</h3><h3>");
        client.println("</body></html>");
        break;
      }
      if (c == '\n') {
      // when starts reading a new line
      blank_line = true;
      }
      else if (c != '\r') {
      // when finds a character on the current line
      blank_line = false;
      }
    }
  }
// closing the client connection
delay(1);
client.stop();
Serial.println("Web Client disconnected.");
}
        // delay(10000); // dht sampling time
}
```

4-5 CO 센서

구매처

https://bit.ly/3CpUr5C

▶▶ 센서 MQ-7 소개

MQ-7 가스 센서는 전도도가 낮은 이산화틴 (SnO2)을 사용하여 일산화탄소를 감지하는 센서이다. 민감한 물질이다. 1.5V 가열로 가열하여 방법 일산화탄소를 감지하고 공기 중 센서 전도도가 얼마나 증가했는지 측정한다. 고온 (5.0V 가열)으로 저온에서 가스 흡착된 것을 탈착시켜 깨끗하게 한다. 간단한 회로를 사용하면 가스 농도에 따라 전도도가 바뀐 것을 해당 출력 신호로 변환할 수 있다. 일산화탄소에 대한 고감도의 가스 센서를 이용해 비슷한 원리로 일산화탄소를 포함하는 다양한 가스를 감지 할 수 있다. 다양한 용도로 사용되는 저비용 센서이다.

모듈 기능

DO switch 신호 (TTL) 출력 및 AO 아날로그 신호 출력 포함 ;

아날로그 출력 전압, 농도가 높을수록 전압이 높아진다.

전기적 특성

입력 전압 : DC5V 전원 (전류) : 150mA

출력 : TTL 디지털 0 및 1 (0.1 및 5V)

AO 출력 : 0.1–0 .3 V (상대적으로 깨끗한), 최대 농도의 전압 약 4V

참고 사항 : 센서에 전원이 공급된 후 20초 정도 예열해야 데이터를 안정적으로 측정할 수 있으며, 센서 발열은 정상적인 현상이다. 뜨거운 것은 오동작이다.

TIE LONG

MQ 계열의 센서는 연결법과 SW 프로그램이 거의 비슷하다. 하나만 알면 거의 모든 센서를 사용할 수 있다. 이 방식의 센서는 아래와 같이 많다. 주로 CO, 먼지 센서, 가정용 가스 누출 측정 센서 등을 많이 사용한다.

MQ-2
Smoke Gas

MQ-3
Alcohol

MQ-4
Methane gas

MQ-5
Methane Natural Gas

MQ-6
LPG Gas

MQ-7
Carbon monoxide gas

MQ-8
Hydrogen

MQ-9
Combustible gas

MQ-135
Air Quality

≫ ESP32 전선 연결

MQ-7의 출력을 사용하는 방법은 2가지이다.

하나는 DOUT 핀을 통과하여 농도 임곗값에 도달하면 High로, 그렇지 않으면 Low로 읽는 방식이다. 이 임곗값은 회로도에서 Rp인 가변 저항을 조정하여 변경할 수 있다. 이 것을 사용하여 임곗값이 넘으면 버저 등을 이용해서 경보를 울릴 수 있다. 이 방식은 이 제 거의 사용하지 않으므로, 여기서는 다른 방식을 사용한다.

다른 하나는 CO 농도 변화에 따라 변화하는 전압을 출력하는 AOUT핀을 읽는 방식이다.

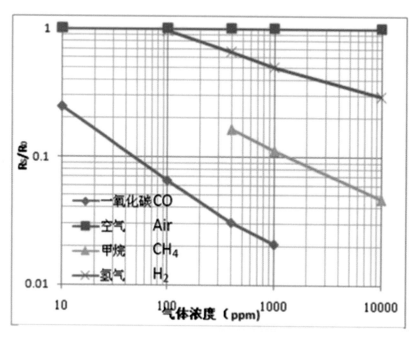

위의 그래프를 보면 AOUT 핀으로 읽은 전압을 ppm으로 변환할 수 있다.

여기서는 A0 핀을 이용하는 방법으로 측정한다.

2가지 선을 이용한다.

전원 : 3.3V 연결한다.

센서 A0 를 ESP32 A5 - GPIO33 연결한다.

위에 보여준 그래프를 보면 AOUT 핀으로 읽은 전압을 ppm으로 변환할 수 있다.

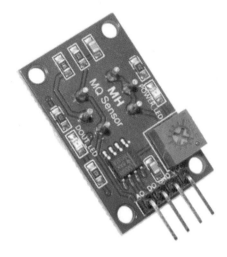

좌측부터 A0 D0 GND VCC 이다.

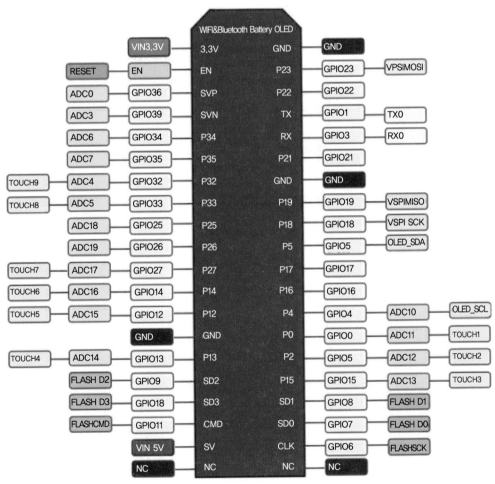

▲ ESP32 핀 맵

》 Lib 사용

ESP32는 아날로그 입력 값의 해상도가 3.3V 12 라이브러리와 프로그램에서 수정을 해주어야 한다.

 CO 농도 축정 라이브러리

https://bit.ly/3twZLQE

라이브러리 MQ7.cpp를 변경한다. 이유는 전원이 5V 입력으로 되어 있고 ESP32의 아날로그 컨버터의 해상도가 4096이기 때문이다.

3.3V 4096

5V   1024

이 값을 바꾸어야 제대로 출력된다.

```
float MQ7::convertVoltage(int voltage) {
    // ATD conversion
    //return (float) voltage * (v_in / 1023.0); //5V
    return (float) voltage * (v_in / 4095.0);   //3.3V
}
```

변경한 값을 입력해 사용한다. MQ7Sensor-1.0.0수정.zip을 MQ7Sensor-1.0.0.zip 으로 바꾸어 라이브러리에 추가한다.

예제는 라이브러리에 있는 것을 수정해서 사용한다.

// 26번 GPIO ADC에 연결, 작동 전압 3.3V.

```
/*
    MQ7_Example.ino

    Example sketch for MQ7 carbon monoxide detector.
```

```
          - connect analog input

          - set A_PIN to the relevant pin

          - connect device ground to GND pin

          - device VC to 5.0 volts


      Created by Fergus Baker

      22 August 2020

      Released into the public domain.

*/



#include <MQ7.h>


#define A_PIN 26
#define VOLTAGE 3.3


// init MQ7 device
MQ7 mq7(A_PIN, VOLTAGE);


void setup() {
      Serial.begin(115200);
      while (!Serial) {
            ;              // wait for serial connection
      }


      Serial.println(""); // blank new line

      Serial.println("Calibrating MQ7");
      mq7.calibrate();              // calculates R0
      Serial.println("Calibration done!");
}
```

```
void loop() {
      Serial.print(mq7.readPpm());
Serial.print(" ppm ");

      Serial.println(""); // blank new line
      delay(1000);
   }
```

측정해보면 다음과 같이 나온다.

사무실과 집에 있는 방의 CO 농도를 측정했다. 사무실의 CO 농도가 방보다 낮다. 방은 15 ppm정도 나온다.

– 사무실의 측정

8.09 ppm

8.20 ppm

8.10 ppm

8.06 ppm

8.06 ppm

8.08 ppm

– 집안의 방 측정

15.18 ppm

15.21 ppm

15.25 ppm

15.27 ppm

15.21 ppm

15.27 ppm

– 다시 측정

14.48 ppm

14.49 ppm

14.53 ppm

14.59 ppm

14.57 ppm

14.59 ppm

14.58 ppm

이 농도가 정상인지 확인하려고 인터넷을 검색했다. 아래는 검색한 내용이다.

참고

집안 내 CO 농도

가스레인지가 없는 집안에서 CO가스의 평균 배출 농도는 0.5 ~ 5 ppm이다. 조정 상태가 양호한 가스레인지 근처에서 배출되는 CO가스의 농도는 5~15 ppm인 경우가 많다. 조정 상태가 불량한 가스레인지 근처의 CO가스 농도는 30 ppm 이상 높게 나타날 수 있다.

일산화탄소 농도별 인체에 미치는 영향

- · 50ppm   허용 농도
- · 200ppm   2~3시간 내 가벼운 머리통증 발생
- · 400ppm   2시간 내에 앞 머리 통증, 3시간 내에 뒷 머리통증 발생
- · 800ppm   45분 내에 구토, 머리 통증 발생, 2시간 내에 실신
- · 1600ppm   20분 이내에 머리 통증, 메스꺼움, 구토, 2시간 이후 사망
- · 3200ppm   10분 이내에 머리 통증, 메스꺼움, 구토, 30분 이후 사망
- · 6400ppm   2분 이내에 머리 통증, 메스꺼움, 구토, 10~15분 이후 사망

이 센서는 아주 중요하다. 왜냐하면 오토 캠핑을 하는 사람들이 무시동으로 히터를 켜놓고 잠드는 경우가 있는데, 이 경우 일산화탄소 중독으로 사망하는 경우가 많이 생겨 경보기 등에 이 센서가 필요하기 때문이다. 일산화탄소는 냄새가 나지 않아서 소리 없이 사망하는 사고가 많이 나니 주의를 기울여야 한다. 이런 생각으로 이 센서를 다루었다.

4-6 통합시스템 제작: 온도·습도 자동 조절, CO 농도 표시

AHT 센서와 CO 센서를 동시에 연결해서 난로나 창문을 릴레이를 통해 자동 제어하는 장치를 만들어본다.

여기서는 AHT 센서와 CO 센서가 쫑이 나는 경우가 발생했지만 라이브러리를 조절하여 잘 해결하였다. CO 농도가 높아지면 환기를 시키는 창문 제어에 대해서는 상황에 맞게 생각해본다. 이것은 데이터 값에 맞추어 제어를 하는 것이니, 필요에 따라 여러분이 직접 짜길 바란다. 또는 경보를 울리게 하는 것도 방안이다.

≫ 화면 제작

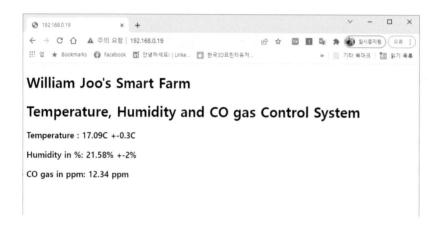

프로그램 : eso32wifickiebt_Temp_Humidity_CO_ok

```
/*
    This sketch establishes a TCP connection to a "quote of the day" service.
    It sends a "hello" message, and then prints received data.
*/


#include 〈WiFi.h〉

//#define STASSID2 "SO070VOIPE23E"
//#define STAPSK2  "8D38BEE23D"
```

```
//#include <WiFiUdp.h>
//#include <WiFiServer.h>
//#include <WiFiClientSecure.h>
//#include <WiFiClient.h>
//const char* ssid     = STASSID2;
//const char* password = STAPSK2;
const char* ssid     = "iptime9";
const char* password = "**********";
#include <MQ7.h>
#include <AHT10.h>
uint8_t readStatus = 0;
AHT10 myAHT10(AHT10_ADDRESS_0X38);


//#include <MQ7.h>
MQ7 mq7(26,3.3);


// Temporary variables
static char celsiusTemp[7];
static char fahrenheitTemp[7];
static char humidityTemp[7];



WiFiServer SettingServer(800);
// Web Server on port 80
WiFiServer server(80);



int Relay = 23;
```

```
/*
struct SEED_DATA
{
  float Temperature;
  char* Temp;
  float Humidity;
};

struct MONITOR_DATA
{
  SEED_DATA BasicData;
  bool LEDLight;
};

// C#
SEED_DATA SetData;
MONITOR_DATA MonitorData;


int Relay = D8;
float post_h;
*/


void setup() {
  pinMode(LED_BUILTIN, OUTPUT);    // Initialize the LED_BUILTIN pin as an output
  pinMode(Relay, OUTPUT);
  digitalWrite(LED_BUILTIN, LOW);  // Turn the LED on (Note that LOW is the voltage level
  digitalWrite(Relay, HIGH);
  // but actually the LED is on; this is because
  // it is active low on the ESP-01)
  //delay(1000);                   // Wait for a second
```

```
//digitalWrite(LED_BUILTIN, HIGH);  // Turn the LED off by making the voltage HIGH
//delay(2000);
Serial.begin(115200);


Serial.println();

while (myAHT10.begin() != true)
{
    Serial.println(F("AHT10 not connected or fail to load calibration coefficient")); //(F()) save
string to flash & keeps dynamic memory free
    delay(5000);
}
Serial.println(F("AHT10 OK"));


// We start by connecting to a WiFi network

Serial.println();
Serial.println();
Serial.print("Connecting to ");
Serial.println(ssid);

/* Explicitly set the ESP8266 to be a WiFi-client, otherwise, it by default,
   would try to act as both a client and an access-point and could cause
   network-issues with your other WiFi-devices on your WiFi-network. */
// WiFi.mode(WIFI_STA);
 WiFi.begin(ssid, password);

while (WiFi.status() != WL_CONNECTED) {
  delay(500);
```

```
      Serial.print(".");
    }

    Serial.println("");
    Serial.println("WiFi connected");
    Serial.println("IP address: ");
    Serial.println(WiFi.localIP());

    server.begin();

    static bool wait = false;


}

void loop() {
  String request;
  boolean blank_line = true;


//WiFiClient MonitorClient = MonitorServer.available();
//WiFiClient client = server.available();
/*
  Serial.println("Monitor new client");
  while(!MonitorClient) { // Wait until client sends data
    delay(1);
  }
*/
// Serial.println("New Monitor client connecting...");
//   while (MonitorClient.connected()) {
//     Serial.println("New Monitor connected");
```

```
/*
  while(!MonitorClient)
  {
    delay(1);
  }
*/



/*
  Temperature
  fahrenheitTemp
  humidity
  Humidity_setting
*/



// Listenning for new clients
WiFiClient client = server.available();

if (client) {
  Serial.println("New Web client");
  // bolean to locate when the http request ends
  boolean blank_line = true;
  while (client.connected()) {
    if (client.available()) {
      char c = client.read();

/* DEMO - 1, every temperature or humidity call will read 6 bytes over I2C, total 12 bytes */
// Serial.println(F("DEMO 1: read 12-bytes, show 255 if communication error is occurred"));
//  Serial.print(F("Temperature: ")); Serial.print(myAHT10.readTemperature()); Serial.
println(F(" +-0.3C")); //by default "AHT10_FORCE_READ_DATA"
```

```
    //   Serial.print(F("Humidity...: ")); Serial.print(myAHT10.readHumidity());    Serial.println(F("
+-2%")); //by default "AHT10_FORCE_READ_DATA"
    /*
    Serial.print(mq7.getPPM());
    Serial.println(" ppm");
    delay(1000);
    */


      if (c == '\n' && blank_line) {


        client.println("HTTP/1.1 200 OK");
        client.println("Content-Type: text/html");
        client.println("Connection: close");
        client.println();
        // your actual web page that displays temperature and humidity
        client.println("<!DOCTYPE HTML>");
        client.println("<html>");
        client.println("<head></head><body><h1>      William Joo's Smart Farm </h1><h3> ");
          client.println("<head></head><body><h1>  Temperature, Humidity and CO gas Control
System </h1><h3> ");
          // client.println("DEMO 1: read 12-bytes, show 255 if communication error is occurred");


          client.println("Temperature : "); client.print(myAHT10.readTemperature()); client.
println("C  +-0.3C"); //by default "AHT10_FORCE_READ_DATA"


        client.println("</h3><h3>Humidity in %: ");
          client.print(myAHT10.readHumidity());    client.println("%  +-2%");   //by default
"AHT10_FORCE_READ_DATA"


        client.println("</h3><h3>CO gas in ppm: ");
        client.print(mq7.getPPM());
```

```
            //client.print("12.34");
            client.println(" ppm");
            delay(1000);
    /*

            client.println(humidity);
            client.println("%</h3><h3>Humidity in setting: ");
            client.println(Humidity_setting);
            */

            client.println("</h3><h3>");
            client.println("</body></html>");
            break;
          }
          if (c == '\n') {
            // when starts reading a new line
            blank_line = true;
          }
          else if (c != '\r') {
            // when finds a character on the current line
            blank_line = false;
          }
        }
      }
      // closing the client connection
      delay(1);
      client.stop();
      Serial.println("Web Client disconnected.");
    }
            // delay(10000); // dht sampling time
    }
```

≫ 온도센서와 CO 센서 사이 에러

온도 습도센서와 CO 센서의 독자 프로그램은 잘 도는데 wifi temp humi & CO는 아래와 같이 CO 센서 값이 안 나온다. 좋이 나는 듯하다.

이 경우는 라이브러리 없이 직접 측정해서 값을 계산하거나 버스 부분에 좋이 나는 부분을 해결한다. 여러분이 한 번 찾아보기 바란다. 쉽게 해결할 수 있을 것이다.

* **시리얼 모니터 내용 캡쳐** : IP 주소를 찾아서 연결을 해본다.

AHT10 OK

Connecting to iptime9

....

WiFi connected

IP address:

192.168.0.19

New Web client

Web Client disconnected.

New Web client

Web Client disconnected.

❶ 앞의 IP 주소로 접속한다.

CO2 센서 프로그램을 자체 계산하는 방식을 이용하면 문제 없이 진행될 것이다.

참고

직접 구할 수 있을 정도의 단순한 작업이다.

계산 방식은 아래의 사이트를 참조한다.

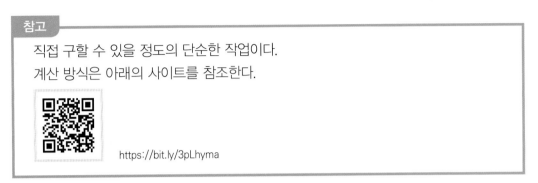

https://bit.ly/3pLhyma

파일 mq7co 에서 값을 구해 mq7co-2 로 구한다.

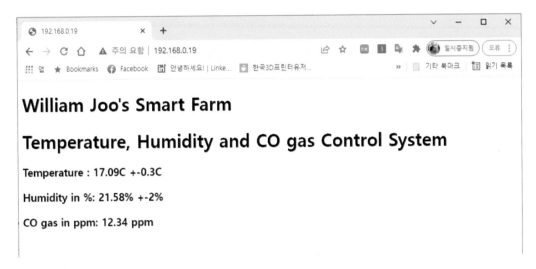

위 화면은 성공한 통합 화면이다.

여러분이 직접 해보기 바란다. 제어 시스템의 결합과 PC 윈도즈와의 연결은 뒷장 ESP8266 부분에서 좀 더 통합적인 내용을 다룬다. 그 부분을 참조하기 바란다.

4-7 스테핑 모터 제어

목표는 아두이노를 사용하여 스텝 모터를 제어하는 것이다. 모터 드라이버의 가격이 비싸니 아두이노를 사용해서 Wifi로 모터를 제어하면 아주 효율적일 것이다.

원래 개발하려는 용도는 레이저의 빔 익스펜더를 제어하는 것이다. 빔 익스펜더는 레이저 빔 직경을 크게하는 것이 목적인데 이것을 제어하면 레이저의 초점을 제어할 수 있다. 실제 이것은 고가의 제어장치인데 아두이노를 이용하여 제어를 하면 가격을 현저히 낮출 수 있다. 아두이노를 이용해서 TCP/IP로 스텝모터로 빔 익스펜더를 제어하는 것을 독일의 오알레이저사의 메탈3D 프린터에서 보았다. 이후 이런 작업을 하고자 했는 데 여기서 진행해 보았다.

모터 제어기를 만드는데 가장 저가형으로 제어를 하려고 했을 때 가성비는 제일 좋을 것이다. 또한 PC와 C#으로 인터넷 연결을 하면 손쉽게 인터넷 제어 모터 컨트롤러가 된다. 뒷장에서 데이터를 주고 받는 예가 있으니 참조해서 응용을 하면 좋을 듯 하다.

이 예제 프로그램은 ESP32, ESP8266과 아두이노 메가 어느 보드에서든지 구동이 가능하다. 단 각 보드에서 1의 경우 나오는 전압이 2V 가까이 되어야 하는데 내가 중국에서 사온 ESP8266 보드에서는 나오지 않아 동작하지 않았다. 모터 제어를 하려면 좋은 보드를 구입하는 것이 좋다. 또한 모터 제어 전용으로 써야해서 기존에 잘 쓰지 않는 메가 보드를 사용했다. 어느 보드든지 1~2V 이상 나오면 상관은 없다.

현재 가지고 있는 8266 보드로 Wifi와 연결하려고 하였으나 WeMOS 8266 보드에서 모터를 제어하는 논리 1에 해당되는 전압이 너무 낮게 나와 사용이 불가능해서 아두이노 메가에서 구현했다. 아마도 중국산 8266 보드라 정격으로 출력이 안 나오는 것으로 여겨진다. 그대로 연결해서 사용하면 될 듯 하다.

어떤 보드든지 1에 해당되는 전압이 낮게 나오면 사용이 불가능하다. 멀티미터, 테스터라는 것으로 GND와 해당 핀의 전압이 제대로 나와야 사용이 가능하다. 보드를 정하기 전에 이것을 체크하고 진행하면 된다.

≫ 준비물

아두이노 : 메가 또는 ESP8266, ESP32

스텝 모터 : Nema 17 모터

스텝 모터 드라이버 : A4988

12V 전원 어댑터

≫ 스텝 모터 드라이버 IC 칩

스텝 모터를 사용하기 위해 이것으로 구동하는 A4988 스텝 모터 드라이버에 대해 알아본다. 이 칩은 Nema17 모터를 구동하는 전용 칩으로 Nema23 모터 등 상위 기종의 모터는 구동되지 않는다. 이때는 전용 칩이나 전용 드라이버 박스 형태의 제품을 사용한다. 산업용이 아닌 경우 이 두가지 모터에 대해서만 알면 거의 모든 제품에 응용하여 구동할 수 있다. 좀 더 정밀한 제어를 위해서는 AC 서보 모터를 사용하는데 이것은 산업용에서 다룬다.

▼ A4988 Specifications

Minimum operating voltage	8 V
Maximum operating voltage	35 V
Continuous current per phase	1 A
Maximum current per phase	2 A
Minimum logic voltage	3 V
Maximum logic voltage	5.5 V
Microstep resolution	full, 1/2, 1/4, 1/8 and 1/16
Reverse voltage protection?	No
Dimensions	15.5 × 20.5 mm (0.6″ × 0.8″)

▲ 모터 드라이버의 크기   ▲ 모터 드라이버

▲ 스텝모터 드라이버와 방열판

열이 많이 발생하기 때문에 방열판과 함께 반드시 사용한다. 방열판은 양면 테이프로
붙인다.

> **참고**
>
> https://bit.ly/3pULAUB

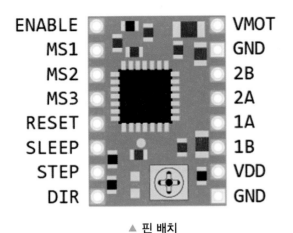

▲ 핀 배치

여기에서는 제일 간단하게 DIR, Step 핀을 아두이노에 연결해서 제어할 것이다. ENABLE은 모터를 구동하는 핀이고 RESET 모터 초기화이고 SLEEP 핀은 모터를 사용은 하나 구동 전에 전력을 적게 쓰는 휴면 상태이다.

RESET과 SLEEP위에 Bar(_)가 있는 것은 - (음전압) 상태, 0인 상태가 구동된다는 뜻이다. RESET이나 SLEEP에 0 전압을 걸면 모터가 동작을 한다. 미사용시 SLEEP은 저전력모드로 만드는 역할, RESET은 내부 로직을 초기화하는 역할, ENABLE은 구동 혹은 비구동을 선택하는 역할을 한다.

MS1~3은 모터가 돌아가는 스텝 분주값을 조절해준다. 분주는 1/2, 1/4, 1/8, 1/16... 1 분주는 200 스텝, 1/2분주라면 200스텝의 스텝모터가 400스텝을 입력해야만 한바퀴가 돌아가는 형식이다. A4988은 16/1까지 지원한다. 이 세개의 핀에 아무 입력도 넣지 않는다면 분주 없이 Full step(200스텝)으로 돌아간다. 여기에서는 가장 간단히 하기 위해 아무 핀도 연결하지 않는다.

MS1-3 세개의 핀을 연결하지 않은 상태로 사용하기 싫다면 SLEEP과 RESET을 서로 연결해 사용하면 된다. 연결하지 않아도 드라이버 내부적으로 사용하도록 회로가 구성되어 있다. 이 핀을 사용하지 않을 때는 반드시 SLEEP과 RESET을 연결해야 한다. 여기서는 가장 간단히 그렇게 사용한다.

MS1	MS2	MS3	Microstep resolution
Low	Low	Low	Full step
High	Low	Low	1/2 step
Low	High	Low	1/4 step
High	High	Low	1/8 step
High	High	High	1/16 step

▲ A4988의 분주비 입력

STEP핀에 펄스신호를 넣어주면 한개의 펄스 신호당 한 스텝씩 움직인다. DIR은 방향을 제어해준다. 모터 구동 방향, 시계 또는 반시계 방향으로 돈다. LOW신호를 넣었을 때 반시계 방향이었다면, HIGH신호를 넣었을 때는 시계 방향으로 돈다.

이 제어부 전원은 아두이노에서 5V 전원을 연결한다.

다음은 모터 연결부이다. VMOT, GND 모터의 전력을 넣는 부분이다. 여기에는 12V 어댑터를 연결한다. 전압이 높을수록 출력은 높아지나 발열이 많아진다. 회로를 보호하기 위해서 12V 입력 단에 100uF의 콘덴서를 연결한다. 부품이 없어 이것을 쿠팡 등에서 구입하느라 하루가 더 걸렸다. 가격은 1000~2000원 정도 한다.

1A,1B, 2A,2B 모터를 연결하는 부분이다. 모터의 핀은 색깔로 구분하는데 연결은 뒤에서 알려준 방법대로 한다.

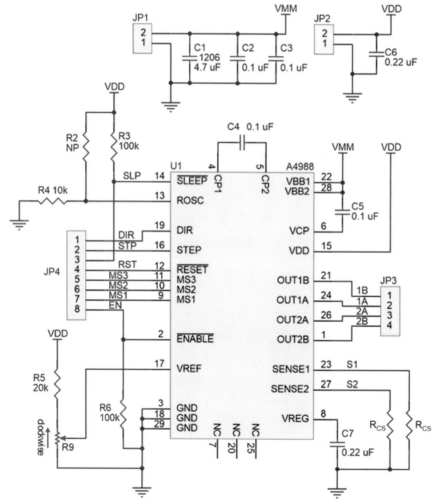

R_{cs} is **50mΩ** for units with green resistors and **68mΩ** for units with white resistors

스텝모터 드라이버는 대부분 위 회로도처럼 R9 가변저항이 있다. 가변저항을 돌리면 스텝모터에 들어가는 전류값을 조절하여 스텝모터의 토크를 조절할 수 있다. 전류를 증가시키면 모터의 힘이 좋아지지만 그만큼 전력소비가 커지고 모터에서 발열이 심해진다. 그것보다는 과전류로 인해 모터가 돌지 않고 덜덜거리는 현상이 나타나기도 한다. 돌려가면서 제일 적절한 전류 값을 조절한다. A4988스텝모터 드라이버는 시계방향으로 돌리면 전류가 증가하고 반시계방향으로 돌리면 전류가 감소한다.

》》 스텝 모터

NEMA17 스텝 모터는 4988 드라이버 사용이 가능하다. 큰 모터에는 사용 불가하다. 같은 모터라도 종류가 많으나, 그 사용법은 동일하다. 여러분이 필요한 용량에 맞추어 토크, 사이즈 등을 고려해서 구입한다.

중국에서 구입해서 사용이 가능한 사이트이다. 모터의 성능은 국산이나 일제에 비해서 작은 모터라 성능 차이는 거의 없다. 이 제품은 중국에서 구입을 해도 상관없다.

https://bit.ly/3vR3Wtp

모터 선을 감는 것이 인건비가 많이 들어서 모터 제작을 대부분 중국에서 하는 것이 현실이다. Nema 17 모터는 가장 작은 모터 중 하나이고 가장 많이 쓰이니 기술도 보편화되어 중국 제품을 써도 아무 문제가 없다. 가격은 1만원대이다.

4선 모터를 구입한다. 6선도 가능하나 선 2개를 안쓰게 되니 번거롭다. 유니폴라, 바이폴라라고 하는데 특별한 경우를 제외하고는 4개 선 모터를 쓴다.

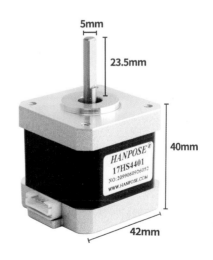

모터 축이 깎여 있는 것이 좋다. 둥근 경우 공회전이 될 수가 있기 때문이다. 둥근 것은 일부러 깎아 써야 하므로 처음부터 깎인 제품을 구입하는 것이 좋다.

▲ 4개 선의 모터를 구입한다.

▲사용한 모터 사진

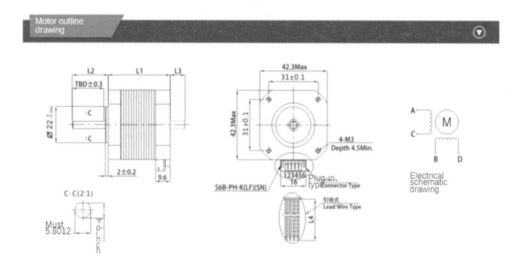

Product Parameters

Model	Height L1 mm	Rated voltage	Current A	Electronic Resistance	Inductance mH	Holding torque mN.m	Number of leads	Moment inertance g.cm²	Weight g
42HD0011-02	23	12	0.4	30	33	130	4	19	120
42HD1012-01	26	12.5	0.25	50	61	185	4	28	150
42HD3011-01	29	11.2	0.4	28	38	260	4	33	180
42HD2037-01	34	3	1.5	2	3.4	280	4	38	210
42HD4027-01	40	3.3	1.5	2.2	3.8	400	4	57	275
42HD6021-01	48	3.3	1.5	2.2	4.4	500	4	82	360
42HD8011-01	60	3.3	1.5	2.2	5	650	4	128	480

Note: Motor length L1, shaft length L2, L3, lead length L4 can be customized according to customer requirements

모터의 배선도 및 모델에 따라 사양이 달라진다. 정격전압이 있으나, 보통 12V나 24V를 사용한다. 보통 스텝각이 1.8이다. 1.8 x 200=360이니까 200스텝을 돌리면 1회전이 된다. 홀딩토크는 모터에 전원을 넣어주고 정지했을 때 버티는 힘이다.

모터의 선의 색깔을 정확히 알려주면 연결이 쉬우나, 일반적으로 모터 색을 자세히 알려주는 메이커가 별로 없기 때문에 테스터로 모터 내의 배선을 알아내서 연결하는 것이 제일 정확하다. 필자는 이 방법을 권한다. 이 방법을 사용하면 어떤 경우에도 모터를 사용할 수 있다.

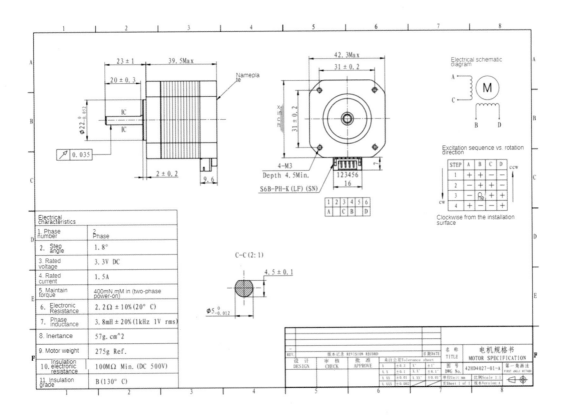

그림에서 Electrical Schematic diagram을 보면 모터 권선이 나온다. 모터 권선의 AC를 1A, 1B, 권선 BD를 2A, 2B에 연결한다. 극성이 없기 때문에 바꾸어서 연결해도 된다. 이것은 테스터로 도통 실험을 해서 알아보고 연결하면 된다. 아래의 배선도 모터 부분을 보면 알 수 있다.

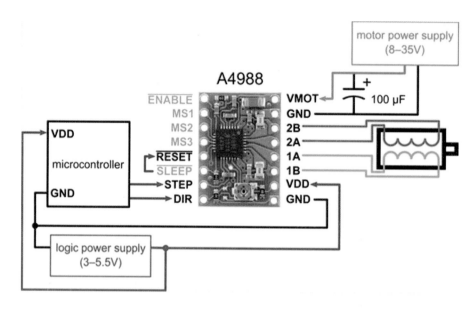

위 배선도에서 microcontroller가 아두이노이다.

사진은 위의 회로도를 연결하여 동작시킨 사례이다.

▲ 사진 참조 : (12V 어댑터 연결 전에 연결한다.)

어댑터 연결부 VMOT-GND 사이에 콘덴서 100uF 정도의 것을 구입해서 연결한다.

A4988	Connection
VMOT	8–35V(어댑터 양극 12V)
GND	Motor ground (어댑터 음극)
SLEEP(A4988)	RESET(A4988)
VDD	5V(아두이노 보드)
GND	Logic ground(아두이노 보드)
STP	Pin 10(아두이노)
DIR	Pin 11(아두이노)
1A, 1B, 2A, 2B	Stepper motor 의 4개 권선

▼ A4988 Connections

4988과 모터 주위의 배선이다.

》》 연결 및 동작 설명

MS1, MS2, MS3 연결이 안되면 Full Step mode, 1.8도 씩 한 스텝에 움직인다. 따라서 200번이면 360도 1회전한다. 모터 파워 연결 시 길이가 짧아야 한다. VMOT-GND 사이에 100uF 정도인 콘덴서를 구입해서 연결하고 사용한다.

》》 4wire 모터와 4988의 1A, 1B, 2A, 2B 연결시 주의 사항

1A, 1B는 테스터로 테스트시 도통이 되어야 한다. 하나의 코일로 구성되어야 한다. 2A, 2B도 마찬가지이다. 극성은 무관하니 그냥 연결해도 된다.

≫ 전류 제어 : 스크류드라이버를 사용해 가변 저항을 조절한다.

　4988에서 RST-SLP를 연결한다. 이것을 하지 않으면 동작하지 않는다. 사진에서는
녹색 선 2개를 연결하였다.

소스 분석

digitalWrite(dirPin,HIGH); // Enables the motor to move in a particular direction
HIGH, LOW 따라 방향이 바뀐다.

// Makes 200 pulses for making one full cycle rotation
MS1,MS2,MS3 연결이 안되면 Full Step mode, 1.8도 씩 한 스텝에 움직인다.
따라서 200번이면 360도 1회전한다.

```
for(int x = 0; x 〈 200; x++) {
  digitalWrite(stepPin,HIGH);
  delayMicroseconds(800);
  digitalWrite(stepPin,LOW);
  delayMicroseconds(800);
  Serial.println("+ ");
  }
  delay(1000); // One second delay
```

1초 지나고

```
digitalWrite(dirPin,LOW); //Changes the rotations direction
```

회전 방향을 바꾼다.

```
// Makes 400 pulses for making two full cycle rotation
```

400 스텝이니 2회전, 반대 방향으로 돈다.

```
for(int x = 0; x < 400; x++) {
  digitalWrite(stepPin,HIGH);
  delayMicroseconds(800);
  digitalWrite(stepPin,LOW);
  delayMicroseconds(800);
  Serial.println("- ");
}
delay(1000);
```

1초 정비 후에 반복한다.

Steppermotor 프로그램 : step2

아주 단순하게 만든 프로그램이다. 이것을 기준으로 Wifi도 연결하고 Enable 등도 사용해서 가장 저렴한 원거리 스텝 모터 컨트롤러를 만들 수 있다.

```
// defines pins numbers
const int stepPin = 10;
const int dirPin = 11;

void setup() {
  Serial.begin(9600);
  // Sets the two pins as Outputs
  pinMode(stepPin,OUTPUT);
```

```
   pinMode(dirPin,OUTPUT);
 }
void loop() {

  digitalWrite(dirPin,HIGH); // Enables the motor to move in a particular direction
  // Makes 200 pulses for making one full cycle rotation
  for(int x = 0; x < 200; x++) {
   digitalWrite(stepPin,HIGH);
   delayMicroseconds(800);
   digitalWrite(stepPin,LOW);
   delayMicroseconds(800);
   Serial.println("+ ");
  }
  delay(1000); // One second delay


  digitalWrite(dirPin,LOW); //Changes the rotations direction
  // Makes 400 pulses for making two full cycle rotation
  for(int x = 0; x < 400; x++) {
   digitalWrite(stepPin,HIGH);
   delayMicroseconds(800);
   digitalWrite(stepPin,LOW);
   delayMicroseconds(800);
   Serial.println("- ");
  }
  delay(1000);
 }
```

 실제 동작하는 비디오 – 필자가 올린 유튜브 동영상에서 확인 가능하다.

https://bit.ly/2TJoQGL

LESSON 05

통신 시스템 들어가기

Wifi는 이미 앞에서 기본적으로 진행을 하였고 단거리 통신 블루투스(BLE 4.2)와 원거리 무료 통신인 LoRa, 그리고 IOT 에서 센서와 같이 짧은 데이터 통신을 TCP/IP에서 손쉽게 사용할 수 있는 MQTT를 알아본다.

블루투스는 현재 현재 5.0버전이 주류이지만 4.2버전을 사용해도 음악 부분이 아니면 실제 쓰는데 큰 문제가 없으며 이것도 무료 통신이다.

LoRa는 대표적인 원거리 무료 통신으로 1~3km까지 이용 가능하다. 농촌과 같은 평지에서 3km 정도까지 이용 가능하고, 도시의 건물과 같이 막혀 있는 곳에서는 같은 층 또는 옆 건물 정도까지 연결할 수 있다. 사용이 손쉽고 무료라는 장점이 있다. 원거리 통신은 보통 무선 전화 통신에 쓰는데, 통신비용이나 기계 값이 부담스럽다. 하지만 LoRa는 간단히 설치할 수 있고 배터리로 장시간 사용할 수 있다. 따라서 외부 온도와 습도, 모터 상태, 강수 여부에 따라 비닐하우스의 창문을 자동으로 여닫는 명령을 내릴 수 있으며, 비닐하우스 상태를 모니터링하며 원거리 제어할 수 있다.

MQTT는 한 공장 또는 한 부서에 있는 여러 가지 센서의 데이터를 MQTT 서버라는 곳에서 모아서 큰 클라우즈 컴퓨터에 보내는 통신 방식이다. MQTT 서버는 용량이 작은 데이터는 라스베리파이를 써서 보내고 웹 등에서 쉽게 볼 수 있게 한다. 주로 간단한 센서를 여러 개 달 때 많이 쓰는 방식이다. 하드웨어는 TCP/IP 이고 소프트웨어만 MQTT 라는 통신 프로토콜 소프트웨어를 사용하는 방식이다. 주로 IoT 클라우드 환경에서 데이터양이 적고 센서가 많은 곳에서 사용하며 TCP/IP 소프트웨어를 짜지 않고 손쉽게 이용할 수 있는 방식이라 많이 쓴다.

5-1 블루투스, BLE

ESP32는 기존의 블루투스 방식과 BLE를 지원한다. 버전은 5.0보다 낮은 4.2를 지원한다. 5.0버전과 4.2버전은 음악 부분을 제외하고는 큰 차이가 없지만 조만간 5.0 버전도 지원할 것이다.

BLE는? 블루투스 통신망 중에서 적은 에너지를 사용하는 방식이다.

근거리에서 적은 양의 데이터 전송(low bandwidth)에 사용하거나, 블루투스 통신망은 항상 켜있지만 연결이 될 때를 제외하고는 전력 소모가 거의 안되는 sleep 모드에 적용한다. 이 방식으로 에너지를 절약한다. 항상 켜 있는 장치에 비해 전력을 약 1/100 정도 소모한다.

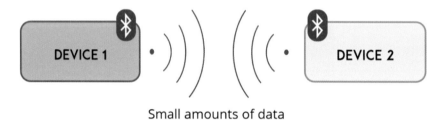

Small amounts of data

BLE는 3가지 모드를 지원한다. point-to-point 연결 및 broadcast 모드, mesh 네트워크를 지원한다.

	Bluetooth Low Energy (LE)	Bluetooth Basic Rate / Enhanced Data Rate (BT / EDR)
Optimized For...	Short burst data transmission	Continuous data streaming
Frequency Band	2.4GHz ISM Band (2.402 ~ 2.480 GHz Utilized)	2.4GHz ISM Band (2.402 ~ 2.480 GHz Utilized)
Channels	40 channels with 2 MHz spacing (3 advertising channels / 37 data channels)	79 channels with 1 MHz spacing
Channel Usage	Frequency-Hopping Spread Spectrum (FHSS)	Frequency-Hopping Spread Spectrum (FHSS)
Modulation	GFSK	GFSK, π/4 DQPSK, 8DPSK
Power Consumption	~0.01x to 0.5x of reference(depending on use case)	1 (reference value)

Data Rate	LE 2M PHY : 2 Mb/S LE 1M PHY : 1 Mb/S LE Coded PHY (S=2) : 500 Kb/s LE Coded PHY (S=8) : 125 Kb/s	EDR PHY (8DPSK) : 3 Mb/s EDR PHY (π/4 DQPSK) : 2 Mb/s BR PHY (GFSK) : 1 Mb/s
Max Tx Power	Class 1 : 100 mW (+20 dBm) Class 1.5 : 10 mW (+10 dBm) Class 2 : 2.5 mW (+4 dBm) Class 3 : 1 mW (0 dBm)	Class 1 : 100 mW (+20 dBm) Class 2 : 2.5 mW (+4 dBm) Class 3 : 1 mW (0 dBm)
Network Topologies	Point-to-Point (including piconet) Broadcast Mesh	Point-to-Point (including piconet)

현재 지원하는 블루투스

https://bit.ly/3IZawSo

BLE는 시계에 쓰는 코인 전지로도 장시간 사용할 수 있다. 주 적용 분야는 헬스케어, 피트니스, 트래킹, 비콘, 보안 및 홈 자동화 산업, 스마트폰, 건강을 체크하는 밴드 시계 등이다.

≫ BLE 서버와 클라이언트

BLE는 두 타입으로 동작한다. 서버, 클라이언트, ESP32는 둘 다 동작 가능하다. 첫번째는 ESP32와 스마트폰이다. 맨 뒤 예제에 두 가지 방식으로 연결하는 법이 나와 있다.

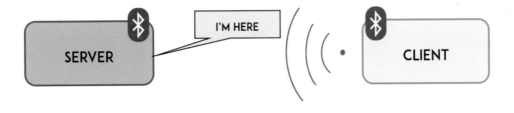

서버는 클라이언트가 읽을 수 있는 데이터를 주위에 전송하여 자신이 있다는 것을 다른 장치에 알린다. 클라이언트가 주위의 장치를 스캔하여 자신이 찾는 서버를 발견하면 연결하고 수신할 데이터를 listen 한다. 이러한 연결을 point-to-point 통신이라고 한다.

BLE는 그외에 broadcast 모드와 mesh 네트워크를 지원한다.

Broadcast mode : 서버는 연결된 많은 클라이언트에 데이터를 전송;

Mesh network : 모든 장치가 연결 됨, n:n 연결

》GATT

Generic Attributes 로 연결된 BLE 장치에 보이는 계층적인 데이터 구조를 정의한다.

GATT는 두 BLE 장치간에 송신하고 수신하는 표준 메시지를 정의한다.

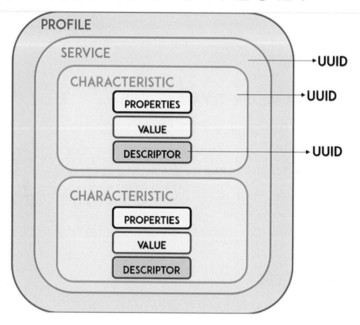

》BLE Service(서비스)

최상층은 Profile이다. profile은 한 개 이상의 서비스로 구성된다. 각 service는 1개 이상의 characteristic을 가지거나 다른 서비스를 reference한다. 서비스는 간단히 정보의 모음으로 센서에서 읽은 값 등이다.

SIG(Bluetooth Special Interest Group)에서 사전에 정의한 서비스의 데이터 타입이 있다. 많이 사용하는 것이므로 이미 다 정의되어 있다. 예를 들어, 배터리 레벨, 혈압, 심박동, 몸무게 단위....

Name	Uniform Type Identifier	Assigned Number	Specification
Generic Access	org.bluetooth.service.generic_access	0×1800	GSS
Alert Notification Service	org.bluetooth.service.alert_notification	0×1811	GSS
Automation IO	org.bluetooth.service.automation_iO	0×1815	GSS
Battery Service	org.bluetooth.service.battery_service	0×180F	GSS
Blood Pressure	org.bluetooth.service.blood_pressure	0×1810	GSS
Body Composition	org.bluetooth.service.body_composition	0×181B	GSS
Bond Management Service	org.bluetooth.service.bond_management	0×181E	GSS
Continuous Glucose Monitoring	org.bluetooth.service.glucose_monitoring	0×181F	GSS
Current Time Service	org.bluetooth.service.current_time	0×1805	GSS
Cycling Power	org.bluetooth.service.cycling_power	0×1818	GSS
Cycling Speed and Cadence	org.bluetooth.service.cycling_speed_and _cadence	0×1816	GSS
Device Information	org.bluetooth.service.device_information	0×180A	GSS
Environmental Sensing	org.bluetooth.service.environmental_sensing	0×181A	GSS
Fitnees Machine	org.bluetooth.service.fitnees_machine	0×1826	GSS
Generic Attribute	org.bluetooth.service.generic_attribute	0×1801	GSS

≫ BLE Characteristic

characteristic은 항상 서비스 아래에 있으며 계층 구조상 실제 데이터를 포함한다.

characteristic은 항상 다음 두가지 속성을 가진다.

characteristic 선언 (데이터에 대한 메타 데이터 제공) / characteristic 값

예) 프로그램 상

pCharacteristic → setValue("Hello World From ESP32-Joo");

여기에 보내려는 데이터 Hello World ESP32-Joo 를 넣어서 보낸다.

추가로 characteristic값 다음에는 descriptor들이 와서 characteristic 선언에 있는 메타 데이터를 확장한다.

characteristic 값이 상호 동작하는 방법은 다음 특징들로 설명한다.

기본적으로 characteristic과 같이 사용되는 동작과 프로시져를 포함한다.

— Broadcast

— Read

— Write without response

— Write

— Notify

— Indicate

— Authenticated Signed Writes

— Extended Properties

》 UUID

각 service와 characteristic 및 descriptor는 UUID를 가지며 128-bit(16bytes)의 숫자이다. 예를 들면, 55072829-bc9e-4c53-938a-74a6d4c78776 과 같다.

모든 타입, 서비스, 프로파일은 SIG에서 지정한 축약형 UUID가 있다. UUID는 고유한 정보를 나타내어 블루투스 장치가 제공하는 특별한 서비스를 구별할 때 사용한다.

ESP32에서 블루투스를 예제를 사용해서 테스트해본다.

프로그램 : BLE_server

```
/*
    Based on Neil Kolban example for IDF: https://github.com/nkolban/esp32-snippets/blob/
master/cpp_utils/tests/BLE%20Tests/SampleServer.cpp
    Ported to Arduino ESP32 by Evandro Copercini
    updates by chegewara
*/


#include <BLEDevice.h>
#include <BLEUtils.h>
```

```
#include <BLEServer.h>

// See the following for generating UUIDs:
// https://www.uuidgenerator.net/

#define SERVICE_UUID       "4fafc201-1fb5-459e-8fcc-c5c9c331914b"
#define CHARACTERISTIC_UUID "beb5483e-36e1-4688-b7f5-ea07361b26a8"

void setup() {
 Serial.begin(115200);
 Serial.println("Starting BLE work!");

 BLEDevice::init("ESP32-Joo");   // ESP32-Joo 로 디바이스 명을 정함
 BLEServer *pServer = BLEDevice::createServer();
 BLEService *pService = pServer->createService(SERVICE_UUID);
 BLECharacteristic *pCharacteristic = pService->createCharacteristic(
                  CHARACTERISTIC_UUID,
                  BLECharacteristic::PROPERTY_READ |
                  BLECharacteristic::PROPERTY_WRITE
                );

//pCharacteristic->setValue("Hello World says Neil");
 pCharacteristic->setValue("Hello World From ESP32-Joo");
  pService->start();
  // BLEAdvertising *pAdvertising = pServer->getAdvertising();  // this still is working for
backward compatibility
  BLEAdvertising *pAdvertising = BLEDevice::getAdvertising();
  pAdvertising->addServiceUUID(SERVICE_UUID);
  pAdvertising->setScanResponse(true);
```

```
    pAdvertising->setMinPreferred(0x06);  // functions that help with iPhone connections issue
    pAdvertising->setMinPreferred(0x12);
    BLEDevice::startAdvertising();
    Serial.println("Characteristic defined! Now you can read it in your phone!");
}


    void loop() {
    // put your main code here, to run repeatedly:
    delay(2000);
}
```

》 BLE 서버를 생성하기 위해서, 다음 단계를 거쳐 코드를 작성

1. BLE 서버 생성 : ESP32-Joo

2. BLE 서비스 생성

3. 서비스에 대한 BLE Characteristic 생성

4. characteristic 에 대한 BLE Descriptor 생성

5. 서비스 시작

6. advertising 시작하여 다른 장치가 찾을 수 있도록 함

》 소스 분석

Service와 characteristic에 대한 UUID 정의

```
#define SERVICE_UUID        "4fafc201-1fb5-459e-8fcc-c5c9c331914b"
#define CHARACTERISTIC_UUID "beb5483e-36e1-4688-b7f5-ea07361b26a8"
```

BLE 장치에 이름을 붙일 수 있다.

```
// Create the BLE Device
BLEDevice::init("ESP32-Joo");
```

BLE 장치를 BLE 서버로 설정한다.

```
BLEServer *pServer = BLEDevice::createServer();
```

미리 정의한 UUID로 BLE 서버의 서비스를 생성한다.

```
BLEService *pService = pServer->createService(SERVICE_UUID);
```

서비스에 대한 characteristic을 설정한다.
속성에 미리 정의한 characteristic의 UUID를 전달한다. 읽기, 쓰기 속성으로 설정한다.

```
BLECharacteristic *pCharacteristic = pService->createCharacteristic(
                CHARACTERISTIC_UUID,
                BLECharacteristic::PROPERTY_READ |
                BLECharacteristic::PROPERTY_WRITE
                );
```

characteristic 생성 후, sctValue() 메소드로 값을 설정할 수 있다.

```
pCharacteristic->setValue("원하는 데이터");
```

여기에서 필요한 데이터를 전송한다.

서비스를 시작
```
pService->start();
```

advertising을 하여 BLE 장치를 스캔하고 찾을 수 있도록 한다.
advertising 생성
advertising 의 UUID 설정
advertising 이 스캔 가능하도록 설정
advertising 시작

```
BLEAdvertising *pAdvertising = BLEDevice::getAdvertising();
pAdvertising->addServiceUUID(SERVICE_UUID);
pAdvertising->setScanResponse(true);
pAdvertising->setMinPreferred(0x06); // functions that help with Phone connections issue
pAdvertising->setMinPreferred(0x12);
BLEDevice::startAdvertising();
```

나머지는 예제 프로그램에서 loop에 필요한 기능을 넣으면 된다.

```
● COM7                                                    —   □   ×

|                                                               전송

ets Jun  8 2016 00:22:57                                          ⌃

rst:0x10 (RTCWDT_RTC_RESET),boot:0x17 (SPI_FAST_FLASH_BOOT)
configsip: 0, SPIWP:0xee
clk_drv:0x00,q_drv:0x00,d_drv:0x00,cs0_drv:0x00,hd_drv:0x00,wp_drv:0x00
mode:DIO, clock div:1
load:0x3fff0030,len:1324
ho 0 tail 12 room 4
load:0x40078000,len:13508
load:0x40080400,len:3604
entry 0x400805f0
Starting BLE work!
Characteristic defined! Now you can read it in your phone!
                                                                 ⌄
☑ 자동 스크롤  ☐ 타임스탬프 표시          새 줄  ∨  115200 보드레이트 ∨  출력 지우기
```

≫ 연결 테스트

하나의 방법은 스마트폰으로 확인하는 것이다. 또 다른 방법은 2개의 ESP32에서 하나는 서버(Server), 하나는 클라이언트(Client)로 해서 주고 받는 것을 확인하는 것이다.

1) 스마트 폰과 ESP32 BLE 서버 연결 테스트

ESP32 BLE서버를 스마트폰에서 검색하고, services와 characteristic을 확인한다.

사용한 App어플은 nRF Connect for Mobile이다. 다른 것도 해보았지만, 잘 연결이 되지 않았다.

App을 스마트폰에 설치한 후, 블루투스 설정 및 스마트폰에서 블루투스를 켠다.

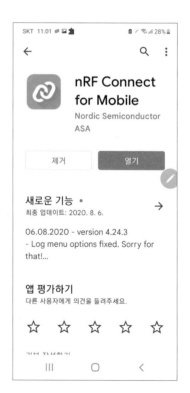

❶ 어플을 설치해 실행한다.

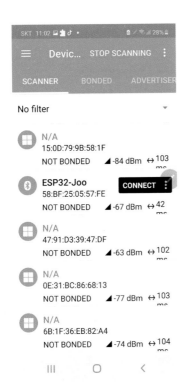

❷ 어플에서 스캔 버튼을 탭하여 주위의 BLE장치를 스캔한다. "ESP32-Joo"를 찾아서 Connect를 눌러서 연결한다.

❸ Service,characteristic UUID, 읽기/쓰기 속성,서버에서 보내는 값의 16진수hex 값과 문자열로 보여준다. 연결이 잘 되어서 데이터 값을 확인한 것이다.

2) BLEClient 프로그램

여기에서는 두개의 ESP32에서 하나는 클라이언트로, 다른 하나는 서버로 동작해서 데이터를 보내고 받는 것을 확인한다.

BLEClient 프로그램을 실행하여 스마트폰 프로그램 대신 BLEServer와 연결한다.

```
// The remote service we wish to connect to.
static BLEUUID serviceUUID("4fafc201-1fb5-459e-8fcc-c5c9c331914b");
// The characteristic of the remote service we are interested in.
static BLEUUID    charUUID("beb5483e-36e1-4688-b7f5-ea07361b26a8");
```

UUID 두가지를 앞의 서버 값과 동일하게 하여 연결한다. 여기가 결국 연결하려는 BLE의 주소이다.

서로 데이터를 주고 받으면서 제어하면 된다.

```
/**
 * A BLE client example that is rich in capabilities.
 * There is a lot new capabilities implemented.
 * author unknown
 * updated by chegewara
 */

#include <BLEDevice.h>
//#include <BLEScan.h>

// The remote service we wish to connect to.
static BLEUUID serviceUUID("4fafc201-1fb5-459e-8fcc-c5c9c331914b");
// The characteristic of the remote service we are interested in.
static BLEUUID    charUUID("beb5483e-36e1-4688-b7f5-ea07361b26a8");

static boolean doConnect = false;
static boolean connected = false;
static boolean doScan = false;
static BLERemoteCharacteristic* pRemoteCharacteristic;
static BLEAdvertisedDevice* myDevice;

static void notifyCallback(
  BLERemoteCharacteristic* pBLERemoteCharacteristic,
  uint8_t* pData,
  size_t length,
  bool isNotify) {
    Serial.print("Notify callback for characteristic ");
    Serial.print(pBLERemoteCharacteristic->getUUID().toString().c_str());
    Serial.print(" of data length ");
    Serial.println(length);
    Serial.print("data: ");
```

```
    Serial.println((char*)pData);
  }

class MyClientCallback : public BLEClientCallbacks {
  void onConnect(BLEClient* pclient) {
  }

  void onDisconnect(BLEClient* pclient) {
    connected = false;
    Serial.println("onDisconnect");
  }
};

bool connectToServer() {
    Serial.print("Forming a connection to ");
    Serial.println(myDevice->getAddress().toString().c_str());

    BLEClient* pClient = BLEDevice::createClient();
    Serial.println(" - Created client");

    pClient->setClientCallbacks(new MyClientCallback());

    // Connect to the remove BLE Server.
    pClient->connect(myDevice);  // if you pass BLEAdvertisedDevice instead of address, it will
be recognized type of peer device address (public or private)
    Serial.println(" - Connected to server");
    pClient->setMTU(517); //set client to request maximum MTU from server (default is 23
otherwise)

    // Obtain a reference to the service we are after in the remote BLE server.
    BLERemoteService* pRemoteService = pClient->getService(serviceUUID);
```

```
if (pRemoteService == nullptr) {
  Serial.print("Failed to find our service UUID: ");
  Serial.println(serviceUUID.toString().c_str());
  pClient->disconnect();
  return false;
}
Serial.println(" - Found our service");



// Obtain a reference to the characteristic in the service of the remote BLE server.
pRemoteCharacteristic = pRemoteService->getCharacteristic(charUUID);
if (pRemoteCharacteristic == nullptr) {
  Serial.print("Failed to find our characteristic UUID: ");
  Serial.println(charUUID.toString().c_str());
  pClient->disconnect();
  return false;
}
Serial.println(" - Found our characteristic");


// Read the value of the characteristic.
if(pRemoteCharacteristic->canRead()) {
  std::string value = pRemoteCharacteristic->readValue();
  Serial.print("The characteristic value was: ");
  Serial.println(value.c_str());
}


if(pRemoteCharacteristic->canNotify())
  pRemoteCharacteristic->registerForNotify(notifyCallback);

connected = true;
return true;
```

```
  }
/**
  * Scan for BLE servers and find the first one that advertises the service we are looking for.
  */
class MyAdvertisedDeviceCallbacks: public BLEAdvertisedDeviceCallbacks {
/**
  * Called for each advertising BLE server.
  */
void onResult(BLEAdvertisedDevice advertisedDevice) {
  Serial.print("BLE Advertised Device found: ");
  Serial.println(advertisedDevice.toString().c_str());

  // We have found a device, let us now see if it contains the service we are looking for.
  if (advertisedDevice.haveServiceUUID() && advertisedDevice.isAdvertisingService(serviceU
UID)) {

    BLEDevice::getScan()->stop();
    myDevice = new BLEAdvertisedDevice(advertisedDevice);
    doConnect = true;
    doScan = true;

  } // Found our server
 } // onResult
}; // MyAdvertisedDeviceCallbacks


void setup() {
  Serial.begin(115200);
  Serial.println("Starting Arduino BLE Client application...");
  BLEDevice::init("");
```

```
  // Retrieve a Scanner and set the callback we want to use to be informed when we
  // have detected a new device.  Specify that we want active scanning and start the
  // scan to run for 5 seconds.
  BLEScan* pBLEScan = BLEDevice::getScan();
  pBLEScan->setAdvertisedDeviceCallbacks(new MyAdvertisedDeviceCallbacks());
  pBLEScan->setInterval(1349);
  pBLEScan->setWindow(449);
  pBLEScan->setActiveScan(true);
  pBLEScan->start(5, false);
} // End of setup.


// This is the Arduino main loop function.
void loop() {

  // If the flag "doConnect" is true then we have scanned for and found the desired
  // BLE Server with which we wish to connect.  Now we connect to it.  Once we are
  // connected we set the connected flag to be true.
  if (doConnect == true) {
   if (connectToServer()) {
    Serial.println("We are now connected to the BLE Server.");
   } else {
    Serial.println("We have failed to connect to the server; there is nothin more we will do.");
   }
   doConnect = false;
  }

  // If we are connected to a peer BLE Server, update the characteristic each time we are
reached
  // with the current time since boot.
  if (connected) {
```

```
        String newValue = "Time since boot: " + String(millis()/1000);
        Serial.println("Setting new characteristic value to \"" + newValue + "\"");

        // Set the characteristic's value to be the array of bytes that is actually a string.
        pRemoteCharacteristic->writeValue(newValue.c_str(), newValue.length());
    }else if(doScan){
        BLEDevice::getScan()->start(0);  // this is just example to start scan after disconnect, most
likely there is better way to do it in arduino
    }

        delay(1000); // Delay a second between loops.
    } // End of loop
```

시리얼모니터를 연결해서 Client 상태를 체크하면 다음과 같다. BLE 디바이스를 찾은 결과를 알려준다.

BLE Advertised Device found: Name: ESP32-Joo, Address: 58:bf:25:05:4e:7e, serviceUUID: 4fafc201-1fb5-459e-8fcc-c5c9c331914b

3) 연결해서 데이터를 받는다.

The characteristic value was: Hello World From ESP32-Joo

필요한 데이터를 받아서 처리하면 된다.

》 시리얼 모니터

Starting Arduino BLE Client application...

BLE Advertised Device found: Name: , Address: 6d:e7:9e:1f:6e:0c, manufacturer data: 0600010920021c02e0a242c72e3c59f5c7e2ad6334195f964b69506048

BLE Advertised Device found: Name: , Address: 51:ae:ab:68:2a:54, manufacturer data: 0600010920020a4737cc81f53fd5622205ae62f99b8192e6e841f9d20f

BLE Advertised Device found: Name: ESP32-Joo, Address: 58:bf:25:05:4e:7e, serviceUUID: 4fafc201-1fb5-459e-8fcc-c5c9c331914b, **txPower: 3**

Forming a connection to 58:bf:25:05:4e:7e

 - Created client

lld_pdu_get_tx_flush_nb HCI packet count mismatch (0, 1)

 - Connected to server

 - Found our service

 - Found our characteristic

The characteristic value was: Hello World From ESP32-Joo

We are now connected to the BLE Server.

Setting new characteristic value to "Time since boot: 202"

Setting new characteristic value to "Time since boot: 203"

Setting new characteristic value to "Time since boot: 204"

Setting new characteristic value to "Time since boot: 205"

Setting new characteristic value to "Time since boot: 206"

5-2 MQTT - IoT - 근거리

MQTT로 연결 과정과 개념에 대해서 알아본다. IoT의 기본 통신으로 여러 IoT 관련 프로그램, Node-red, AWS-IoT 등에서 기본 통신 프로토콜로 사용하는 중요한 방식이라 잘 기억해두어야 한다.

》 MQTT 구성 요소

Broker 서버 - MQTT 의 데이터를 받아서 Client 에 보내는 서비스를 하는 서버로 반드시 필요하다. 고정 인터넷 ip로 되어 있고 기존 것에서 서비스를 받거나 따로 써도 가능하다. 다수의 클라이언트에게 보낼 수 있다.

> **예**
>
> 아래 그림의 EMQ X CLOUD 가 브로커 서버
>
> 모스키토 등등 외부 무료 브로커를 사용하면 없어지거나 해서 잘 선택해서 사용을 해야한다.
> https://bit.ly/2TJoQGL

Client - esp32, MQTT X 클라이언트, 스마트폰 App 등이 될 수 있다.

》 데이터 전송 방식

Publish로 통신을 발행하고 Subscribe로 수신한다.

전송하는 실제 데이터 : publish와 Subscribe에 데이터를 보내는 법
Topic : 메시지 id, 변수
Payload : 메시지, 데이터 값

≫ 실제 사용 사례

원래는 ESP8266으로 실습을 진행을 했는데 여기서는 ESP32 로 진행한다.

❶ 아두이노의 프로그램에서 스케치 → 라이브러리 포함하기 → 라이브러리 관리에 들어가서 ESP8266 은 PubSubClient라고 검색하면 MQTT 관련 라이브러리를 설치할 수 있다.

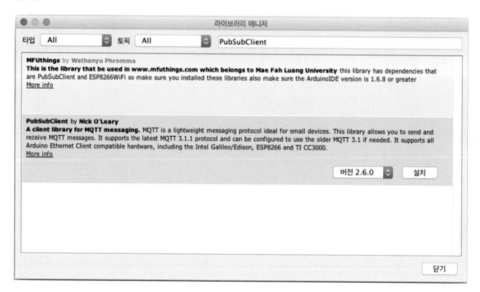

❷ ESP32는 밑의 라이브러리를 설치한다. 예제 프로그램 중에서 WifiMQTT 프로그램을 선택한다.

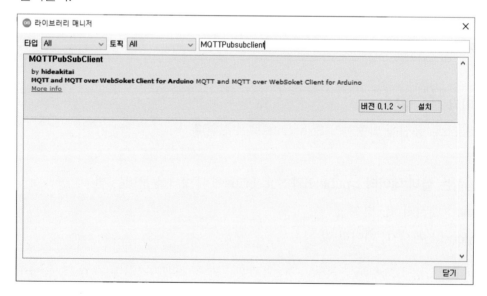

소스 분석 MQTT 브로커를 선택하는데 독자 서버가 없으니 무료로 쓸 수 있는 서버를 선택한다. 고정 IP로 되어 있어야 한다.

여기서는 2개의 서버 중에서 그날 그날 사용할 수 없는 것을 지우고 사용이 가능한 서버를 선택한다. 테스트용이니 이렇게 하고 실제 사용할 때는 안정적인 서버를 사용한다.

http://broker.mqtt-dashboard.com/ → "broker.mqtt-dashboard.com"

이라고 써 넣는다. 그날 그날 상태에 따라 다르다. 각자 안정된 브로커 서버를 선택해서 쓰거나 양이 많으면 라스베리파이 등으로 자체 서버를 둔다.

```
// while (!client.connect("public.cloud.shiftr.io", 1883)) {
while (!client.connect("broker.mqtt-dashboard.com", 1883)) {
//http://broker.mqtt-dashboard.com/
```

≫ Client

ESP32, MQTT X 클라이언트, 스마트폰 App 등이 될 수 있다. 스마트폰 앱에 대해서 알아본다. ESP32와 스마트폰 App dl 클라이언트가 되어 데이터를 주고 받는다. 2가지 App을 선택했는데, ❶은 복잡하고, 사용이 어려워서 ❷를 사용했다.

❶

❷

위의 앱을 스마트폰에 설치를 한다. MQTT 클라이언트로 작동한다. ESP32와 서로 통신을 하고 명령을 내린다. 나중에는 스마트폰 App을 짜겠지만 지금은 테스트를 해본다.

≫ ESP32

ESP32를 컴파일 후에 실행하고 시리얼 모니터로 상태를 확인한다.

시리얼 모니터

connecting to wifi....... connected!   // Wifi 연결 완료

connecting to host... connected!   // MQTT 브로커 서버가 있는 호스트에 연결

connecting to mqtt broker... connected! !   // 호스트 안의 MQTT 브로커 서버에 연결

mqtt received: /hello – world   // mqtt 메시지를 받음

/hello world

mqtt received: /hello - world

/hello-sub world   // 처음 실행시

mqtt received: button – 1   // 핸폰에서 버튼 누름

button-sub 1

mqtt received: button - 1

button-sub 1

mqtt received: /hello – world   // esp32 에서 계속 보내는 메시지

/hello-sub world

mqtt received: /hello – world

mqtt received: /joo - joo-app   //핸폰 joo 에서 joo-app 이라는 메시지 보냄

/joo-sub joo-app

mqtt received: /hello – app   // 핸폰에서 /hello 에 app 이라는 메시지 보냄

/hello-sub app

▶▶ 스마트 폰에서 진행

❶ App을 실행한다.

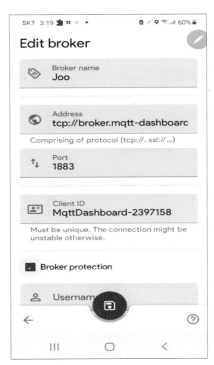

❷ 현재 사용 중인 브로커의 위치를 세팅한다.

broker.mqtt-dashboard.com
1883
이후 연결되면 데이터를 주고 받기 시작한다.

❸ 스마트폰에서 텍스트를 입력하면 텍스트가 ESP32로 전송된다. ESP32의 시리얼 모니터에서 확인한다.

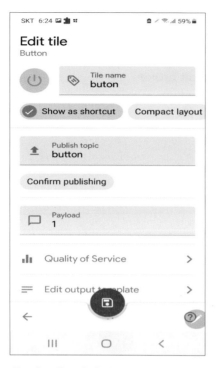

❹ 버튼을 선택해서 하나 만든다. 버튼으로 제어를 하려고 한다.

❺ ESP32 보낸 텍스트를 계속 입력받는다.

wifiMQtt 프로그램

```
#include <WiFi.h>
#include <MQTTPubSubClient.h>

const char* ssid    = "iptime9";
const char* pass = "**********";

WiFiClient client;
MQTTPubSubClient mqtt;

void setup() {
    Serial.begin(115200);
    WiFi.begin(ssid, pass);
```

```
Serial.print("connecting to wifi...");
while (WiFi.status() != WL_CONNECTED) {
    Serial.print(".");
    delay(1000);
}
Serial.println(" connected!");


Serial.print("connecting to host...");
// while (!client.connect("public.cloud.shiftr.io", 1883)) {
while (!client.connect("broker.mqtt-dashboard.com", 1883)) {
 //http://broker.mqtt-dashboard.com/
    Serial.print(".");
    delay(1000);
}
Serial.println(" connected!");


// initialize mqtt client
mqtt.begin(client);


Serial.print("connecting to mqtt broker...");
while (!mqtt.connect("arduino", "public", "public")) {
    Serial.print(".");
    delay(1000);
}
Serial.println(" connected!");


// subscribe callback which is called when every packet has come
mqtt.subscribe([](const String& topic, const String& payload, const size_t size) {
    Serial.println("mqtt received: " + topic + " - " + payload);
});
```

```
    // subscribe topic and callback which is called when /hello has come
    mqtt.subscribe("/hello", [](const String& payload, const size_t size) {
      Serial.print("/hello ");
      Serial.println(payload);
    });



  }


void loop() {
  mqtt.update();  // should be called

  // publish message
  int value =1;
  static uint32_t prev_ms = millis();
  if (millis() > prev_ms + 1000) {
    prev_ms = millis();
    mqtt.publish("/hello", "world");
    // mqtt.publish("/hello", value);
    ++value;
  // subscribe callback which is called when every packet has come

  mqtt.subscribe([](const String& topic, const String& payload, const size_t size) {
    Serial.println("mqtt received: " + topic + " - " + payload);
  });


  // subscribe topic and callback which is called when /hello has come
  mqtt.subscribe("/hello", [](const String& payload, const size_t size) {
    Serial.print("/hello-sub ");
    Serial.println(payload);
  });
```

```
mqtt.subscribe("button", [](const String& payload, const size_t size) {
    Serial.print("button-sub ");
    Serial.println(payload);
});
mqtt.subscribe("/joo", [](const String& payload, const size_t size) {
    Serial.print("/joo-sub ");
    Serial.println(payload);
});
mqtt.publish("/joo-pub", "world");



    }
  }
```

》 프로그램 변경

❶ 현재 몇 번째 메시지가 나가는
  지를 표시하는 프로그램으로
  바꾼다.

❷ ESP32가 보낸 hello world #149
  번째 메시지를 받고 표시를 한다.

```
#define MSG_BUFFER_SIZE  (50)
char msg[MSG_BUFFER_SIZE];
int value = 0;



#include <WiFi.h>
#include <MQTTPubSubClient.h>
#define MSG_BUFFER_SIZE  (50)
char msg[MSG_BUFFER_SIZE];
int value = 0;

const char* ssid     = "iptime9";
const char* pass = "**********";

WiFiClient client;
MQTTPubSubClient mqtt;

void setup() {
  Serial.begin(115200);
  WiFi.begin(ssid, pass);

  Serial.print("connecting to wifi...");
  while (WiFi.status() != WL_CONNECTED) {
    Serial.print(".");
    delay(1000);
  }
  Serial.println(" connected!");

  Serial.print("connecting to host...");
 // while (!client.connect("public.cloud.shiftr.io", 1883)) {
  while (!client.connect("broker.mqtt-dashboard.com", 1883)) {
```

```
//http://broker.mqtt-dashboard.com/
    Serial.print(".");
    delay(1000);
  }
  Serial.println(" connected!");

  // initialize mqtt client
  mqtt.begin(client);

  Serial.print("connecting to mqtt broker...");
  while (!mqtt.connect("arduino", "public", "public")) {
    Serial.print(".");
    delay(1000);
  }
  Serial.println(" connected!");

  // subscribe callback which is called when every packet has come
  mqtt.subscribe([](const String& topic, const String& payload, const size_t size) {
    Serial.println("mqtt received: " + topic + " - " + payload);
  });

  // subscribe topic and callback which is called when /hello has come
  mqtt.subscribe("/hello", [](const String& payload, const size_t size) {
    Serial.print("/hello ");
    Serial.println(payload);
  });

}
void loop() {
  mqtt.update();  // should be called
  // publish message
```

```
    static uint32_t prev_ms = millis();
    if (millis() > prev_ms + 1000) {
        prev_ms = millis();
        snprintf (msg, MSG_BUFFER_SIZE, "hello world #%ld", value);
        mqtt.publish("/hello", msg);
        // mqtt.publish("/hello", value);
        ++value;
    // subscribe callback which is called when every packet has come

    mqtt.subscribe([](const String& topic, const String& payload, const size_t size) {
        Serial.println("mqtt received: " + topic + " - " + payload);
    });


    // subscribe topic and callback which is called when /hello has come
    mqtt.subscribe("/hello", [](const String& payload, const size_t size) {
        Serial.print("/hello-sub ");
        Serial.println(payload);
    });
    mqtt.subscribe("button", [](const String& payload, const size_t size) {
        Serial.print("button-sub ");
        Serial.println(payload);
    });
    mqtt.subscribe("/joo", [](const String& payload, const size_t size) {
        Serial.print("/joo-sub ");
        Serial.println(payload);
    });
    mqtt.publish("/joo-pub", "world");

    }
}
```

```
mqtt received: /hello - hello world #18
/hello-sub hello world #18
mqtt received: /hello - hello world #19
/hello-sub hello world #19
mqtt received: button - 1
button-sub 1
mqtt received: /hello - hello world #20
/hello-sub hello world #20
mqtt received: /hello - hello world #21
/hello-sub hello world #21
```

5-3 LoRa - IoT - 원거리

>> LoRa란?

Long Range의 약자로 무료로 원거리 외부에서 저전력 배터리로 센서 데이터 전송이 가능한 방식

>> 특징

1~3분 간격으로 센서의 데이터를 전송하거나 1~3km의 원거리 통신을 한다. 최대 16km까지 가능하다. 저전력 – 배터리 사용으로 오랜 시간 사용 가능한 통신 방법이고, 무료 통신이다. 유료 서비스도 있는데 국내에서는 SK텔레콤만 서비스하며 대역은 900Mhz대역을 통해 서비스한다. 이 경우 전국 단위 통신을 할 수 있다.

국내 통신 주파수는 920Mhz대이다. LoRa 주파수 대역은 920.9Mhz ~ 923.3Mhz이며, 비면허 주파수대역으로 허가 없이 사용 가능하다. 통신속도는 LTE에 기반한 타 규격보다는 느리지만 SigFox나 Zigbee보단 빠른편이며 비면허대역 기반 통신규격이라 통신주파수는 ISM(Industrial, Scientific and Medical, 이하 ISM)밴드에 걸치는 주파수를 쓴다. SK텔레콤 서비스의 LoRa 유료 사용시 가격은 LTE 모뎀에 비해서는 싸서 저가형 통신이 적합하다. 단말기는 10만원 정도이다.

>> 지역 국가별 주파수

- 유럽
  EU 863-870MHz ISM Band
  EU 433MHz ISM Band

- 북미
  US 902-928MHz ISM Band

- 중국
  China 779-787MHz ISM Band
  CN 470-510MHz Band

- 호주
  Australia 915-928MHz ISM Band

연결 방식은 SPI 또는 I2C를 이용하여 데이터를 주고받는다.

개인적으로 원거리 1:1 통신이 아닌 전국을 상대로 하려면 SK에서 단말기를 구입해서 프로그램을 사용하면 전국 어디든지 데이터를 보내고 받을 수 있다. 예를 들어 배달 서비스 오토바이의 위치를 파악하는 서비스는 스마트 폰 모뎀을 사용하지 않고 몇 천원대의 통신료를 지급하고 이 방식을 쓰는 것이 싸다. 많은 오토바이 배달 회사가 이 방식을 배달 오토바이 위치를 추적해 표시하는 등의 방법으로 응용하여 사용한다.

보드 구입

https://bit.ly/3MCFqCq

≫ 특징

- ESP32 + OLED, + LoRa 원격 모뎀, 868–915MHz 주파수
- SX1276 칩 over–148dBm, + 20dBm 출력 전력
- 높은 신뢰성, 긴 전송 거리
- 온보드 4Mbit 바이트 (32 M 비트) 플래시 와이파이 안테나, 0.96 인치 oled 디스플레이, 리튬 배터리 충전 회로
- Arduino 개발 환경 지원, 프로그램 검사를 위해 사용할 수 있고 제품 개발은 아주 쉽고 빠르다.
- 명세 :
- 작동 전압 : 3.3V ~ 7V
- 작동 온도 범위 : −40 ˚ C ~ + 90 ˚ C
- 스니퍼 소프트웨어 프로토콜 분석, 역, SoftAP 및 와이파이 직접 모드에 대한 지원
- 데이터 무료 통신 : 150 Mbps @ 11n HT40., 72 Mbps @ 11n HT20, 54 Mbps @ 11g, 11 Mbps @ 11b
- 전송 전력 : 19.5 dBm @ 11b, 16.5 dBm @ 11g, 15.5 dBm @ 11n 수신기 감도 최대−98 dBm
- UDP 135 mbps의 처리량 지속

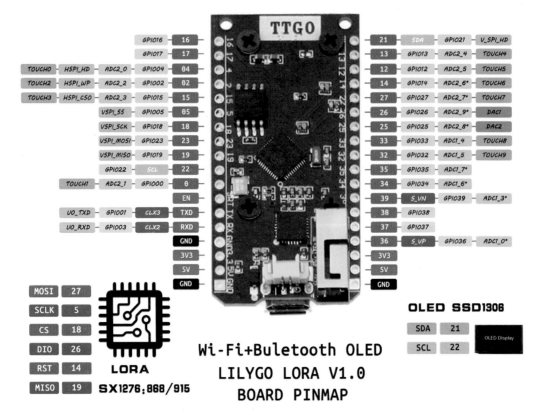

▲ LORA32 V1.0 868/915Mhz 모듈

》》 구입 모델

- 1 X LORA32 V1.0 868/915Mhz 모듈
- 1 X 전원 케이블 (Jst 2pin 1.25mm)
- 1 X LoRa 안테나
- 2 X 핀 − 배터리 연결용

》》 설치

- 보드명 : LORA32 V1.0 915Mhz 모듈
- 아두이노 보드는 ESP32 DEV 로 설정

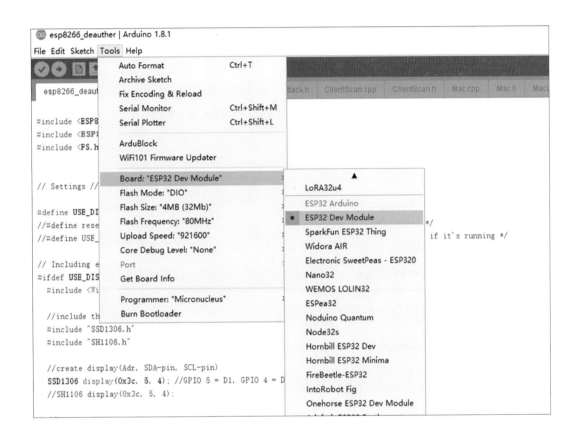

Github : 소프트웨어를 다운로드 받아서 푼다.

아래와 같이 카피를 한다. 설치 방식이 다르니 주의해서 설치한다.

https://bit.ly/3t0ZW7R

❶ 기존 라이브러리 설치 방식과 다르게 설치한다.

❷ libdeps 디렉토리에 있는 모든 파일을 아두이노 라이브러리 디렉토리 ~/Arduino/libraries 또는 윈도즈 유저는 "문서/Arduino/libraries"에 전부 카피를 해서 넣는다.

❸ 다운로드한 Example 디렉토리에 가서

\LilyGo-LoRa-Series-master\LilyGo-LoRa-Series-master\examples\ArduinoLoRa

디렉토리의 LoRaReceiver

         LoRaSender

를 컴파일해서 각각의 보드에 Upload를 한다. 다른 LoRa 라이브러리를 하니 잘 되지 않는다. 이 파일을 실행한다.

업로드하기 전에 utilities.h를 보드와 주파수에 맞게 수정한다.

```
/*
* arduinoLoRa Library just only support SX1276/Sx1278,Not support SX1262
* */
// #define LILYGO_TBeam_V0_7
// #define LILYGO_TBeam_V1_0
// #define LILYGO_TBeam_V1_1
#define LILYGO_T3_V1_0    // 보드에 버전에 맞게 선택한다.
// #define LILYGO_T3_V1_6
// #define LILYGO_T3_V2_0
// #define LILYGO_T95_V1_0

/*
* if you need to change it,
* please open this note and change to the frequency you need to test
* Option: 433E6,470E6,868E6,915E6
* */
```

```
//#define LoRa_frequency    433E6
#define LoRa_frequency    915E6    // 915Mhz 로 선택
```

수정 : Sender와 Receiver 프로그램에서 utilities.h에서 보드 명과 주파수를 바꾼다.

컴파일하여 하나는 Sender를 upload 설치하고, 하나는 Receiver를 설치한다.

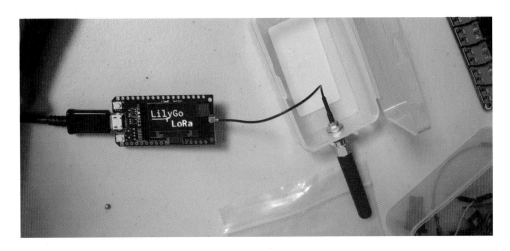

▲ 로라 초기 화면

》 프로그램 분석

Lora Sender 프로그램

```
// send packet
  LoRa.beginPacket();
  LoRa.print("hello ");
  LoRa.print(counter);
  LoRa.endPacket();
```

시리얼 모니터의 출력

```
hello 43
hello 44
```

데이터를 보내는 부분이다. hello와 카운터를 하나씩 증가하면서 보낸다. 여기에 데이터를 바꾸어서 보내고 이 데이터에 온도, 습도 센서 등의 상태를 1km 이상 떨어진 곳에 보낸다.

▲ OLED에 43번째를 보낸다.

프로그램

```
#include 〈LoRa.h〉
#include 〈boards.h〉

int counter = 0;

void setup()
{
  initBoard();
  // When the power is turned on, a delay is required.
  delay(1500);

  Serial.println("LoRa Sender");
  LoRa.setPins(RADIO_CS_PIN, RADIO_RST_PIN, RADIO_DIO_PIN);
  if (!LoRa.begin(LoRa_frequency)) {
    Serial.println("Starting LoRa failed!");
    while (1);
  }
```

```
}

void loop()
{
    Serial.print("Sending packet: ");
    Serial.println(counter);

    // send packet
    LoRa.beginPacket();
    LoRa.print("hello ");
    LoRa.print(counter);
    LoRa.endPacket();

    // 화면이 출력하는 부분
    #ifdef HAS_DISPLAY
    if (u8g2) {
        char buf[256];
        u8g2->clearBuffer();
        u8g2->drawStr(0, 12, "Transmitting: OK!");
        snprintf(buf, sizeof(buf), "Sending: %d", counter);
        u8g2->drawStr(0, 30, buf);
        u8g2->sendBuffer();
    }
    #endif
    counter++;
    delay(5000);
}
```

❹ Lora Receiver

▲ 43번째 패킷을 잘 받은 예이다.

시리얼모니터 : Receiver 프로그램의 결과

Received packet 'hello 137

' with RSSI -86

Received packet 'hello 138

' with RSSI -87

Received packet 'hello 139

' with RSSI -87

Received packet 'hello 140

' with RSSI -87

Received packet 'hello 141

' with RSSI -91

Received packet 'hello 142

' with RSSI -87

Received packet 'hello 143

' with RSSI -88

```
#include <LoRa.h>
#include <boards.h>

void setup()
{
    Serial.begin(115200);
    initBoard();
    // When the power is turned on, a delay is required.
    delay(1500);

    Serial.println("LoRa Receiver");

    LoRa.setPins(RADIO_CS_PIN, RADIO_RST_PIN, RADIO_DIO_PIN);
    if (!LoRa.begin(LoRa_frequency)) {
        Serial.println("Starting LoRa failed!");
        while (1);
    }
}

void loop()
{
    // try to parse packet
    int packetSize = LoRa.parsePacket();
    if (packetSize) {
        // received a packet
        Serial.print("Received packet '");

        String recv = "";
        // read packet
        while (LoRa.available()) {
```

```
        recv += (char)LoRa.read();
    }


    Serial.println(recv);

    // print RSSI of packet
    Serial.print("' with RSSI ");
    Serial.println(LoRa.packetRssi());
#ifdef HAS_DISPLAY
    if (u8g2) {
        u8g2->clearBuffer();
        char buf[256];
        u8g2->drawStr(0, 12, "Received OK!");
        u8g2->drawStr(0, 26, recv.c_str());
        snprintf(buf, sizeof(buf), "RSSI:%i", LoRa.packetRssi());
        u8g2->drawStr(0, 40, buf);
        snprintf(buf, sizeof(buf), "SNR:%.1f", LoRa.packetSnr());
        u8g2->drawStr(0, 56, buf);
        u8g2->sendBuffer();
    }
#endif
    }
}
```

≫ 추후 실험

　건물 내부 같은 층에서는 100m 이내는 아무 문제 없고 엘리베이터로 아래에 내려가니 안된다. 도시에서 1km 정도 떨어진 곳에서 실험을 한다. 막히지 않은 곳에서 테스트를 해보려고 한다. 약 1~3km는 갈 것으로 여겨진다. 이후에는 배터리를 구매하여 외부에서 테스트할 예정이다. 아울러 배터리 소모 시간도 계산할 예정이다.

》》 일반 RF 통신

LoRa 통신 프로토콜이 아닌 이 보드를 사용해서 일반 RF 통신도 가능하다.

https://bit.ly/3pVQMrp

이 보드에서 전송이 되는 프로그램이다. 일반 RF 통신이다.

```
|      ├────SX1276
|  |   ├────SX1276_Receive_Interrupt
|  |   └────SX1276_Transmit_Interrupt : 테스트 ok
```

Hello World 데이터를 보낸 것이다. 여기에 데이터를 실어서 RF 통신이 가능하다. 전
파에 원하는 데이터를 실어서 보낼 수 있는 것이다.

참고로 이 라이브러리의 예제 프로그램이다.

실제 테스트를 해보았다. OLED는 OLED에서 다루었고, 나중에 GPS를 구입을 하면, 이 예제로 테스트를 해보려고 한다. 1276 RF 통신은 앞에서 다루었다.

```
├──── ArduinoLoRa              # Just only support SX1276/SX1278 radio module
│    ├──── LoRaReceiver
│    └──── LoRaSender
├──── GPS                      # T-Beam GPS demo examples
│    ├──── Example1_BasicNMEARead
│    ├──── Example2_NMEAParsing
│    ├──── Example3_FactoryDefaultsviaSerial
│    ├──── TinyGPS_Example
│    └──── TinyGPS_KitchenSink
├──── OLED                     # OLED demo examples
│    ├──── SSD1306SimpleDemo
│    └──── SSD1306UiDemo
├──── RadioLibExamples         # RadioLib examples,Support SX1276/78/62
│    ├──── SX1262
│    │    ├──── SX1262_Receive_Interrupt
│    │    └──── SX1262_Transmit_Interrupt
│    ├──── SX1276
│    │    ├──── SX1276_Receive_Interrupt
│    │    └──── SX1276_Transmit_Interrupt  : 테스트 하여 문제없이 진행, 앞에서 설명
│    ├──── SX1278
│    │    ├──── SX1278_Receive
│    │    ├──── SX1278_Receive_Interrupt
│    │    ├──── SX1278_Transmit
│    │    └──── SX1278_Transmit_Interrupt
│    └──── TBeamAllFunction     # T-Beam all function example
└──── TTN
     └──── TTN_OTTA             # OTAA method Join TTN example
```

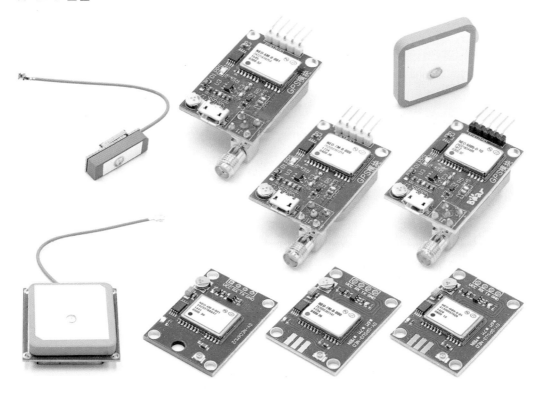

여러 가지 GPS 사진, 연결법은 동일하다.

GPS 구매

https://bit.ly/362ojcT

구입한 것은 NEO-6M NEO-7M이 아닌 끝이 8N으로 끝나는 상위 모델이다. 따라서 여기에 PPS 핀이 하나가 더 있는데 여기서는 사용하지 않는다.

GPS 칩 회사 사이트

https://www.u-blox.com/en

GND, VCC는 8N 모델에서는 전력이 약한지 동작하지 않는다. 따라서 여기서는 사용하지 않고, 대신 USB로 따로 전원을 연결하고 TX와 RX만 사용한다.

USB 전원을 따로 연결하니 LED에 불이 들어오고 동작한다.

ESP32 핀 16(RX) - GPS TX

ESP32 핀 17(TX) - GPS RX 에 각각 연결한다.

16번은 녹색이고 17번은 파란색이다.

TXD는 녹색이고 RXD는 파란색이다. 색깔이 같은 선으로 GPS와 ESP32에 연결되어 있다.

›› 연결 방법

EPS32와 GPS는 시리얼 통신을 통해서 연결한다. ESP32는 하드웨어 시리얼 3개를 제공한다. 소프트웨어 시리얼 라이브러리 대신 하드웨어 시리얼 라이브러리를 통해 시리얼 관련 설정을 한다. 소프트웨어 시리얼 라이브러리가 없다. Softwareserial ESP32 라이브러리를 사용했으나 실행이 안되어 하드웨어 라이브러리를 사용했다. TInyGPS 라이브러리는 소프트웨어 시리얼 라이브러리를 사용하여 그대로 하면 실행되지 않는다. 전부 하드웨어 시리얼 라이브러리로 바꾸어 실행한다.

include 〈HardwareSerial.h〉 // 하드웨어 시리얼 라이브러리

시리얼 통신 : Seria (UART0), Serial1(UART1), Serial2(UART2) 3개의 하드웨어 시리얼을 제공

시리얼 통신에 할당된 기본 핀번호

GPIO01 TX0 – HardwareSerial (0), 핀번호 변경 불가

GPIO03 RX0 – HardwareSerial (0), 핀번호 변경 불가

GPIO10 TX1 – HardwareSerial (1), FLASH 연결에 사용, 핀번호 변경 가능

GPIO09 RX1 – HardwareSerial (1), FLASH 연결에 사용, 핀번호 변경 가능

GPIO17 TX2 – HardwareSerial (2), 핀번호 변경 가능

GPIO16 RX2 – HardwareSerial (2), 핀번호 변경 가능

추가로 다른 핀을 사용할 수 있으나, GPIO 6, 7, 8, 9, 10, 11 (the integrated SPI flash)은 플레시 메모리 연결에 할당되어 있어서 해당 핀을 사용할 수 없다. 하드웨어 Serial1의 TX1과 RX1에 할당된 GPIO 핀번호는 10번과 9번이다. 이 핀을 이용해서는 Serial1을 사용할 수 없다. 그러므로 Serial1을 위한 TX1과 RX1에 플래시 메모리에 사용되지 않은 핀을 할당해주어야 한다. 이를 위한 규칙은 아래와 같다.

setup() 함수에서 시작 시 핀번호를 포함하는 통신 규칙을 설정해야 한다.

HardwareSerial SerialGPS(2); // 장치명 선언(시리얼 번호)

Serial.begin(9600,SERIAL_8N1, 16, 17); // (통신속도, UART모드, RX핀번호, TX핀번호) – 핀번호

라이브러리 설치

https://bit.ly/3whfeaM

시리얼 통신을 해서 데이터를 받으면 위치값이 NMEA값으로 온다.

NMEA데이터가 자세히 나와있다.

https://bit.ly/3woGvYC

GPS모듈이 주는 정보는 상당히 다양하다. 보통 필요한 정보는 $GPGGA 라인에 들어 있는데 시간, 위도, 경도, 고도, 위성수 등을 알려준다. 이 데이터를 처리해서 알려주는 라이브러리가 TinyGPS 라이브러리이다.

≫ 예제 프로그램 테스트

BasicExample프로그램은 GPS 기본 데이터를 입력해서 출력하는 프로그램이다. GPS 가 연결되지 않아도 실행 가능하며 라이브러리가 잘 설치되었는지 테스트한다. 다음은 DeviceExample인데 이 프로그램은 GPS가 연결이 안되었으면 안되었다고 출력한다.

프로그램

```
#include 〈TinyGPS++.h〉
//#include 〈SoftwareSerial.h〉
#include 〈HardwareSerial.h〉
/*
    This sample sketch demonstrates the normal use of a TinyGPS++ (TinyGPSPlus) object.
    It requires the use of SoftwareSerial, and assumes that you have a
    4800-baud serial GPS device hooked up on pins 4(rx) and 3(tx).
*/
//static const int RXPin = 4, TXPin = 3;
static const int RXPin = 16, TXPin = 17;
//static const int RXPin = 17, TXPin = 16;
```

```
//static const uint32_t GPSBaud = 4800;
static const uint32_t GPSBaud = 9600;

// The TinyGPS++ object
TinyGPSPlus gps;
HardwareSerial SerialGPS(2);

// The serial connection to the GPS device
//SoftwareSerial ss(RXPin, TXPin);

void setup()
{
  Serial.begin(115200);
  SerialGPS.begin(9600, SERIAL_8N1, 16, 17);
  //ss.begin(GPSBaud);

  Serial.println(F("DeviceExample.ino"));
  Serial.println(F("A simple demonstration of TinyGPS++ with an attached GPS module"));
  Serial.print(F("Testing TinyGPS++ library v. ")); Serial.println(TinyGPSPlus::libraryVersion());
  Serial.println(F("by Mikal Hart"));
  Serial.println();
}

void loop()
{
  // This sketch displays information every time a new sentence is correctly encoded.
  while (SerialGPS.available() > 0)
    if (gps.encode(SerialGPS.read()))
      displayInfo();

  if (millis() > 5000 && gps.charsProcessed() < 10)
```

```
  {
    Serial.println(F("No GPS detected: check wiring."));
    while(true);
  }
}


void displayInfo()
{
  Serial.print(F("Location: "));
  if (gps.location.isValid())
  {
    Serial.print(gps.location.lat(), 6);
    Serial.print(F(","));
    Serial.print(gps.location.lng(), 6);
  }
  else
  {
    Serial.print(F("INVALID"));
  }

  Serial.print(F("  Date/Time: "));
  if (gps.date.isValid())
  {
    Serial.print(gps.date.month());
    Serial.print(F("/"));
    Serial.print(gps.date.day());
    Serial.print(F("/"));
    Serial.print(gps.date.year());
  }
  else
  {
```

```
      Serial.print(F("INVALID"));
    }

    Serial.print(F(" "));
    if (gps.time.isValid())
    {
      if (gps.time.hour() < 10) Serial.print(F("0"));
      Serial.print(gps.time.hour());
      Serial.print(F(":"));
      if (gps.time.minute() < 10) Serial.print(F("0"));
      Serial.print(gps.time.minute());
      Serial.print(F(":"));
      if (gps.time.second() < 10) Serial.print(F("0"));
      Serial.print(gps.time.second());
      Serial.print(F("."));
      if (gps.time.centisecond() < 10) Serial.print(F("0"));
      Serial.print(gps.time.centisecond());
    }
    else
    {
      Serial.print(F("INVALID"));
    }

    Serial.println();
  }
```

//#include 〈SoftwareSerial.h〉를 사용하지 않고 아래의 것을 사용한다.

#include 〈HardwareSerial.h〉

앞에서 설명한대로 수정한다. 실행하면 시리얼 모니터에 다음과 같이 나오는데 이것은 GPS가 위성이므로 실내에 있어서 잡히지 않기 때문이다. 실외로 가지고 나가서 실행하면 제대로 나온다.

DeviceExample.ino

A simple demonstration of TinyGPS++ with an attached GPS module

Testing TinyGPS++ library v. 1.0.2

by Mikal Hart

Location: INVALID Date/Time: INVALID 00:00:00.00

Location: INVALID Date/Time: INVALID 00:00:00.00

Location: INVALID Date/Time: INVALID 00:00:00.00

Location: INVALID Date/Time: INVALID 00:00:00.00

Location: INVALID Date/Time: INVALID 00:00:00.00

Location: INVALID Date/Time: INVALID 00:00:00.00

Location: INVALID Date/Time: 0/0/2000 00:00:00.00

>> FullExample 실행

```
#include 〈TinyGPS++.h〉
//#include 〈SoftwareSerial.h〉
#include 〈HardwareSerial.h〉

/*
This sample code demonstrates the normal use of a TinyGPS++ (TinyGPSPlus) object.
It requires the use of SoftwareSerial, and assumes that you have a
4800-baud serial GPS device hooked up on pins 4(rx) and 3(tx).
*/
//static const int RXPin = 4, TXPin = 3;
//static const int RXPin = 16, TXPin = 17;
//static const uint32_t GPSBaud = 4800;
//static const uint32_t GPSBaud = 9600;
// The TinyGPS++ object
TinyGPSPlus gps;
HardwareSerial SerialGPS(2);
// The serial connection to the GPS device
```

```
//SoftwareSerial ss(RXPin, TXPin);

void setup()
{
  Serial.begin(115200);
  SerialGPS.begin(9600, SERIAL_8N1, 16, 17);
  //SerialGPS.begin(GPSBaud);

  Serial.println(F("FullExample.ino"));
  Serial.println(F("An extensive example of many interesting TinyGPS++ features"));
  Serial.print(F("Testing TinyGPS++ library v. ")); Serial.println(TinyGPSPlus::libraryVersion());
  Serial.println(F("by Mikal Hart"));
  Serial.println();
  Serial.println(F("Sats HDOP  Latitude   Longitude   Fix  Date       Time      Date Alt    Course
Speed Card  Distance Course Card  Chars Sentences Checksum"));
  Serial.println(F("      (deg)    (deg)     Age              Age  (m)   --- from GPS ---- ---- to
London ---- RX   RX     Fail"));
  Serial.println
  (F("-------------------------------------------------------------------------------
-----------------------------------------"));
}

void loop()
{
  static const double LONDON_LAT = 51.508131, LONDON_LON = -0.128002;

  printInt(gps.satellites.value(), gps.satellites.isValid(), 5);
  printFloat(gps.hdop.hdop(), gps.hdop.isValid(), 6, 1);
  printFloat(gps.location.lat(), gps.location.isValid(), 11, 6);
  printFloat(gps.location.lng(), gps.location.isValid(), 12, 6);
  printInt(gps.location.age(), gps.location.isValid(), 5);
```

```
printDateTime(gps.date, gps.time);
printFloat(gps.altitude.meters(), gps.altitude.isValid(), 7, 2);
printFloat(gps.course.deg(), gps.course.isValid(), 7, 2);
printFloat(gps.speed.kmph(), gps.speed.isValid(), 6, 2);
printStr(gps.course.isValid() ? TinyGPSPlus::cardinal(gps.course.deg()) : "*** ", 6);

unsigned long distanceKmToLondon =
 (unsigned long)TinyGPSPlus::distanceBetween(
  gps.location.lat(),
  gps.location.lng(),
  LONDON_LAT,
  LONDON_LON) / 1000;
printInt(distanceKmToLondon, gps.location.isValid(), 9);

double courseToLondon =
 TinyGPSPlus::courseTo(
  gps.location.lat(),
  gps.location.lng(),
  LONDON_LAT,
  LONDON_LON);

printFloat(courseToLondon, gps.location.isValid(), 7, 2);

const char *cardinalToLondon = TinyGPSPlus::cardinal(courseToLondon);

printStr(gps.location.isValid() ? cardinalToLondon : "*** ", 6);

printInt(gps.charsProcessed(), true, 6);
printInt(gps.sentencesWithFix(), true, 10);
printInt(gps.failedChecksum(), true, 9);
Serial.println();
```

```
  smartDelay(1000);

  if (millis() > 5000 && gps.charsProcessed() < 10)
    Serial.println(F("No GPS data received: check wiring"));
}


// This custom version of delay() ensures that the gps object
// is being "fed".
static void smartDelay(unsigned long ms)
{
  unsigned long start = millis();
  do
  {
    while (SerialGPS.available())
      gps.encode(SerialGPS.read());
  } while (millis() - start < ms);
}


static void printFloat(float val, bool valid, int len, int prec)
{
  if (!valid)
  {
    while (len-- > 1)
      Serial.print('*');
    Serial.print(' ');
  }
  else
  {
    Serial.print(val, prec);
    int vi = abs((int)val);
    int flen = prec + (val < 0.0 ? 2 : 1); // . and -
```

```
    flen += vi >= 1000 ? 4 : vi >= 100 ? 3 : vi >= 10 ? 2 : 1;
    for (int i=flen; i<len; ++i)
      Serial.print(' ');
  }
  smartDelay(0);
}


static void printInt(unsigned long val, bool valid, int len)
{
  char sz[32] = "*****************";
  if (valid)
    sprintf(sz, "%ld", val);
  sz[len] = 0;
  for (int i=strlen(sz); i<len; ++i)
    sz[i] = ' ';
  if (len > 0)
    sz[len-1] = ' ';
  Serial.print(sz);
  smartDelay(0);
}


static void printDateTime(TinyGPSDate &d, TinyGPSTime &t)
{
  if (!d.isValid())
  {
    Serial.print(F("********** "));
  }
  else
  {
    char sz[32];
    sprintf(sz, "%02d/%02d/%02d ", d.month(), d.day(), d.year());
```

```
      Serial.print(sz);
    }

    if (!t.isValid())
    {
      Serial.print(F("******** "));
    }
    else
    {
      char sz[32];
      sprintf(sz, "%02d:%02d:%02d ", t.hour(), t.minute(), t.second());
      Serial.print(sz);
    }

    printInt(d.age(), d.isValid(), 5);
    smartDelay(0);
  }

  static void printStr(const char *str, int len)
  {
    int slen = strlen(str);
    for (int i=0; i<len; ++i)
      Serial.print(i<slen ? str[i] : ' ');
    smartDelay(0);
  }
```

Softwareserial을 hardwareserial로 바꾼다. Deviceexample과 동일하게 수정한다.

실행해서 시리얼 모니터의 값을 확인한다. 여기도 실내라 위성이 잡히지 않아 제대로 된 값이 안나온다. 연결된 것이라 외부로 나가서 위성을 잡으면 제대로 된 데이터가 잡힌다. 제대로 잡히면, 위성의 개수와 위도, 경도, 날짜, 시간 등의 정보가 나타난다. 참고로 시간의 경우 GPS 시간이기에 대한민국의 표준시와 9시간 차이가 난다.

FullExample.ino

An extensive example of many interesting TinyGPS++ features

Testing TinyGPS++ library v. 1.0.2

by Mikal Hart

Sats HDOP Latitude Longitude Fix Date   Time   Date Alt Course Speed Card Distance Course Card Chars Sentences Checksum

          (deg) (deg)   Age   Age (m) --- from GPS ---- ---- to London ---- RX RX   Fail

    ----

    **** ***** ********* ********** **** ********** ******** **** ****** ****** ***** *** ******* ****** *** 0 0   0

    0   100.0 ********* ********** **** 00/00/2000 00:00:00 567 ****** ****** ***** *** ******* ****** *** 233 0   0

    0   100.0 ********* ********** **** 00/00/2000 00:00:00 568 ****** ****** ***** *** ******* ****** *** 466 0   0

    0   100.0 ********* ********** **** 00/00/2000 00:00:00 570 ****** ****** ***** *** ******* ****** *** 699 0   0

    0   100.0 ********* ********** **** 00/00/2000 00:00:00 570 ****** ****** ***** *** ******* ****** *** 932 0   0

    0   100.0 ********* ********** **** 00/00/2000 00:00:00 571 ****** ****** ***** *** ******* ****** *** 1165 0   0

    0   100.0 ********* ********** **** 00/00/2000 00:00:00 572 ****** ****** ***** *** ******* ****** *** 1398 0   0

    0   100.0 ********* ********** **** 00/00/2000 00:00:00 573 ****** ****** ***** *** ******* ****** *** 1631 0   0

    0   100.0 ********* ********** **** 00/00/2000 00:00:00 574 ****** ****** ***** *** ******* ****** *** 1864 0   0

    0   100.0 ********* ********** **** 00/00/2000 00:00:00 575 ****** ****** ***** *** ******* ****** *** 2097 0   0

```
    0    100.0 ********** *********** **** 00/00/2000 00:00:00 576 ****** ****** ***** ***
******** ****** ***  2330 0      0
    0    100.0 ********** *********** **** 00/00/2000 00:00:00 577 ****** ****** ***** ***
******** ****** ***  2563 0      0
    0    100.0 ********** *********** **** 00/00/2000 00:00:00 578 ****** ****** ***** ***
******** ****** ***  2796 0      0
```

이제 GPS로 여러분이 원하는 프로그램을 짤 수 있게 되었다. GPS 응용 방법은 여러 가지이므로 하나씩 차례로 진행할 예정이다.

응용

6-1 스마트 시계 - 휴대용

≫ 오픈소스 스마트 시계의 종류와 선택

다니며 응용하는 스마트 장치로 사용하면 어떨까? 스마트 시계는 ESP32 중에서 사이즈도 작고 배터리까지 장시간 사용이 가능하니 테스트용으로 들고 다니면 좋을 것 같아서 구입했다.

구입하려고 하니, 뭘 살지가 고민이었다. 시계의 종류는 크게 3가지이다.

❶ 릴리고에서 파는 가장 많이 사용하는 시계

❷ 오픈소스 케이스가 없는 시계

❸ 밴드형 시계

가 대표적이다. 필자는 가장 많이 사용하는 1번 릴리고 시계를 선택했는데 다른 시계에 대해서도 알아본다.

스마트폰과 함께 쓰는 개인 디바이스로 IoT, 스마트 팜 등에 적용할 수 있고, ESP32 기계 중 가장 작으면서도 디바이스가 많이 들어 있어서 스터디 용으로 쓰려고 구입했다. 일반적인 오픈소스 스마트 시계에 대한 소개 사이트를 보면 자세히 나와 있다.

≫ 소개 사이트   ≫ 오픈소스 스마트 시계의 운영체계 사이트

https://bit.ly/3MGMxcP

https://bit.ly/3CxLOpl

https://bit.ly/3i0h47m

》》 오픈소스 시계 종류 및 구입처

1) 릴리고에서 파는 가장 많이 사용되는 시계를 구매
했다.

손목 시계 : ESP32 베이스

T-Watch V3로 구입

구입처 : LILYGO® TTGO T-Watch-
2020 ESP32 메인 칩 프로그래밍 가
능 1.54 인치 터치 디스플레이 시계
WiFi 블루투스 환경 상호 작용

https://bit.ly/3CxJP4Q

기본적으로 설치된 프로그램 : 아주 우수한 프로그램이다. 시계의 기본 기능이 다 포함
되어 있다. 아래는 소스 코드이다. 아두이노 환경에서 설치가 불가능하다. 이것은 다른
방법으로 설치를 한다. 뒤쪽에서 다룬다.

이 기본 시계 기능을 많이 익혀보고 추후에 아두이노 프로그램으로 바꾸는 것이 하나
의 방법이다. 이 프로그램의 단점은 터치 스크린의 보정이 안되어 손으로 글자를 입력하
기가 무척 어렵다는 것이다. 또한 프로그램의 사용 매뉴얼을 찾기가 어려워 초기에 많이
고생했다.

이 시계에 설치된 소스가 있는 사이트

https://bit.ly/3tIPf9c

이 프로그램과 별개로 주의할 점은 아두이노 개발 환경을 설치하고 아두이노 시계 프
로그램을 실행하면, 기존의 시계 기능이 다 없어지고 여러분이 설치한 아두이노 프로그
램이 돌게 된다는 것이다. 아두이노에서 제공하는 프로그램은 시계의 가장 기본적인 기
능이 포함되어 있지만 미리 설치된 시계 기능에 비하면 기능이 매우 빈약하다. 하지만 이
것을 통해서 스터디를 하는 데는 도움이 아주 많이 된다. 위의 원래 설치된 소스는 아두
이노로 설치할 수 없다.

시계의 개발 방법은 2가지이다. 하나는 초보자가 하는 아두이노 환경으로 개발을 진행하는 것이고 다른 하나는 전문가가 쓰는 PlatFormIO라는 프로그램을 VScode 환경하에서 사용하여 개발하는 방법이다. 시계 판매 시에 공장에서 설치되어 나온 프로그램은 이 방식으로 개발되었다.

》 릴리고 시계

• 아두이노 개발 환경을 설치 하기 위한 기본 튜토리얼

https://bit.ly/3pVeAvs

• Github 링크 : 실제 개발에 쓰는 아두이노 라이브러리

https://bit.ly/36cRp97

• T-WATCH-2020 문서 : 확장 모듈 등 시계에 대한 설명

https://bit.ly/3KwzRDG

• Micropython ESP32 펌웨어 다운로드 주소

https://bit.ly/3tO4MVh

》 시계에 사용된 사용 센서

1) AXP202 : PMU 전원 관리

2) BMA423 : 3축 가속도계

3) PCF8563 : RTC 클럭 모듈

4) TP62XX : 터치 컨트롤 IC

5) Motor & Buzzer

》 확장 모듈의 예

설치된 것 이외에 확장이 가능한 모듈이다. 따로 판매하므로 구입하여 사용한다. 이전에 했던 거의 모든 실험을 여기서 진행할 수 있다.

https://bit.ly/3vWONqB

▲ 온도센서 DHT12

》》구매 시 설치된 시계 소프트웨어 사용법

- 2초간 누르면 전원이 켜지고 6초간 누르면 전원이 꺼진다.
- 5G Wifi가 안 되면 Wifi가 안 잡히기도 한다.
- 터치 스크린에 암호 등을 입력하기 어렵다. PC에서 조정을 할 수 있으면 좋을 듯하다.
- 공장에서 나온 시계 프로그램을 충분히 사용해보고 아두이노 환경으로 가는 것이 좋다. 그래야 어떤 기능을 개발하고 어떻게 시계 프로그램을 만들면 되는지에 대한 아이디어를 떠올릴 수 있다.

참고

구입 전에 시계로서 의미가 있는지 배터리 지속 시간에 대한 의문이 있어서 검색한 내용이다. 그냥 켜두면 5시간 23분, 휴면 상태로는 3.65일 동안 사용 가능하다.

- Someone did the calculations here

  https://bit.ly/3KIF1fR

- The battery is 350mAh. Then from here

  https://bit.ly/3Jf8T3g

It says:

"Off the screen, turn off WiFi, Bluetooth and other peripherals consume about 4mA (non-deep sleep), turn on the screen power, do not turn on WiFi, Bluetooth and other peripherals around 65mA, please refer to example → SimpleWatch for the specific code."

Assuming 100% efficiency (direct connection to the battery) and operation down to the battery's cutoff voltage, that would result in 5hrs 23min with the screen always on (65mA drain), and 87hrs 30min (3.65 days) with the screen always off (4mA drain, but not deep sleep). This is with only the screen always on or off, and everything else always off.

2) 오픈소스 케이스가 없는 시계

케이스가 없고 케이스도 3D 프린터로 찍어서 쓸 수 있는 형태이다. 상업용이 아닌 마니아용 시계 같아 보여서 차고 다니는 것보다는 연구용으로 사용하는 것이 좋을 듯하다.

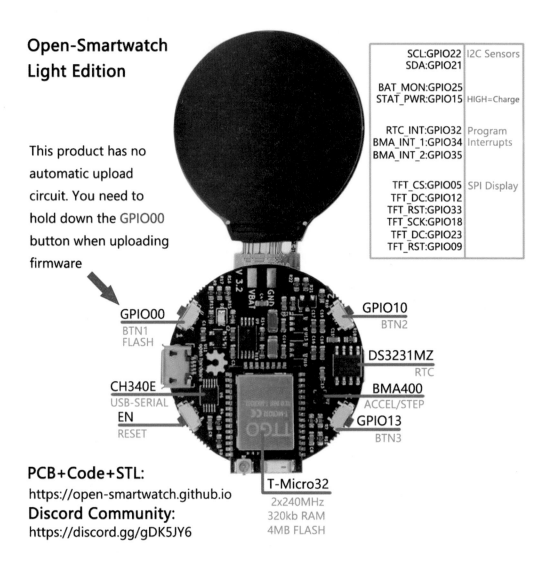

Open-Smartwatch Light Edition

This product has no automatic upload circuit. You need to hold down the GPIO00 button when uploading firmware

SCL:GPIO22	I2C Sensors
SDA:GPIO21	
BAT_MON:GPIO25	
STAT_PWR:GPIO15	HIGH=Charge
RTC_INT:GPIO32	Program
BMA_INT_1:GPIO34	Interrupts
BMA_INT_2:GPIO35	
TFT_CS:GPIO05	SPI Display
TFT_DC:GPIO12	
TFT_RST:GPIO33	
TFT_SCK:GPIO18	
TFT_DC:GPIO23	
TFT_RST:GPIO09	

GPIO00
BTN1
FLASH

GPIO10
BTN2

DS3231MZ
RTC

BMA400
ACCEL/STEP

GPIO13
BTN3

CH340E
USB-SERIAL

EN
RESET

T-Micro32
2x240MHz
320kb RAM
4MB FLASH

PCB+Code+STL:
https://open-smartwatch.github.io
Discord Community:
https://discord.gg/gDK5JY6

https://bit.ly/3sZv5Zu

3) 밴드형 시계

운동할 때 차고 다닐 수 있는 밴드 모양 시계이고 기능이 단순하다.

https://bit.ly/36bWi2c

≫ 1번 시계 개발 환경 설치

• 아두이노로 시계를 바꿀 수 있는 라이브러리의 설치 및 활용

가장 쉬운 방법은 아두이노 베이스로 개발하는 방법이다. 아직은 아두이노로 시계를 제대로 돌릴 수 있는 프로그램이 없다. 아두이노 라이브러리는 시계 프로그램이라고 보기보다는 시계에 들어가 있는 하드웨어, 소프트웨어에 대한 공부를 하는 예제 정도라고 생각을 하면 될 듯 하다. 시계 하드웨어에는 일반 ESP32 보드보다 많은 것이 들어 있어 아주 배우기 좋은 프로그램이다.

설치가 완료되면 예제 프로그램 등을 아두이노 베이스로 컴파일 가능하다.

따라 하면 개발 환경 설치가 완료된다.

https://bit.ly/3wbtFNp

• 인터페이스를 바꾼 사례

https://bit.ly/3JdCPwF

• 개발 환경 설치

https://bit.ly/3CKzmmA

을 따라 설치를 한다.

설치 시 중요한 부분이다.

Git를 설치하고 아두이노/hardware 디렉토리에서 오른쪽 마우스를 클릭해서 Git Bash 셸을 실행하면 CMD 화면이 나온다. 여기에서 아래의 명령을 실행한다.

```
$ mkdir espressif

winforsyschekde21@LAPTOP-C542RL0U MINGW64 /d/개발작업/아두이노/hardware
$ cd espressif


winforsyschekde21@LAPTOP-C542RL0U MINGW64 /d/개발작업/아두이노/hardware/espressif
$ git clone --recursive https://github.com/espressif/arduino-esp32.git esp32
Cloning into 'esp32'...
remote: Enumerating objects: 33410, done.
Receiving objects:  22% (7592/33410), 143.14 MiB | 4.39 MiB/s


git clone --recursive https://github.com/espressif/arduino-esp32.git esp32
```

이것이 끝나면 아래의 과정을 실행해서 나머지 필요한 파일을 다운로드 받는다.

이 디렉토리로 간다. arduino/hardware/espressif/esp32

tools디렉토리를 클릭해서 그 디렉토리에 간다.

get.exe를 더블 클릭해서 실행시킨다. 그러면 추가 필요한 파일이 다운로드되고 cmd 화면이 자동으로 닫히고 다운로드가 끝난다.

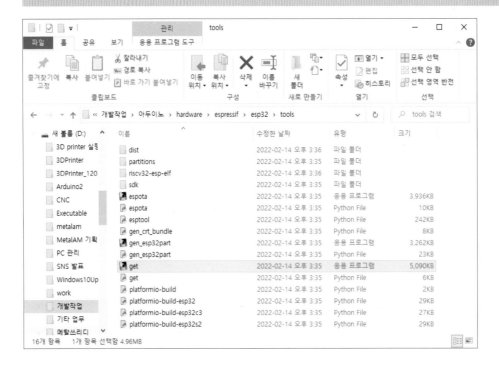

Get.exe 실행 시 화면에 나온 것이다.

System: Windows, Info: Windows-10-10.0.19041

Platform: i686-mingw32

Downloading riscv32-esp-elf-gcc8_4_0-esp-2021r2-patch2-win32.zip

이제 라이브러리 소스 코드를 받아서 컴파일을 해본다.

https://bit.ly/3MNXZDH

아래는 아두이노 환경하에서 데모 프로그램을 프로그래밍하는 예이다.

≫ 데모 프로그램의 디렉토리 트리

각 데모 프로그램에 대한 설명이다. 주로 각 시계의 기능에 대한 예제 프로그램의 예이다. 하나씩 실행 시켜본 결과를 표시하고, 실제로 몇 가지를 실행해 본다.

프로그램에서 파일에서 TTGo watch V3 바꾸어서 해야 한다. 이 시계의 버전이 V3이다. 아두이노의 보드는 TTGO Watch로 해야한다.

바꾸어서 실행하는 프로그램은 따로 정리를 해 두었으니 바꾸어서 하거나, 안되면 이 프로그램을 실행해 본다. SimpleFramework, Batman 시계 정도인데, 이것이 그나마 시계의 느낌이 나고, 나머지는 기능을 테스트 하는 아주 단순한 프로그램이다.

다음 장에서는 원래 시계의 프로그램을 설치하는 방법과 신버전의 시계 프로그램을 설치하는 방법에 대해서 알아본다. 실제로 해보니, 후자의 방법을 써야 제대로 된 시계 프로그램을 개발할 수 있을 듯 하다. 아두이노는 시계 프로그램에 적합하다기보다는 시계의 기능을 테스트하는 프로그램에 더 가깝다.

```
├── BasicUnit            #Basic hardware unit catalog
│    ├── AXP20x_ADC            #Power Management ADC Example
│    ├── AXP20x_ChargeCurrent        #Power managementCharging management
example
│    ├── AXP20x_IRQ            #Power management interrupt example
│    ├── BMA423_Accel          #Basic example of three-axis accelerometer
│    ├── BMA423_Direction        #Three-axis accelerometer to get screen orientation
│    ├── BMA423_Feature         #Three-axis accelerometer features
│    ├── BMA423_StepCount          #Three-axis accelerometer built-in steps acquisition
example
│    ├── BluetoothAudio         #Bluetooth playback
│    ├── BluetoothAudioWeb         #Bluetooth playback, with web control
│    ├── DrawSD_BMP              #Draw BMP format pictures to the screen (only for
motherboards with SD card slot)
│    ├── Motor             #Basic Vibration Drive
│    ├── PlayMP3FromPROGMEM         #Get audio data from Flash and play MP3
│    ├── PlayMP3FromSDToDAC         #Get audio data from SD card to play MP3
│    ├── PlayMP3FromSPIFFS         #Get audio data from SPIFFS and play MP3
│    ├── RTC            #Basic RC settings and alarm clock examples
│    ├── SDCard           #Basic SD card operation example
│    ├── SetTimeFromBLE          #Set RTC time from BLE
│    ├── TimeSynchronization        #Time synchronization
│    ├── TouchMultitask          #Touch multitasking
│    ├── TouchPad          #Basic touch example
│    ├── UserButton          #Basic user button example
│    ├── TwatcV2Special        #T-Watch-2020-V2 unique features
│  │    ├── DRV2605_Basic         #DRV2605 haptic feedback example
│  │    ├── DRV2605_Complex        #DRV2605 haptic feedback example
│  │    ├── DRV2605_Realtime       #DRV2605 haptic feedback example
│  │    └── GPSDisplay          #GPS positioning example
```

```
|       ├── TwatcV3Special           #T-Watch-2020-V3 unique features
|   |       └── Microphone           #Microphone test
|       ├── WakeupFormPEKKey         #Use the power management PEK button to wake up
ESP32
|       ├── WakeupFormSensor         #Use the three-axis accelerometer to wake up the
ESP32
|       ├── WakeupFormTimer          #Use built-in timer to wake up ESP32
|       └── WakeupFormTouchScreen    #Wake up from the touch screen
├── ClientProject                    #Customer's example directory
|       └── SimpleFramework          #Use TFT_eSPI frame
├── ExternTFTLibrary                 #Use PlatfromIO, an example of using external TFT_eSPI
with TTGO_TWatch_Library
|       └── src
├── LVGL                             #LVGLGraphic Framework Demo Directory
|       ├── AnalogRead               #Get simulation data and draw a curve in the display
|       ├── BatmanDial               #Simple Batman style clock
|       ├── ChargingAnimation        #Charging animation demonstration
|       ├── IRremote                 #Infrared remote control example
|       ├── LilyGoGui                #Simple watch interface 화면이 정지 상태
|       ├── Lvgl_Base                #LVGL Getting Started : T-watch 회면
|       ├── Lvgl_Button              #LVGLKey Examples
|       ├── SimplePlayer             #LVGLSimple player example
|       ├── SimpleWatch              #LVGLSimple watch example
|       └── lvgl_fs                  #Read the png from fs and display it in lvgl
├── LilyPi                           #This directory is only applicable to LilyPi, not applicable to others
|       ├── Epaper_GDEW0371W7        #3.71'Drive example with touch ink screen
|       ├── IRRemote                 #Example of using external module infrared remote control
|       └── lv_demo_widgets          #lvgl example
├── NES                              #NES emulator
├── Retention
|       ├── Air530Allfunction
```

```
|        └── Air530Display
├── Sensor
|        ├── Fingerprint          #Fingerprint sensor example
|        ├── MAX30208              #MAX30208 temperature sensor
|        ├── Rotary                #Rotary encoder example
|        └── VEMl6075              #UV sensor example
├── Shield
|        ├── DW1000Ranging_ANCHOR
|        ├── DW1000Ranging_TAG
|        ├── DW1000_BasicReceiver
|        ├── DW1000_BasicSender
|        ├── DW1000_RangingAnchor
|        ├── DW1000_RangingTag
|        ├── AlarmClock            #RTC Alarm clock example
|        ├── BBQKeyboard           #BBQ keyboard example
|        ├── DRV8833               #Motor example
|        ├── GameControl           #Gamepad example
|        ├── HeartRate             #Heart rate sensor example
|        ├── INMP441_Mic           #Microphone example
|        ├── LoRa_SX127x           #LoRa Example
|        ├── M6_GPS                #Ubolx GPS example
|        ├── NFC_Lock              #NFC example
|        ├── S7xG_GPS              #S76/78G GPS example
|        ├── S7xG_LoRa             #S76/78G LoRa example
|        ├── SIM800L               #SIM800L 2G communication module example
|        ├── SIM868                #SIM868  2G communication positioning module example
|        └── SPM1423HM4H_Mic       #Microphone example
├── T-Block                        #This directory is only applicable to TBLOCK, not applicable to
others
|        ├── CapTouch              #MPR121 Capacitive touch sensor example
|        ├── Epaper                #1.54'Ink Single electronic paper, without backlight and touch
```

```
|     ├──── Epaper_BL          #1.54'Ink screen driver example with backlight
|     ├──── Epaper_Badge       #1.54'Ink Electronic badge
|     ├──── Epaper_GDEW0371W7       #3.71'Drive example with touch ink screen
|     ├──── Epaper_GDEW0371W7_BTN      #3.71'Drive example with touch ink screen and
button
|     ├──── Epaper_TP          #1.54'Drive example with touch ink screen
|     ├──── LEDMatrix          #LEDdot matrix example
|     ├──── MPU6050_accel_pitch_roll  #MPU6050 Acceleration example
|     ├──── MPU6050_accel_simple     #MPU6050 Acceleration example
|     ├──── MPU6050_gyro_pitch_roll_yaw #MPU6050 Gyroscope example
|     ├──── MPU6050_gyro_simple     #MPU6050 Gyroscope example
|     ├──── MPU6050_temperature     #MPU6050 Example of built-in temperature sensor
|     └──── TouchScreen        #ST7796S / ILI9481 Display module example
├──── TFT_eSPI
|     ├──── All_Free_Fonts_Demo
|     ├──── Arduino_Life
|     ├──── ESPFace
|     ├──── FlappyBird : 게임 프로그램이다.
```

실제 게임도 가능하다.

| ├── IOTA_Price
| ├── Pong_v3
| ├── RLE_Font_test
| ├── TFT_Char_times
| ├── TFT_Clock

아날로그 시계

| ├── TFT_Clock_Digital

```
|     ├───── TFT_Ellipse
|     ├───── TFT_Meter_5
|     ├───── TFT_graphicstest_PDQ3
|     ├───── TFT_graphicstest_small
|     ├───── UTFT_demo_fast
|     └───── fillScreen
├───── T_Bao                #Expansion trolley
├───── T_Bao2               #Expansion trolley
├───── T_Quick              #Expansion trolley
└───── U8g2_for_TFT_eSPI    #U8g2 examples
|     ├───── Shennong
```

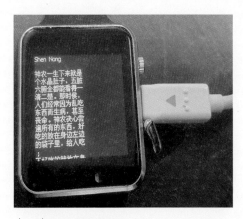

```
|     └───── Unicode
```

기호는 나오나, 글자는 안 나옴

```
├───── UnitTest             #Hardware test directory
```

```
|     └── ScreenRotation
        에러
```

HardwareTest 는 에러

실제 데모 실행

config.h 에서 코멘트 표시 # 을 지워준다. 목적은 지금 사용하는 하드웨어가LILYGO_
WATCH_2020_V3 이라는 표시를 하기 위한 것이다. V3이 중요하다.

```
#define LILYGO_WATCH_2020_V3        //To use T-Watch2020 V3, please uncomment this
line
```

아래는 디스플레이를 나타내는 LVGL 위주로 테스트를 해보고, Simple Framework 를 설치한다.

```
├── LVGL              #LVGLGraphic Framework Demo Directory
|   ├── AnalogRead         #Get simulation data and draw a curve in the display
```
LILYGO_WATCH_2020_V3 가 지원이 안되어 실행 불가

```
|   ├── BatmanDial        #Simple Batman style clock
```

아주 간단한 시계 프로그램이다.

```
|   ├── ChargingAnimation      #Charging animation demonstration
|   ├── IRremote               #Infrared remote control example
|   ├── LilyGoGui              #Simple watch interface 화면이 정지 상태
```

```
|   ├── Lvgl_Base              #LVGL Getting Started
```

T-watch 라는 글자가 화면에 나옴

```
|   ├── Lvgl_Button            #LVGLKey Examples
```

 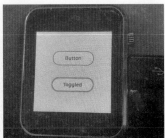

│   ├── SimplePlayer   #LVGLSimple player example
                지원 안함
│   ├── SimpleWatch   #LVGLSimple watch example
                Wifi 쪽 에러
컴파일이 안된다. 아래는 에러 메시지

에러 메시지
아두이노:1.8.19 (Windows 10), 보드:"TTGO T-Watch, T-Watch Base, Enabled, Default (2 x 6.5 MB app, 3.6 MB SPIFFS), 2000000, None"

C:\Users\WINFOR~1\AppData\Local\Temp\arduino_modified_sketch_913896\SimpleWatch. ino: In function 'void setupNetwork()':

SimpleWatch:57:21: error: 'SYSTEM_EVENT_STA_DISCONNECTED' is not a member of 'arduino_event_id_t'

    }, WiFiEvent_t::SYSTEM_EVENT_STA_DISCONNECTED);

          ^~~~~~~~~~~~~~~~~~~~~~~~~~~~

SimpleWatch:62:21: error: 'SYSTEM_EVENT_SCAN_DONE' is not a member of 'arduino_event_id_t'

    }, WiFiEvent_t::SYSTEM_EVENT_SCAN_DONE);

          ^~~~~~~~~~~~~~~~~~~~~

SimpleWatch:66:21: error: 'SYSTEM_EVENT_STA_CONNECTED' is not a member of 'arduino_event_id_t'

    }, WiFiEvent_t::SYSTEM_EVENT_STA_CONNECTED);

          ^~~~~~~~~~~~~~~~~~~~~~~~~

SimpleWatch:70:21: error: 'SYSTEM_EVENT_STA_GOT_IP' is not a member of 'arduino_event_id_t'

    }, WiFiEvent_t::SYSTEM_EVENT_STA_GOT_IP);

          ^~~~~~~~~~~~~~~~~~~~~~

"WiFi.h"를 위한 복수개의 라이브러리가 발견되었습니다
  사용됨: C:\Users\winforsyschekde21\AppData\Local\Arduino15\packages\esp32\hardware\ esp32\2.0.2\libraries\WiFi

사용되지 않음: D:\개발작업\아두이노\libraries\WiFi

"SD.h"를 위한 복수개의 라이브러리가 발견되었습니다

사용됨: C:\Users\winforsyschekde21\AppData\Local\Arduino15\packages\esp32\hardware\
esp32\2.0.2\libraries\SD

사용되지 않음: D:\개발작업\아두이노\libraries\SD

exit status 1

'SYSTEM_EVENT_STA_DISCONNECTED' is not a member of 'arduino_event_id_t'

이 리포트는 파일 -> 환경설정에 "컴파일중 자세한 출력보이기"를

활성화하여 더 많은 정보를

보이게 할 수 있습니다.


```
|      └── lvgl_fs            #Read the png from fs and display it in lvgl
```
                읽을 파일이 없어. 빈 화면

```
├── LilyPi                #This directory is only applicable to LilyPi, not applicable to others
|   ├── Epaper_GDEW0371W7      #3.71´Drive example with touch ink screen
|   ├── IRRemote             #Example of using external module infrared remote control
|   └── lv_demo_widgets        #lvgl example
```
                지원 안함


```
├── ClientProject          #Customer´s example directory
```

비교적 여러 가지 메뉴가 있는 시계 시계 프레임 화면이다. 기능이 시계와 가장 유사한 프로그램이다. 이것을 기준으로 시계 프로그램을 작성하면 좋을 듯하다. 이제 차분히 앉아서 시계를 통해서 여러 가지 ESP32 응용을 해낼 수 있다. 시계와 관련 있는 프로그램을 하나씩 개발해 보려고 한다.

6-2 CAM 카메라

ESP32를 사용하면 Wifi CCTV를 1만원 대에 구매하고 제작할 수 있다. BLE 기능, 무선, 배터리를 사용하여 제작 가능하다. 여기에 동작 감지센서를 부착하면 휴면 상태에서 동작이 있을 때만 CCTV 촬영이 가능하고 SD 카드 같은 장치에 녹화를 해둘 수 있다. 또한 머신 러닝 등에도 이용할 수 있다. 응용한 사례가 엄청나게 많다. 가성비가 좋고 프로그램이 가능하니 많이 사용할 듯 하다. 아래는 머신 러닝에 적합한 사례와 사이트에 대한 설명이다. 기회가 되는대로 하나씩 테스트를 해보려고 한다.

Tiny Machine Learning Resources for ESP32-CAM

TensorFlow Lite Micro

Keras

PyTorch

Caffe

uTensor

Tiny YOLO v3

fashion mnist

cAInvas

deepSea

Edge Impulse

Pre-trained TensorFlow.js models

TensorFlow Lite Examples

Pre-trained Pytorch Models

Pre-trained Keras Models

Pre-trained Caffe Models

ESP32-CAM Machine Learning/Vision Tutorials

Image Recognition with ESP32 and Arduino

How to Run Inference on an ESP32-Cam Using Edge Impulse

TensorFlow Lite w/ Platform.io and the ESP32

Object detection with Tensorflow.js

How to set up the TensorFlow Lite environment for the ESP32

TinyML: Machine Learning on ESP32 w/ MicroPython

참고

보드 실제 구매 테스트

배달이 안되어서 2군데에서 주문을 했으나 똑같이 배달이 늦은 상태이다.

중국에서 구매하면 받을 때까지 거의 1개월 이상 걸린다.

https://bit.ly/3JdcH59

캠 구매 - 1만원 미만
ESP32-CAM-MB

https://bit.ly/36h5odW

안테나가 있는 버전

https://bit.ly/3CJfd0q

보드는 같으나 개발 환경 소스가 다르다.

https://bit.ly/3IjsHRS

ESP32-IDF 에서 사용한다.

보드 사양

ESP32-CAM-MB

Pin Description

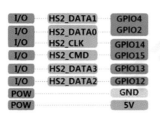

I/O	HS2_DATA1	GPIO4
I/O	HS2_DATA0	GPIO2
I/O	HS2_CLK	GPIO14
I/O	HS2_CMD	GPIO15
I/O	HS2_DATA3	GPIO13
I/O	HS2_DATA2	GPIO12
POW		GND
POW		5V

GND		POW
GPIO0	U0TXD	I/O
GPIO3	U0RXD	I/O
3.3V/5V		P_OUT
GND		POW
GPIO0	CSI_MCLK	I/O
GPIO16	U2RXD	I/O
3.3V		POW

CAM	ESO32	SD	ESP32
D0	PIN5	CLK	PIN14
D1	PIN18	CMD	PIN15
D2	PIN19	DATAO	PIN2
D3	PIN21	DATA/FLASH	PIN4
D4	PIN36	DATA2	PIN12
D5	PIN39	DATA3	PIN13
D6	PIN34		
D7	PIN35		
XCLK	PIN0		
PCLK	PIN22		
VSYNC	PIN25		
HREF	PIN23		
SDA	PIN26		
SCL	PIN27		
POWER PIN	PIN32		

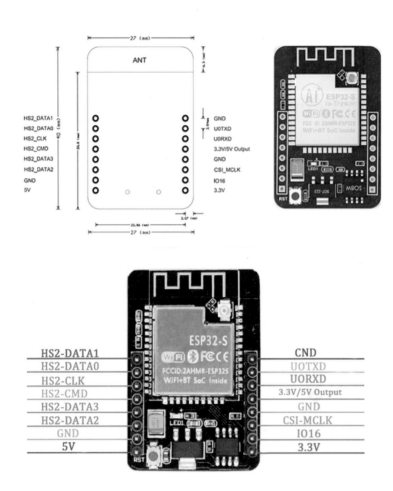

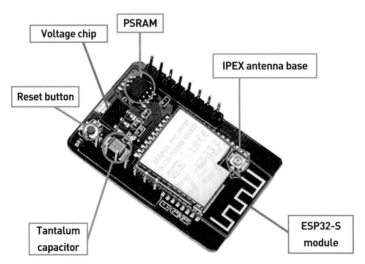

리셋 버튼의 위치를 확인한다. 이 리셋 버튼을 누르는 것이 가장 확실하다.

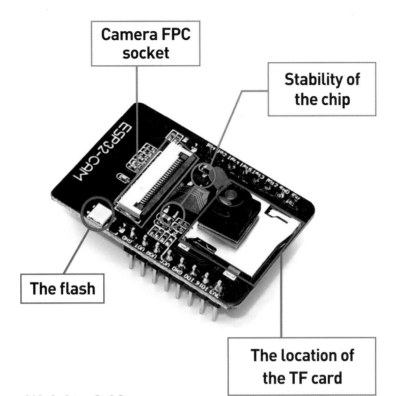

Camera FPC socket

Stability of the chip

The flash

The location of the TF card

Weight : 8.10g

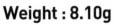

8.6mm

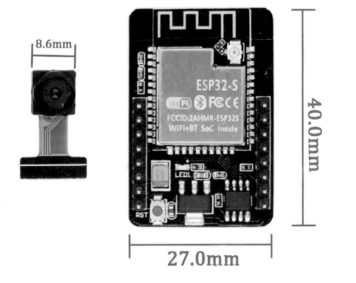

40.0mm

27.0mm

≫ 모듈 모델: ESP32-CAM

- 패키지 : DIP-16

- 크기 : 27*40.5*4.5 (± 0.2) mm

- SPI 플래시 : 기본 32Mbit

- RAM : 내부 520KB + 외부 8MB PSRAM

- 블루투스 : 블루투스 4.2 BR/EDR 및 BLE 기준

- 와이파이 : 802.11 b/g/n/e/i

- 지원 인터페이스 : UART, SPI, I2C, PWM

- 지원 TF 카드 : 최대 지원 4G

- IO 포트 : 9

- 직렬 포트 속도 : 기본 115200 bps

- 이미지 출력 형식 : JPEG (ov2640에서만 지원), BMP, 그레이 스케일

- 주파수 범위 : 2400 ~ 2483.5MHz

- 안테나 모양 : 온보드 PCB 안테나, 이득 2dBi

- 전송 전력 :

  802.11b: 17 ± 2 dBm (@ 11Mbps)

  802.11g: 14 ± 2 dBm (@ 54Mbps)

  802.11n: 13 ± 2 dBm (@ MCS7)

- 수신 감도 :

  CCK, 1 Mbps : −90dBm

  CCK, 11 Mbps : −85dBm

  6 Mbps (1/2 BPSK) : −88dBm

  54 Mbps (3/4 64−QAM) : −70dBm

  MCS7 (65 Mbps, 72.2 Mbps) : −67dBm

  보안 WPA/WPA2/WPA2−Enterprise/WPS

- 전력 공급 범위 : 4.75−5.25V

- 작동 온도 : −20 ℃ ~ 70 ℃

- 저장 환경 : −40 ℃ ~ 125 ℃, 〈90% RH

》보드 조립

3가지 형태로 오는데 이것을 조립해야 한다.

카메라를 카메라 FPC socket에 넣는다. → 소켓을 열고 넣는다. → 그 이후에 ESP32
-CAM-MB USB 보드에 카메라 모듈을 삽입한다.

》ESP32-CAM-MB 아두이노 개발 환경 설치

• 보드 변경

- 툴 → 보드 → ESP32 Arduino → "AI-THINKER"를 선택한다.
- 툴 → Partition Scheme → "Huge APP (3MB No OTA/1MB SPIFFS)"를 선택한다.

》실제 영상 테스트

PCB On Board Antenna로 할 경우 15m 정도 거리까지 가능하다. 그 이상 가면 끊김
현상이 나타나고 화면이 나오지 않는다. 서버에는 하나의 영상만 볼 수 있다.

4) 예제 소스 수정

- 파일 → 예제 → ESP32 → Camera → CameraWebServer에서 CameraWebServer.ino
  파일을 수정한다.

》반드시 주의 할 점

#define CAMERA_MODEL_AI_THINKER // Has PSRAM

를 선택한다. 대부분의 인터넷 예제를 보면 아래의 보드를 선택하라고 나온다.

> //#define CAMERA_MODEL_WROVER_KIT // Has PSRAM 를 선택하면,
>
> 에러 메시지
>
> E (889) camera: Camera probe failed with error 0x105(ESP_ERR_NOT_FOUND) Camera init
>
> failed with error 0x105

검색한 사이트

https://bit.ly/3tdLSla

카메라가 초기화되지 않는다는 에러 메시지가 나와 엄청 고생했다. 하드웨어 에러라고 생각하여 보드가 잘못되었다는 결론을 내렸다.

```
// Select camera model
//#define CAMERA_MODEL_WROVER_KIT // Has PSRAM
//#define CAMERA_MODEL_ESP_EYE // Has PSRAM
//#define CAMERA_MODEL_M5STACK_PSRAM // Has PSRAM
//#define CAMERA_MODEL_M5STACK_V2_PSRAM // M5Camera version B Has PSRAM
//#define CAMERA_MODEL_M5STACK_WIDE // Has PSRAM
//#define CAMERA_MODEL_M5STACK_ESP32CAM // No PSRAM
//#define CAMERA_MODEL_M5STACK_UNITCAM // No PSRAM
#define CAMERA_MODEL_AI_THINKER // Has PSRAM
//#define CAMERA_MODEL_TTGO_T_JOURNAL // No PSRAM
```

위와 같이 수정한다.

```
//연결할 무선공유기(AP)의 SSID와 password를 입력해줍니다.
const char* ssid = "*********";
const char* password = "*********";
```

업로드한다. 여기서 업로드가 잘 안되었다.

여러 가지를 해 본 결과, ESP32가 있는 보드의 리셋(Boot) 버튼과 USB 연결보드의 왼쪽 버튼(오른쪽에 있는 RST 버튼이 아니다.) 2개를 동시에 누른다. 일반적으로 리셋 버튼을 눌러서 다운로드 모드로 설정하여 업로드하라고 하는데, 그렇게는 되지 않는다. 이것 때문에 시간을 많이 썼다.

USB 연결보드(ESP32-CAM-MB)에 있는 100이라고 쓰인 버튼을 ESP32가 장착된 카메라 모듈에 있는 리셋 버튼과 함께 누른다.

그리고 시리얼 모니터에서 찾은 브라우저에 주소 '192.168.0.19'를 입력해서 들어가면 설정할 수 있는 화면과 영상이 스트리밍되는 화면이 나온다.

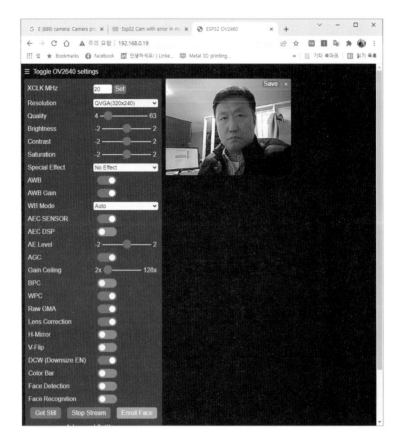

화면 사이즈를 선택하고 아래의 Start Stream을 선택해야 화면이 나온다. 참고로 카메라를 Fish-eys lens로 하면 좀 더 정밀하게 나온다. 구입 시에 필요에 따라 결정한다.

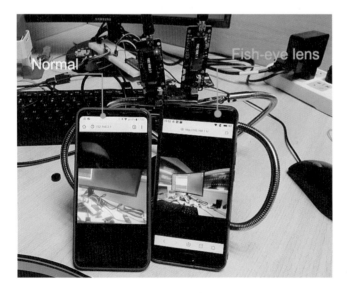

◀ 렌즈 별로 웹에서 화상을 보는 예

아래 2개는 릴리고사 제품이다. 이 제품에는 케이스 액세서리도 있다.

 T-journal 보드

https://bit.ly/3JeY54V

 릴리고®TTGO T-카메라
ESP32 WROVER

https://bit.ly/362oUer

일단 저가형을 구입해 테스트해 보고 케이스와 마이크, 움직임 감지 센서까지 있는 아래의 제품으로 응용하면 좋을 것 같다.

≫ ESP32-CAM 으로 실제 해볼 수 있는 예제

추가로 해볼 수 있는 예제이다.

Video Streaming, Face Detection and Face Recognition

ESP32 IP CAM - Video Streaming (Home Assistant and Node-RED)

Take Photo and Save to MicroSD Card

PIR Motion Detector with Photo Capture

Take Photo, Save to SPIFFS and Display in Web Server

ESP32-CAM Web Server with OpenCV.js: Color Detection and Tracking

 Build ESP32-CAM Projects (eBook)

https://bit.ly/3MXpOtd

 60가지 이상 ESP32-CAM Projects, Tutorials and Guides

https://bit.ly/3tTKdXm

6-3 오디오 장치 개발 - 아마존 알렉사 연결

　오디오 보드는 실제 개발을 해보려고 샀는데 개발 환경이 아두이노가 아니어서 추후에 사용하려고 한다. 아두이노 개발 환경에서 할 일이 거의 끝나서 한계를 느끼면 ESP32 개발사가 제공하는 개발 환경을 사용하려고 한다. 이 보드는 개발 환경이 ESP32-IDF에서 오디오 기능까지 포함하는 ADF이다. 여기서는 보드의 기능과 가능성에 대해서만 알아보고 더 심화된 내용은 추후에 나올 상급 과정에서 다루어 보고자 한다. 오디오 개발을 하려는 사람은 미리 따로 공부하기 바란다.

≫ 보드의 특징

　음성 인식 명령으로 consumer electronics, wearables, smart home, industrial automation에 응용할 수 있게 개발을 지원하는 보드이다. one-key Wi-Fi configuration, wake-up button, voice wake-up, voice recognition, cloud platform access, audio player가 가능하다. 알렉사나 DuerOS의 음성 인식과 연결할 수 있다. 앞에서 뒤에서 연결하는 방식은 디바이스 사용에 관한 방법이고, 이 보드로는 구글 스피커나 알렉스 스피커 같은 실제 음성을 인식하는 장치를 만들 수 있다. 또한, 블루투스로 여러 가지 음성을 받아서 앰프에 연결하거나 자체 앰프로 듣는 시스템과 음성 인식 기능을 개발할 수 있는 보드이다.

공식 사이트

https://bit.ly/3wbr4TJ

구매

https://bit.ly/3N4QLLQ

≫ 사용시 주의 사항

- USB 파워 케이블 - 전원만 들어가는 선
- USB 신호 케이블 - PC와 연결
- 2개가 연결되어야만 PC 에서 포트가 잡히고 사용 가능
- ESP32 보드는 Wrover Dev Module - B 또는 E 로 선정
- 아두이노에서는 사용 불가. ESP-IDF 와 ESP-ADF를 사용해야 개발 가능
- 아마존 음성 인식 및 오디오 개발 보드

• 3W 2 채널 Class D 앰프

도전하려면 시간이 많이 든다.

필요 요건 : ESP-IDF와 C언어에 능숙해야 한다.

》》개요

• ESP32-LyraT 오디오 개발 보드 Espressif ESP32 특히 오디오 애플리케이션

• 주로 오디오 코덱 칩

• ESP32-WROVER-B, E모듈로 구성

• 오디오 코덱 칩   • ADC 칩

• 마이크   • 오디오 출력

• 1x3 와트 스피커 출력

• MicroSD 카드 구멍 (1 선 형태)

• 여덟 키   • JTAG 및 UART 테스트 포인트

• 통합 USB-UART 브리지 칩 리튬 배터리 충전 관리

다음 그림은 ESP32-LyraT의 주요 구성 요소와 연결 방법을 보여준다.

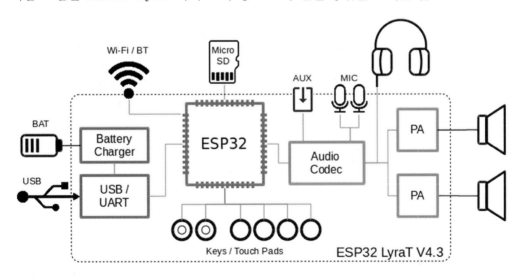

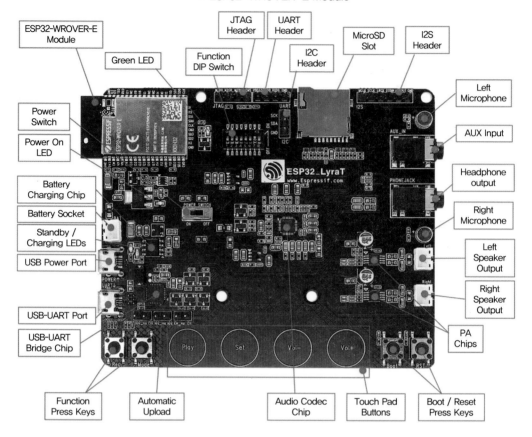

▼ ESP32−WROVER−E Module

≫ Espressif Audio Development Framework

오디오 개발 환경이다.

- 음악을 녹음하고 재생할 때 MP3, AAC, FLAC, WAV, OGG, OPUS, AMR, TS, EQ, Downmixer, Sonic, ALC, G.711 방식을 지원한다.
- 음악을 아래의 방식으로 받을 수 있다.
- HTTP, HLS (HTTP Live Streaming), SPIFFS, SDCARD, A2DP−Source, A2DP−Sink, HFP
- DLNA, VoIP 미디어 서비스를 지원한다.
- 인터넷 라디오를 사용할 수 있다.
- Alexa, DuerOS로 지원 가능한 음성 인식을 할 수 있다.

ESP−ADF가 지원하는 것이다.

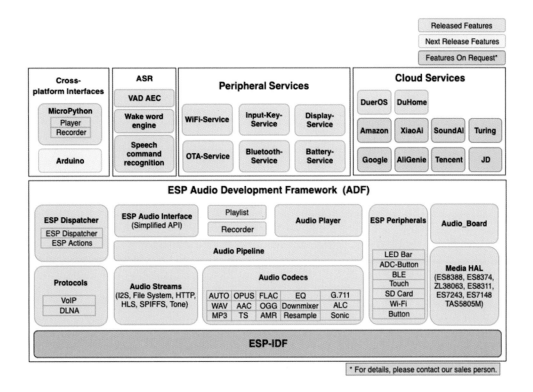

ESP-ADF로 개발이 가능한 보드

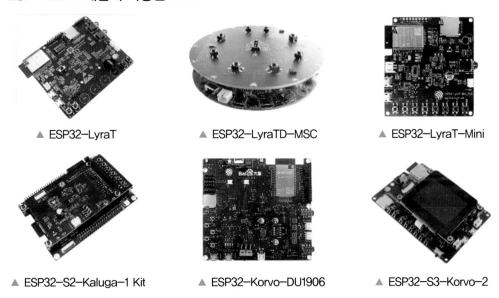

▲ ESP32-LyraT   ▲ ESP32-LyraTD-MSC   ▲ ESP32-LyraT-Mini

▲ ESP32-S2-Kaluga-1 Kit   ▲ ESP32-Korvo-DU1906   ▲ ESP32-S3-Korvo-2

위의 기능을 지원하는 프로그램을 사용한 예제가 많다.

제2부

PC와 연결하기

LESSON 7 PC와의 연결 (C# – TCP/IP)

LESSON 8 App, 웹과 연동하기

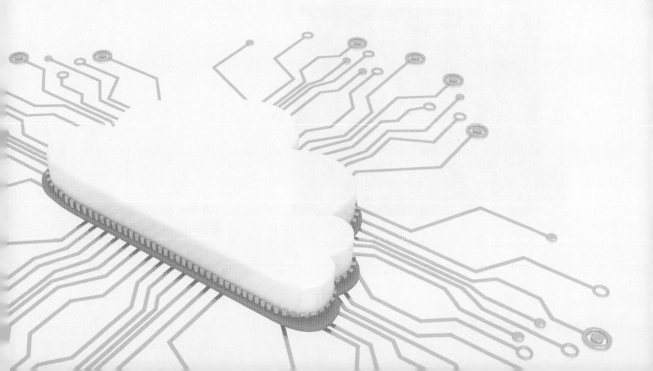

LESSON 07

PC와 연결하기 (C# – TCP/IP)

7-1 콘솔 프로그램 단방향 PC에서 ESP8266

7-1-1 ESP8266 개발 환경 세팅

▶▶ ESP 8266 소개

때로는 저가형 보드를 사용할 필요가 있기 때문에, ESP32보다 전에 나온 모델인 ESP8266에 대해 알아본다. ESP32에서 사용한 방식과 거의 비슷하다. 기능상 차이는 블루투스 기능이 빠진 것을 제외하고는 큰 차이는 없다. 핀(Pin)수가 조금 모자라고 속도가 조금 느리지만, 복잡한 응용을 하는 경우가 아니면 사용상 큰 문제는 없다. 간단히 쓰기에는 좋다. 여기서는 일반 아두이노 처럼 되어 있는 아두이노 우노 WIFI (ESP 8266) D1 R1 보드를 사용한다.

◀ 보드명 : 아두이노 우노 WIFI
(ESP 8266) D1 R1 보드

Wemos D1 보드는 아두이노 우노와 비슷한 형태로 사용하기 편하며, Wifi모듈이 내장되어 있어 Wifi를 사용해 쉽게 IoT프로젝트를 할 수 있다.

》》사양

- 11 디지털 IO 핀
- 1 아날로그 핀 (3.2V 최대 입력 전압)
- 마이트로 USB 연결
- 9–24V 전원
- 클럭 스피드 : 80/160MHz
- 플래시 메모리 : 4M 바이트
- 아두이노(Arduino) 호환

》Wemos D1 R1 보드 아두이노 개발 환경 설치

❶ 아두이노 최신 버전을 다운로드받아 설치한 후에 환경 설정을 한다.

❷ '추가적인 보드 매니저 URLs' 에 다음 주소를 넣는다.

– 환경설정에 보드의 url

http://arduino.esp8266.com/stable/package_esp8266com_index.json

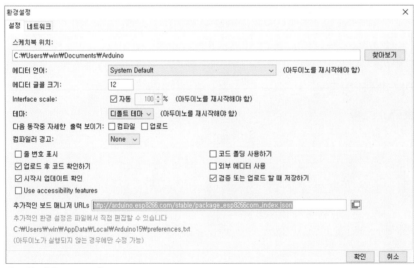

❸ 확인을 누른다.

❹ 아두이노 IDE에서 '툴' – '보드'– '보드매니저'로 들어간다. 'esp8266 by ESP8266
Community'를 설치한다.

주의
아두이노 IDE를 껐다 켜면 '툴'– '보드'에 Wemos 보드가 추가된다. 반드시 들어갔다가
나가야 한다.

이제 보드가 연결되어 프로그램을 내려받아 실행할 수 있는 환경이 세팅되었다. 간단한
프로그램으로 실제 프로그램이 업로드되고 제대로 동작하는지 테스트한다.

- 메뉴에서 '예제' – 'ESP8266' – 'blink'를 선택하여 실행해본다.
- 업로드 시 기존의 8비트 우노나 메가에 비해서는 시간이 오래 걸린다.
- Wifi는 ESP32처럼 Hello Server 프로그램을 실행본다.

결론
보드의 LED와 Wifi가 제대로 동작하는지 체크하여 실제 사용 가능한 환경을 만들었다.
사용하면 된다.

7-1-2 온도 습도(DHT11 센서) 제어 시스템(PC-ESP8266 통신)

▶▶ ESP8266 온도 습도 자동 제어 시스템 개발

ESP32를 구입하기 전에 이미 사용하던 시스템이고 DHT11 센서를 사용하는 예라서 여기서 설명한다. 이 시스템을 이용하여 윈도즈 C#과 연결한다. ESP32로 옮길 때에는 Wifi 헤더 파일만 바꾸면 된다. DHT11 센서 모듈을 이용하여 측정한 온·습도 값을 ESP8266 Wemos D1 보드를 이용하여 제어하는 프로그램이다. 제어 대상은 난로와 가습기이다. PC에서 C#언어를 사용하여 Wifi(TCP/IP) 명령으로 제어할 온도와 습도를 Wemos 보드에 전달한다.

▶▶ 소프트웨어 프로그램 구성

- 아두이노 부분
  - 자체 IP주소를 찾는 프로그램
  - 서버에 연결을 요청하는 프로그램
  - 데이터를 받는 부분
  - 데이터를 주는 부분
  - 데이터를 받아서 실행

    측정부 : 온도,습도, pH, 산소농도 등등

    제어부 : 모터를 제어하고 필요하면 릴레이를 사용하여 모터를 on off 시킬 수 있다.
- PC C# 부분
  - 본 자체 IP주소를 찾는 프로그램
  - 클라이언트에 연결 요청
  - 데이터를 주는 부분 – 제어 명령

▶▶ 하드웨어 연결

릴레이를 사용해서 가습기와 난로를 제어한다. 가습기는 전원이 꺼져도 꺼진 상태로 유지되어 다시 켰을 때 동작했다. 난로는 처음에는 샤오미 온풍기를 사용했으나, 전원을 다시 넣어도 켜지지 않아 구형 난로를 사용했다. 일반적으로 최신 제품은 전원을 다시 넣어도 다시 켜지지 않아서 유의해야 한다.

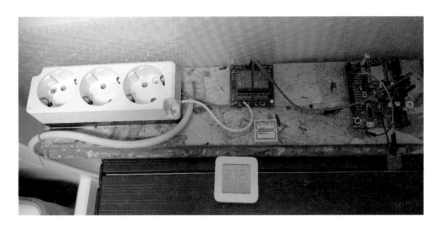

▲ 제어 시스템

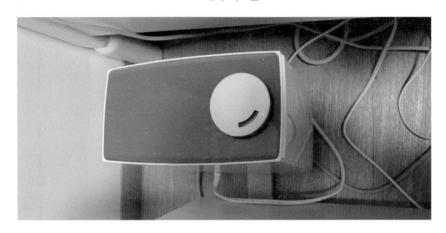

▲ 가습기

》 온습도 센서 소개 라이브러리 설치

DHT11은 온도와 습도를 측정하는 저가형 센서 중 가장 많이 쓰인다. 이 책의 DHT11
과 ESP32 부분에서는 정밀도가 높은 AHT 센서를 다루었다.

◀ 필자가 보요한 DHT11, 프로그램에서 사용

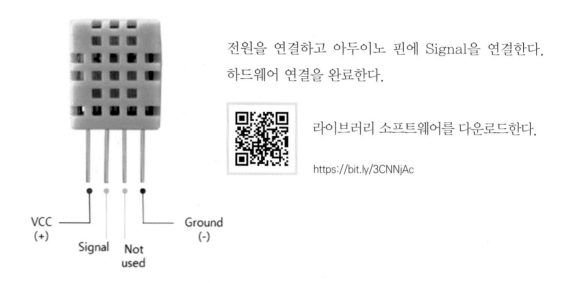

전원을 연결하고 아두이노 핀에 Signal을 연결한다.
하드웨어 연결을 완료한다.

라이브러리 소프트웨어를 다운로드한다.

https://bit.ly/3CNNjAc

VCC
(+)
Signal
Not
used
Ground
(-)

》》 스케치에 라이브러리 포함하기

.zip 라이브러리를 선택해 추가한다.

예제에 나온 간단한 프로그램을 돌려보면 다음과 같은 에러 메시지가 나온다. 독자 여러분이 에러 메시지 때문에 한참 헤멜 수도 있으므로 여기에 적어둔다.

》》 컴파일 에러 발생, 에러 메시지

아두이노:1.8.19 (Windows 10), 보드:"LOLIN(WeMos) D1 R1, 80 MHz, Flash, Disabled (new aborts on oom), Disabled, All SSL ciphers (most compatible), 32KB cache + 32KB IRAM (balanced), Use pgm_read macros for IRAM/PROGMEM, 4MB (FS:2MB OTA:~1019KB), v2 Lower Memory, Disabled, None, Only Sketch, 115200"

In file included from C:\Users\win\Documents\Arduino\libraries\DHT-sensor-library-master\DHT_U.cpp:15:

C:\Users\win\Documents\Arduino\libraries\DHT-sensor-library-master\DHT_U.h:36:10: fatal error: Adafruit_Sensor.h: No such file or directory

36 | #include ⟨Adafruit_Sensor.h⟩

| ^~~~~~~~~~~~~~~~~~

compilation terminated.

exit status 1

보드 LOLIN(WeMos) D1 R1 컴파일 에러.

좀 더 자세한 에러 메시지를 보려면 '파일' → '환경 설정'에 '컴파일 중 자세한 출력 보이기'를 활성화하면 된다.

》》 해결 방안

DHT-sensor-library.zip를 DHT.zip으로 이름을 바꾸어 라이브러리를 설치하면 컴파일된다.

》 습도 조절 방안

온도와 습도는 15도에서는 70%, 18~20도에서는 60%, 21~23도에서는 50%, 24도 이상에서는 40%가 적당하다. 밤에는 18~20도로 방 안 온도를 조절하면 숙면에 도움이 된다.

https://bit.ly/365fUVP

소스 코드 WeMOS2_web2.ino 파일

```
/*
    This sketch establishes a TCP connection to a "quote of the day" service.
    It sends a "hello" message, and then prints received data.
*/

#include <ESP8266WiFi.h>

#ifndef STASSID

#define STASSID2 "SO070VOIPE23E"
#define STAPSK2  "8D38BEE23D"

#endif

#include <WiFiUdp.h>
#include <WiFiServer.h>
#include <WiFiClientSecure.h>
#include <WiFiClient.h>

#include <ESP8266WiFiType.h>
#include <ESP8266WiFiSTA.h>
#include <ESP8266WiFiScan.h
```

```cpp
#include <ESP8266WiFiMulti.h>
#include <ESP8266WiFiGeneric.h>
#include <ESP8266WiFiAP.h>
#include <ESP8266WiFi.h>

#include <DHT.h>
// Uncomment one of the lines below for whatever DHT sensor type you're using!
#define DHTTYPE DHT11  // DHT 11
//#define DHTTYPE DHT21  // DHT 21 (AM2301)
//#define DHTTYPE DHT22  // DHT 22  (AM2302), AM2321

// DHT Sensor
const int DHTPin = D6;
// Initialize DHT sensor.
DHT dht(DHTPin, DHTTYPE);

// Temporary variables
static char celsiusTemp[7];
static char fahrenheitTemp[7];
static char humidityTemp[7];
const char* ssid     = STASSID2;
const char* password = STAPSK2;

WiFiServer SettingServer(800);
// Web Server on port 80
WiFiServer server(80);

struct SEED_DATA
{
```

```
    float Temperature;
    char* Temp;
    float Humidity;
};

struct MONITOR_DATA
{
    SEED_DATA BasicData;
    bool LEDLight;
};

// C#
SEED_DATA SetData;
MONITOR_DATA MonitorData;


int Relay = D8;
float post_h;


void setup() {
    pinMode(LED_BUILTIN, OUTPUT);    // Initialize the LED_BUILTIN pin as an output
    pinMode(Relay, OUTPUT);
    digitalWrite(LED_BUILTIN, LOW);  // Turn the LED on (Note that LOW is the voltage level
    digitalWrite(Relay, LOW);
    // but actually the LED is on; this is because
    // it is active low on the ESP-01)
    //delay(1000);                 // Wait for a second
    //digitalWrite(LED_BUILTIN, HIGH);  // Turn the LED off by making the voltage HIGH
    //delay(2000);
    Serial.begin(115200);
```

```
// We start by connecting to a WiFi network

Serial.println();
Serial.println();
Serial.print("Connecting to ");
Serial.println(ssid);

/* Explicitly set the ESP8266 to be a WiFi-client, otherwise, it by default,
   would try to act as both a client and an access-point and could cause
   network-issues with your other WiFi-devices on your WiFi-network. */
// WiFi.mode(WIFI_STA);
WiFi.begin(ssid, password);

while (WiFi.status() != WL_CONNECTED) {
  delay(500);
  Serial.print(".");
}

Serial.println("");
Serial.println("WiFi connected");
Serial.println("IP address: ");
Serial.println(WiFi.localIP());

//MonitorServer.begin();
SettingServer.begin();
server.begin();

static bool wait = false;
Serial.println("Monitor and Setting Server start...");
//IPAddress ip = WiFi.localIP();
MonitorData.BasicData.Temperature = 27.5;
```

```
    MonitorData.BasicData.Temp = "27.5";

    MonitorData.BasicData.Humidity = 50;

    SetData.Humidity = 50;

    SetData.Temperature = 23;

    MonitorData.LEDLight = true;



  }


 void loop() {

  String request;

  boolean blank_line = true;



  WiFiClient SettingClient = SettingServer.available();

  if (SettingClient)

  {

   while(!SettingClient.available())

   {

     delay(1);

   }


   request = SettingClient.readStringUntil('\r');

   SetData.Temperature = request.toFloat();

   request = SettingClient.readStringUntil('\r');

   SetData.Humidity = request.toFloat();

   request = SettingClient.readStringUntil('\r');

   int LEDLights = request.toInt();

   Serial.print("Temp: ");Serial.println(SetData.Temperature);

   Serial.print("Humidity: ");Serial.println(SetData.Humidity);

   Serial.print("LEDLight: ");Serial.println(LEDLights);
```

```
    if (LEDLights==1)
    {
      //delay(1000);              // Wait for a second
    digitalWrite(LED_BUILTIN, LOW);  // Turn the LED off by making the voltage HIGH
    //delay(2000);


      }
    }



    // Sensor readings may also be up to 2 seconds 'old' (its a very slow sensor)
        float h = 50;
        h = dht.readHumidity();
        // Read temperature as Celsius (the default)
        float t = dht.readTemperature();
        // Read temperature as Fahrenheit (isFahrenheit = true)
        float f = dht.readTemperature(true);
        // Check if any reads failed and exit early (to try again).
        if (isnan(h) || isnan(t) || isnan(f)) {
          Serial.println("Failed to read from DHT sensor!");
          strcpy(celsiusTemp,"Failed");
          strcpy(fahrenheitTemp, "Failed");
          strcpy(humidityTemp, "Failed");
        }
    // Computes temperature values in Celsius + Fahrenheit and Humidity
        float hic = dht.computeHeatIndex(t, h, false);
        dtostrf(hic, 6, 2, celsiusTemp);
        float hif = dht.computeHeatIndex(f, h);
        dtostrf(hif, 6, 2, fahrenheitTemp);
        dtostrf(h, 6, 2, humidityTemp);
```

```
// Temperature
    if (isnan(h) || isnan(t) || isnan(f))
     {
       Serial.println("No Control - Failed to read from DHT sensor!");
     }
    else {

       if ( t > SetData.Temperature )  // 0.5 Error bound
       {
       digitalWrite(Relay, LOW);
       digitalWrite(LED_BUILTIN, HIGH);
       delay(2000);
          }
       else {
       digitalWrite(Relay, HIGH);
       digitalWrite(LED_BUILTIN, LOW);  // Turn the LED off by making the voltage HIGH
        delay(2000);
       }
    }



    if (post_h != h ){
    Serial.print("Current Humidity: ");
    Serial.println(h);
    Serial.print("Set Humidity: ");Serial.println(SetData.Humidity);
     Serial.print("Current Temperature: ");
     Serial.println(t);
     Serial.print("Set Temeprature: ");Serial.println(SetData.Temperature);
     float post_h = h;
       }
```

```
// Listenning for new clients
WiFiClient client = server.available();

if (client) {
  Serial.println("New Web client");
  // bolean to locate when the http request ends
  boolean blank_line = true;
  while (client.connected()) {
   if (client.available()) {
    char c = client.read();

    if (c == '\n' && blank_line) {
      if (isnan(h) || isnan(t) || isnan(f)) {
        Serial.println("Failed to read from DHT sensor!");
        strcpy(celsiusTemp,"Failed");
        strcpy(fahrenheitTemp, "Failed");
        strcpy(humidityTemp, "Failed");
      }
      else{

      }
      client.println("HTTP/1.1 200 OK");
      client.println("Content-Type: text/html");
      client.println("Connection: close");
      client.println();
      // your actual web page that displays temperature and humidity
      client.println("<!DOCTYPE HTML>");
      client.println("<html>");
          client.println("<head></head><body><h1>ESP8266 - Temperature and Humidity</
h1><h3>Temperature in Celsius: ");
          client.println(celsiusTemp);
```

```
            client.println("*C</h3><h3>Temperature in Setting: ");
            client.println(SetData.Temperature);
            client.println("*C</h3><h3>Temperature in Fahrenheit: ");
            client.println(fahrenheitTemp);
            client.println("*F</h3><h3>Humidity: ");
            client.println(humidityTemp);
            client.println("%</h3><h3>");
            client.println("</body></html>");
            break;
          }
        if (c == '\n') {
         // when starts reading a new line
          blank_line = true;
        }
        else if (c != '\r') {
         // when finds a character on the current line
          blank_line = false;
        }
       }
      }
     }
    // closing the client connection

    delay(1);
    client.stop();
    Serial.println("Web Client disconnected.");
   }
          delay(10000); // dht sampling time


   }
```

시리얼 모니터에 실행 화면이 나온다.

여기서 얻은 IP주소를 PC 크롬에서 써서 연결한다.

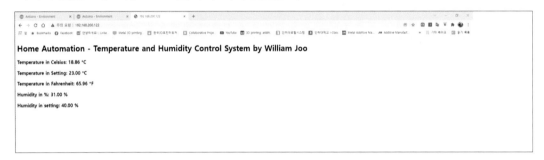

PC에서 세팅 값을 변경하면 바뀐 값이 표시되고 그에 따라 제어된다. 필요하면 Web 또는 App으로 프로그래밍 해서 스마트폰에서 제어할 수 있다.

>> PC 프로그램

C# 비주얼스튜디오 2012를 사용한다. 간단한 프로그램이라 버전에 상관 없이 동작한다. Wifi를 통해서 TCP/IP를 이용해 제어 데이터를 ESP32로 전달한다. 여기서 중요한 것은 ESP32가 TCP 서버이므로 연결하려는 주소를 정확하게 적어야 한다는 것이다. 본 프로그램은 솔루션 형태로 보관되고 Visual Studio C# 2012 버전이다. 솔루션 이름은 ConsoleApplication3이고 프로그램은 program.cs이다.

》》 프로그램 분석

```
TcpClient tcpClient = new TcpClient("192.168.200.122", 800);
// 192.168.200.122 의 800 번 서버를 정의한다.
        NetworkStream ns = tcpClient.GetStream();
        // 네트워크 스트림을 선언한다.
        using (StreamWriter sw = new StreamWriter(ns))
        // 네트워크 스트림의 StreamWriter sw 를 선언하고, 여기에
            필요한 데이터를 쓴다.
```

```
sw.WriteLine("21.0");
            sw.WriteLine("32");
        sw.WriteLine("1");
```

순서대로 온도 데이터 21.0 습도 데이터 32 LED 데이터 1 을
보낸다. 여기에 필요한 데이터를 하나씩 보낸다.

```
//TcpClient tcpClient = new TcpClient("192.168.0.23", 900);
        TcpClient tcpClient = new TcpClient("192.168.200.122", 800);
        //TcpClient tcpClient = new TcpClient("172.16.36.203", 800);
```

C# 프로그램 :ConsoleApplications3

```
namespace ConsoleApplication2
{
    class Program
    {

        // C#
        //SEED_DATA SetData;
        //MONITOR_DATA MonitorData;
```

```csharp
static void Main(string[] args)
{


    // 데이터 전송
    //TcpClient tcpClient = new TcpClient("192.168.0.23", 900);
    TcpClient tcpClient = new TcpClient("192.168.200.122", 800);
    //TcpClient tcpClient = new TcpClient("172.16.36.203", 800);
    NetworkStream ns = tcpClient.GetStream();
    using (StreamWriter sw = new StreamWriter(ns))
    {
        sw.AutoFlush = true;
        sw.WriteLine("21.0");
        sw.WriteLine("32");
        sw.WriteLine("1");
    }
    ns.Close();
    tcpClient.Close();


    }


  }


}
```

>> 추후 변경 사항

연결과 실행이 잘 되어, 필자가 현재 방에서 사용하고 있다. 문제점은 릴레이가 동작할 때 나는 따깍 따깍 소리가 시끄럽다는 건데, 새로 구입한 SCR(전자식 릴레이)을 사용해서 소음이 안 나게 할 예정이다. 구입해서 설치만 하면 된다. 단, 전자식은 직류와 교류가 있어서 구입 시에 유의해야 한다.

7-2 콘솔 프로그램 양방향

》》 개발 환경

이번 프로그램은 앞의 단방향 통신을 양방향으로 한 것이다. PC에서 보내는 것을 추가한다.

》》 프로그램명

- PC C# : Consoleapplication8

    VS 2012 버전 사용

    노트북 사용

- ESP32 : SimpleWifiServer_PC_Monitorok

    ESP32 Dev kit 사용

》》 ESP32와 통신

- ESP32 주소 : 192.168.200.113   monitor 서버 포트 : 900

    Setting 서버 포트 : 800   모든 서버는 ESP32 에 있는 경우

- PC 주소 : 192.168.200.184

    PC Client가 2개 있는데, 접속 방식을 다르게 하였다.

    프로그램의 위의 클라이언트에서는 ESP32에서 데이터를 받고,

    아래의 클라이언트에서는 ESP32에 데이터를 보낸다.

제 1 접속 방식 : 일반적인 방법

```
string bindIP = "192.168.200.184";
    int bindPort = 900;
    string serverIp = "192.168.200.113";
    const int serverPort = 900;


IPEndPoint clientAddress = new IPEndPoint(IPAddress.Parse(bindIP), bindPort);

IPEndPoint serverAddress = new IPEndPoint(IPAddress.Parse(serverIp), serverPort);
```

```
Console.WriteLine("클라이언트: {0}, 서버: {1}", clientAddress.ToString(),serverAddress.
ToString());
    Console.Read();
    TcpClient client = new TcpClient(clientAddress);


    client.Connect(serverAddress);
```

여기서 접속 방식이 TCP/IP client 생성은 clientAddress로 연결하려는 서버는 client.Connect로 서버 주소를 주어 연결한다.

제 2 접속 방식

```
TcpClient tcpClient = new TcpClient("192.168.200.113", 800); //setting server ok
```

PC에서 데이터를 ESP32로 보내는 클라이언트이다. 서버 주소로 바로 TcpClient를 선언한다. 각각의 방식에서 데이터 송수신을 시도했으나, PC 등 여러 가지 환경에서 데이터 송수신이 안되어 부득이 이렇게 실행하였다. 서버 당 송신과 수신 중 한 가지만 진행되었다. ESP32 TCP/IP 라이브러리의 문제인지 체크 중이다.

현재
TCP/IP setting 서버는 ESP32에 있고, PC에서 ESP32로 데이터를 보낸다.
TCP/IP Monitor 서버는 ESP32에 있고, ESP32 -> PC로 데이터를 보낸다.
VS 2012 버전으로 C#을 사용한다.

웹 서버(Web server)로 LED를 on off도 한다.
WiFiServer server(80); 으로 웹 서버를 오픈해서, 내장 LED를 on off한다.

```
/*

WiFi Web Server LED Blink

A simple web server that lets you blink an LED via the web.
This sketch will print the IP address of your WiFi Shield (once connected)
to the Serial monitor. From there, you can open that address in a web browser
to turn on and off the LED on pin 5.

If the IP address of your shield is yourAddress:
http://yourAddress/H turns the LED on
http://yourAddress/L turns it off

This example is written for a network using WPA encryption. For
WEP or WPA, change the Wifi.begin() call accordingly.

Circuit:
* WiFi shield attached
* LED attached to pin 5

created for arduino 25 Nov 2012
by Tom Igoe

ported for sparkfun esp32
31.01.2017 by Jan Hendrik Berlin

*/


#include <WiFi.h>
//const char* ssid     = "iptime9";
//const char* password = "**********";
```

```
const char* ssid    = "SO070VOIPE23E";
const char* password = "8D38BEE23D";

WiFiServer server(80);

WiFiServer SettingServer(800);
WiFiServer MonitorServer(900);

struct SEED_DATA
{
  float Temperature;
  char* Temp;
  float Humidity;
};

struct MONITOR_DATA
{
  SEED_DATA BasicData;
  bool LEDLight;
};

// C#
SEED_DATA SetData;
MONITOR_DATA MonitorData;

int LED_BUILTIN=2;

void setup()
{
  Serial.begin(115200);
  pinMode(2, OUTPUT);    // set the LED pin mode
```

```
  delay(10);

  // We start by connecting to a WiFi network

  Serial.println();
  Serial.println();
  Serial.print("Connecting to ");
  Serial.println(ssid);

  WiFi.begin(ssid, password);

  while (WiFi.status() != WL_CONNECTED) {
    delay(500);
    Serial.print(".");
  }

  Serial.println("");
  Serial.println("WiFi connected.");
  Serial.println("IP address: ");
  Serial.println(WiFi.localIP());

  SettingServer.begin();
  MonitorServer.begin();
  server.begin();


  MonitorData.BasicData.Temperature = 27.5;
  MonitorData.BasicData.Temp = "27.5";
  MonitorData.BasicData.Humidity = 50;
  SetData.Humidity = 50;
  SetData.Temperature = 21;
```

```
    MonitorData.LEDLight = true;


}


int value = 0;


void loop(){


String request;
  boolean blank_line = true;



  //Serial.print("connecting to ");
  //Serial.print(host);
  //Serial.print(':');
  // Serial.println(port);



WiFiClient SettingClient = SettingServer.available();
  if (SettingClient)
  {



    while(!SettingClient.available())
    {
      delay(1);
    }


    request = SettingClient.readStringUntil('\r');
    SetData.Temperature = request.toFloat();
```

```
        request = SettingClient.readStringUntil('\r');
        SetData.Humidity = request.toFloat();
        request = SettingClient.readStringUntil('\r');
        int LEDLights = request.toInt();
        Serial.println("Setting Server Received the data from PC");
        Serial.print("Temp: ");Serial.println(SetData.Temperature);
        Serial.print("Humidity: ");Serial.println(SetData.Humidity);
        Serial.print("LEDLight: ");Serial.println(LEDLights);



        if (LEDLights==1)
        {
          //delay(1000);            // Wait for a second
          digitalWrite(LED_BUILTIN, HIGH);  // Turn the LED off by making the voltage HIGH
          //delay(2000);

        }
        if (LEDLights==0)
        {
          //delay(1000);            // Wait for a second
          digitalWrite(LED_BUILTIN, LOW);  // Turn the LED off by making the voltage HIGH
          //delay(2000);

        }
      }



    WiFiClient MonitorClient = MonitorServer.available();

    if (MonitorClient)
    {
```

```
while(!MonitorClient.available())
{
  delay(1);
}

Serial.println("New client monitor");

  MonitorClient.println("From ESP32 33.60");
  MonitorClient.println(MonitorData.BasicData.Temperature);
  MonitorClient.println(MonitorData.BasicData.Temp);
  MonitorClient.println(MonitorData.BasicData.Humidity);
  MonitorClient.println(MonitorData.LEDLight ? 1:0);
  //Serial.println(MonitorData.BasicData.Temperature);
  Serial.println("sent data");

  Serial.println("MonitorServer read data");
  request = SettingClient.readStringUntil('\r');
SetData.Temperature = request.toFloat();
request = SettingClient.readStringUntil('\r');
SetData.Humidity = request.toFloat();
request = SettingClient.readStringUntil('\r');
int LEDLights = request.toInt();
Serial.println("Received the data from PC");
Serial.print("Temp: ");Serial.println(SetData.Temperature);
Serial.print("Humidity: ");Serial.println(SetData.Humidity);
Serial.print("LEDLight: ");Serial.println(LEDLights);

  Serial.print("Temp: ");Serial.println(request);

/*
        byte[] data;
```

```
        data= new byte[256];

        string responseData = "";

        int bytes = MonitorClient.readString(data, 0, data.Length);
        //int bytes = stream.Read(data, 0, data.Length);
        //responseData = Encoding.Default.GetString(data, 0, bytes);
        Serial.println("수신: {0}", responseData);
*/


    }



WiFiClient client = server.available();   // listen for incoming clients

if (client) {                  // if you get a client,
  Serial.println("New Client.-Web Server");      // print a message out the serial port
  String currentLine = "";            // make a String to hold incoming data from the client
  while (client.connected()) {          // loop while the client's connected
    if (client.available()) {        // if there's bytes to read from the client,
      char c = client.read();          // read a byte, then
      Serial.write(c);              // print it out the serial monitor
      if (c == '\n') {            // if the byte is a newline character

      // if the current line is blank, you got two newline characters in a row.
      // that's the end of the client HTTP request, so send a response:
      if (currentLine.length() == 0) {
        // HTTP headers always start with a response code (e.g. HTTP/1.1 200 OK)
        // and a content-type so the client knows what's coming, then a blank line:
        client.println("HTTP/1.1 200 OK");
        client.println("Content-type:text/html");
```

```
      client.println();

      // the content of the HTTP response follows the header:
      client.print("Click <a href=\"/H\">here</a> to turn the LED on the board pin 2 on.<br>");
      client.print("Click <a href=\"/L\">here</a> to turn the LED on the board pin 2 off.<br>");

      // The HTTP response ends with another blank line:
      client.println();
      // break out of the while loop:
      break;
    } else {   // if you got a newline, then clear currentLine:
      currentLine = "";
    }
  } else if (c != '\r') { // if you got anything else but a carriage return character,
    currentLine += c;     // add it to the end of the currentLine


  }

// Check to see if the client request was "GET /H" or "GET /L":
if (currentLine.endsWith("GET /H")) {
  digitalWrite(2, HIGH);          // GET /H turns the LED on
  Serial.println("the LED on");


}
if (currentLine.endsWith("GET /L")) {
  digitalWrite(2, LOW);          // GET /L turns the LED off
  Serial.println("the LED off");
}
```

```
      }
    }
    // close the connection:
    client.stop();
    Serial.println("Client Disconnected.");
  }
}
```

❶ 먼저 ESP32에 위의 프로그램을 업로드한다.

❷ 먼저 시리얼 모니터를 연다.

Connecting to SO070VOIPE23E

.....

WiFi connected.

IP address:

192.168.200.113

❸ 대기한다.

❹ PC로 돌아와서 C# 프로그램을 실행한다.

❺ 여기서 콘솔 프로그램을 실행한다.

❻ ESP32로부터 데이터를 수신한다. From ESP32 33.60을 수신한 것이다.

MonitorClient.println("From ESP32 33.60");   ESP32가 보낸 데이터다.

콘솔 프로그램

```csharp
using System;
using System.Collections.Generic;
using System.Linq;
using System.Text;
using System.Threading.Tasks;
using System.Net;
using System.Net.Sockets;
using System.IO;


//namespace EchoClient
namespace ConsoleApplication7
{
    class Program
    {
        static void Main(string[] args)
        {
string bindIP = "192.168.200.184";
            int bindPort = 900;
            string serverIp = "192.168.200.113";
            const int serverPort = 900;

            try
            {
                IPEndPoint clientAddress = new IPEndPoint(IPAddress.Parse(bindIP), bindPort);
                IPEndPoint serverAddress = new IPEndPoint(IPAddress.Parse(serverIp), serverPort);
                Console.WriteLine("클라이언트: {0}, 서버: {1}", clientAddress.ToString(), serverAddress.
ToString());
                Console.Read();
                TcpClient client = new TcpClient(clientAddress);
```

```csharp
        client.Connect(serverAddress);

        // 데이터 송신부 – 여기서는 사용하지 않는다.
        byte[] data = Encoding.Default.GetBytes(message);

        NetworkStream stream = client.GetStream();

        stream.Write(data, 0, data.Length);


        // 데이터 수신 부
        data = new byte[256];

        string responseData = "";

            int bytes = stream.Read(data, 0, data.Length);
        responseData = Encoding.Default.GetString(data, 0, bytes);
        Console.WriteLine("수신: {0}", responseData);
        Console.Read();

        stream.Close();
        client.Close();

    }


    catch (SocketException e)
    {
        Console.WriteLine(e);
    }
```

```
// 데이터 전송
//TcpClient tcpClient = new TcpClient("192.168.0.23", 900);
// TcpClient tcpClient = new TcpClient("192.168.0.25", 800);
TcpClient tcpClient = new TcpClient("192.168.200.113", 800); //setting server ok
//TcpClient tcpClient = new TcpClient("192.168.200.113", 900);  // MonitorServer 데이터
가 제대로 안 옴
NetworkStream nsr = tcpClient.GetStream();
using (StreamWriter sw = new StreamWriter(nsr))
{
    sw.AutoFlush = true;
    sw.WriteLine("27.0");
    sw.WriteLine("35");
    sw.WriteLine("0");
}
nsr.Close();
tcpClient.Close();

Console.WriteLine("클라이언트를 종료합니다.");
Console.Read();
    }
  }
}
```

≫ PC 프로그램 실행 후 시리얼 모니터

옆에 // 표시로 한글로 쓴 것은 해설이다. 빨간 것은 시리얼 모니터에 출력이 된 것이다.

New client monitor　　　　　// MonitorServer 프로그램이 떠서, 데이터를 보내고

sent data　　　　　　//

　　　　　　　　　　MonitorClient.println("From ESP32 33.60"); 보내지고

PC 화면

Console.WriteLine("수신: {0}", responseData);

From ESP32 33.60 출력 된다

read data　　　　　　// 아직 제대로 동작을 하지 않아,

Temp:　　　　　　　// 받은 데이터를 제대로 출력하지 못 한다.

Received the data from PC　　　　// settingserver 에서 PC에서 보낸 데이터를 받는다.

 sw.WriteLine("21.0");

　　　　　　sw.WriteLine("32");

　　　　　　sw.WriteLine("1");

　　　　　아래 받은 데이터가 출력된다.

Temp: 21.00

Humidity: 32.00

LEDLight: 1　　　　　　// LED 가 켜진다. 0 으로 보내면 LED가 꺼진다.

현재 세팅 서버는 PC –〉 ESP32

　　　모니터 서버는 ESP32 –〉 PC

통신이 단방향으로만 된다. 포트 당 양방향 통신이 되지는 않는다. 데이터를 받지 못한다. 현재는 포트 당 한 방향 통신만 해야 데이터 값이 제대로 나온다.

VS 2012 버전으로 C#을 사용한다.

7-3 윈도즈 폼 프로그램 단방향

>> ESP32에서 PC로 데이터 전송

ESP32 : TCP/IP Clinet   hello from ESP32 데이터를 전송하고

PC : TCP/IP Server 데이터를 받는다.

Wifi 하드웨어에 따라 연결이 잘되기도 하고 안되기도 하여 많은 시간을 소모했다. 연결이 안되는 것은 하드웨어의 호환성 문제이니 다른 PC나 다른 Wifi 하드웨어를 사용해 본다. ESP32는 MCU여서 최신형 제품과는 호환이 잘 안되는 듯 하다. Dell PC 자체 내장 wifi는 잘 된다.

```
public IPAddress ServerIP = IPAddress.Parse("192.168.0.16");
public int ServerPort = 3000;
```

>> 시리얼 모니터 화면

```
Wait for WiFi...
WiFi connected
IP address:
192.168.0.22
connecting to 192.168.0.16:3000
receiving from remote server

closing connection
wait 5 sec...
connecting to 192.168.0.16:3000
receiving from remote server

closing connection
wait 5 sec...
connecting to 192.168.0.16:3000
receiving from remote server
```

일반 PC + Wifi adaptor는 도저히 연결이 안된다. 계속 에러가 나서 포기했다.

```
public IPAddress ServerIP = IPAddress.Parse("192.168.0.21");
public int ServerPort = 3000;
```

》》시리얼 모니터 화면

```
Wait for WiFi...
WiFi connected
IP address:
192.168.0.22
connecting to 192.168.0.21:3000
connection failed
wait 5 sec...
connecting to 192.168.0.21:3000
connection failed
wait 5 sec...
connecting to 192.168.0.21:3000
connection failed
wait 5 sec...
connecting to 192.168.0.21:3000
connection failed
```

아두이노 Wifi 프로그램 Wificlientbasic_esp32

```
TCP/IP 서버 프로그램이 위치한 주소
//const char* host = "192.168.0.21";
const char* host = "192.168.0.16";
const uint16_t port = 3000;
```

데이터 전송 부분:
```
// This will send the request to the server
  client.println("hello from ESP32");
```

```
/*
    This sketch sends a string to a TCP server, and prints a one-line response.

    You must run a TCP server in your local network.

    For example, on Linux you can use this command: nc -v -l 3000
*/

#include <WiFi.h>
#include <WiFiMulti.h>

#ifndef STASSID
#define STASSID "iptime9"
#define STAPSK  "**********"
#endif

const char* ssid     = STASSID;
const char* password = STAPSK;

//const char* host = "192.168.0.21";
const char* host = "192.168.0.16";
const uint16_t port = 3000;

WiFiMulti WiFiMulti;

void setup() {
  Serial.begin(115200);

  // We start by connecting to a WiFi network
  WiFi.mode(WIFI_STA);
  WiFiMulti.addAP(ssid, password);

  Serial.println();
  Serial.println();
```

```
  Serial.print("Wait for WiFi... ");

  while (WiFiMulti.run() != WL_CONNECTED) {
    Serial.print(".");
    delay(500);
  }

  Serial.println("");
  Serial.println("WiFi connected");
  Serial.println("IP address: ");
  Serial.println(WiFi.localIP());

  delay(500);
}


void loop() {
  Serial.print("connecting to ");
  Serial.print(host);
  Serial.print(':');
  Serial.println(port);

  // Use WiFiClient class to create TCP connections
  WiFiClient client;

  if (!client.connect(host, port)) {
    Serial.println("connection failed");
    Serial.println("wait 5 sec...");
    delay(5000);
    return;
  }
```

```
// This will send the request to the server
client.println("hello from ESP32");


//read back one line from server
Serial.println("receiving from remote server");
String line = client.readStringUntil('\r');
Serial.println(line);


Serial.println("closing connection");
client.stop();


Serial.println("wait 5 sec...");
delay(5000);
}
```

>> C# 프로그램

```
public IPAddress ServerIP = IPAddress.Parse("192.168.0.16");
```

현재 PC의 IP 주소는 프로그램을 돌려보면 화면에 나온다. TCP/IP 서버가 PC에 있으므로 이 IP 주소를 프로그램에 적어주고, 이 주소를 아두이노 TCP/IP 클라이언트 프로그램에 정확하게 입력해야 한다.

```csharp
using System;

using System.Collections.Generic;

using System.Linq;

using System.Text;

using System.Threading.Tasks;

using System.IO;

using System.Net;

using System.Net.Sockets;

using System.Threading;


namespace ArduinoCServer
{
    class cServerClass
    {
        public event MessageEventHandler Message;

        public delegate void MessageEventHandler(cServerClass sender, string Data);

        //Server Control
        // public IPAddress ServerIP = IPAddress.Parse("192.168.200.184");
        //  public IPAddress ServerIP = IPAddress.Parse("172.16.37.53");
        //  public IPAddress ServerIP = IPAddress.Parse("192.168.0.21");
        public IPAddress ServerIP = IPAddress.Parse("192.168.0.16");
        public int ServerPort = 3000;
        public TcpListener myserver;

        public Thread Comthread;
        public bool IsLiserning = true;

        //Clients
        private TcpClient client;
```

```csharp
private StreamReader clientdata;
// Server data
// joo
// private StreamWriter serverCdata;
string joo = "Joo Data";


public cServerClass()
{
    myserver = new TcpListener(ServerIP, ServerPort);
    myserver.Start();


    Comthread = new Thread(new ThreadStart(Hearing));
    Comthread.Start();


}


private void Hearing()
{
    while (!IsLiserning == false)
    {
        if (myserver.Pending() ==true)
        {
            client = myserver.AcceptTcpClient();
            clientdata = new StreamReader(client.GetStream());
            //client.
            // serverCdata = new StreamWriter(client.GetStream());


        }


        try
        {
```

```
            Message.Invoke(this, clientdata.ReadLine());
        // string joo = "Joo Data";
        // Message.Invoke(this, serverCdata.WriteLine());
    }
    catch (Exception ex)
    {

    }
    Thread.Sleep(10);


            }
        }


        }
    }
```

LESSON 08

App, 웹과 연동하기

8-1 안드로이드 앱 연동 프로그램 개발 - 앱 인벤터

앱(App) 프로그램을 처음 만들려면 앱 제작 툴이 필요하다. 가장 쓰기가 쉬운 MIT 대학에서 만든 앱 인벤터를 사용한다. 이 개발 툴은 스마트폰 중에서 안드로이드폰만 지원한다. 아이폰(Apple 사)은 지원하지 않는다.

앱 인벤터는 구글이 제작했고 현재는 MIT가 관리하는 오픈소스 앱 개발 툴이다. 구글 계정이 필요하고 크롬에서만 동작한다. 인터넷 익스플로러에서 접속하면 구동되지 않는다. 아두이노의 스크래치와 매우 비슷한 그래픽 인터페이스를 사용하므로 사용자가 코드 블럭을 끌어당기거나 붙여서 안드로이드 장치에서 실행할 응용 프로그램을 만들 수 있다. 앱 인벤터는 2010년 12월 15일에 공식 출시되었다. 2011년 후반기에 구글은 소스 코드를 공개하고 서버를 종료하였으나, 앱 인벤터 제작자에 의해 MIT로 넘어갔다. MIT 버전은 2012년 3월에 출시했고, 앱 인벤터 2는 2013년 12월 6일에 출시했다. 앱 인벤터의 프로젝트를 소스 코드는 *.aia 형식의 파일로 되어 있다.

개발 및 사용은 웹에서 가능하고 스마트폰으로 앱을 옮겨 실행하려면 QR 코드로 Wifi로 접속하여 설치한다.

》》 실내 온도 조절기에 스마트폰 App 조절하기

원래는 가습기를 릴레이에 연결해야 하는데 번거로워서 내장 LED를 켜는 것으로 한다. 스마트폰 앱은 MIT 대학의 앱 인벤터로 개발한다. 앱 인벤터는 따로 시간을 내서 배워야 한다. 그래픽으로 연결하여 개발하므로 1~2 시간이면 할 수 있다. 여기서는 기본 예제에 대해서만 다루고 소스는 제공한다.

- 아두이노 파일 : webinventerconnection.ino
- 스마트폰 App 소스 파일 : humidityTEMPwebESP32.aia

≫ Wifi를 이용해서 스마트폰 앱을 제어하는 프로그램 개발 / 앱 인벤터로 앱 개발

앱 인벤터를 사용하려면 구글 ID가 있어야 하고 등록을 해야한다. 여러분이 사이트에 가서 미리 등록하기 바란다. 설치할 필요는 없고 웹에서 계정을 등록하고 사용하면 된다.

사용법은 개발된 프로그램을 여러분이 조금씩 수정하면서 금방 배울 수 있다. 여기서는 따로 설명하지 않는다. 각자 인터넷이나 책으로 배우기 바란다. 이것까지 다루면 책의 분량이 너무 많아지므로 여러분이 각자 공부하기 바란다.

 ❶ 앱인벤터 사이트이다. Web에서 실행을 하는 프로그램이다. 여러분의 계정을 등록해서 아래의 프로그램을 읽어서 실행한다.
https://bit.ly/3IhWRVv

❷ ESP32는 DEV 보드를 사용한다. 스마트폰은 삼성 스마트폰을 사용한다.

App inventor 파일 이름 : HumidityWebESP32_LED.aia

❸ 프로젝트 메뉴에서 선택한 프로젝트를 내 컴퓨터로 내보내기 해서 다운로드 받는다. 이 파일을 제공한다. 이 파일을 읽으려면 여러분은 예제 프로그램을 모아둔 디렉토리에서 내 컴퓨터에서 프로젝트 가져오기를 실행한다.

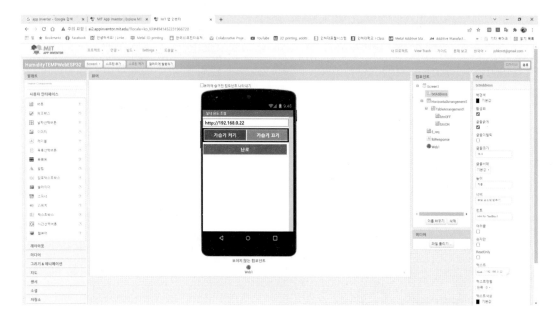

❹ 실행 파일은 스마트폰으로 다운받는다.

❺ 빌드에서 안드로이드 앱을 선택한다.

❻ 빌드가 진행되고 다음과 같은 화면이 나온다.

❼ 카메라로 QR코드를 촬영하면 App이 다운로드된다.

❽ 무시하고 다운로드한다.

❾ 연다.

⑩ 설치가 시작된다.　　　　　⑪ 설치되었으니 실행한다.

Webinventerconnection 프로그램 : ESP32

```
#include ⟨WiFi.h⟩

const char* ssid = "iptime9";
const char* password = "**********";
//const char* ssid = "SO070VOIPE23E";
//const char* password = "8D38BEE23D";

 int ledPin = 2;

 WiFiServer server(80);
 void setup() {
  Serial.begin(115200);
  delay(10);
```

```
  // prepare GPIO2
  pinMode(ledPin, OUTPUT);
  digitalWrite(ledPin, LOW);

  // Connect to WiFi network
  Serial.println();
  Serial.println();
  Serial.print("Connecting to ");
  Serial.println(ssid);

  WiFi.begin(ssid, password);

  while (WiFi.status() != WL_CONNECTED) {
    delay(500);
    Serial.print(".");
  }
  Serial.println("");
  Serial.println("WiFi connected");

  // Start the server
  server.begin();
  Serial.println("Server started");
  // Print the IP address
  Serial.println(WiFi.localIP());
}
void loop() {
  // Check if a client has connected
  WiFiClient client = server.available();
  if (!client) {
    return;
  }
}
```

```
    // Wait until the client sends some data
    Serial.println("new client");
    while(!client.available()){
      delay(1);
    }

    // Read the first line of the request
    String req = client.readStringUntil('\r');
    Serial.print("Request : ");
    Serial.println(req);
    client.flush();

    // Match the request
     int val;
  if (req.indexOf("/gpio/0") != -1)
  {
      val = 0;
      digitalWrite(ledPin, HIGH);
  }
    else if (req.indexOf("/gpio/1") != -1)
  {
    val = 1;
      digitalWrite(ledPin, LOW);
  }
    else {
      Serial.println("invalid request");
      client.stop();
      return;
    }
    delay(1);
    Serial.println("Client disonnected");
  }
```

⑫ 스마트폰 앱을 실행한다.

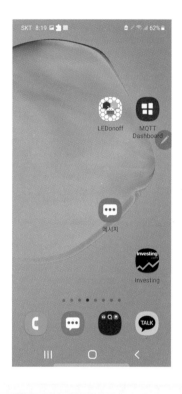

⑬ 버튼을 누르면 아래와 같은 응답이 시리얼 모니터에 나온다.

Connecting to iptime9

....

WiFi connected

Server started

192.168.0.22

new client

Request : GET /gpio/1 HTTP/1.1

HTTP/1.1 200 OK

Content-Type: text/html

Client disonnected

각 결과를 보고 /gpio/1이나 /gpio/0이 있는지 체크한다. 그래서 각 LED off를 누르면 내장 LED 2번이 꺼진다. off라고 나오고 on을 누르면 on이 되어 LED 불이 켜진다. 이것을 포트의 LED 대신 릴레이에 연결하면 릴레이가 켜지고 꺼진다.

8-2 NodeRed - Wifi Web(웹)으로 연동하는 개발도구

>> Node-Red 설치 및 사용

Node-Red는 스마트폰이나 PC에서 사용할 수 있는 웹을 손쉽게 개발하는 도구이다.
예쁜 그래픽 인터페이스 등을 아주 빨리 만들 수 있다.

Node-RED는 IBM사에서 만든 사물인터넷 개발을 위한 도구이다. 플로(FLOW)기반
의 언어로 센서, 서비스, 온라인 서비스를 블록과 선으로 연결하는 언어이다. 웹 브라우
저 기반 플로 편집기를 제공하고 자바스크립트 프로그램을 개발하는 데 사용한다. 프로
그램은 저장하여 재 사용이 가능하고, 실행은 Node.js 위에서 실행된다. Node-RED에
서 만든 플로는 JSON으로 저장된다. MQTT 프로토콜을 사용하며, 보안 기능도 사용이
가능하다. IoT 개발에는 주로 MQTT 프로토콜을 이용한다.

단점은 Node-Red 서버가 항상 켜져 있어야 하므로 PC 1대가 항상 켜져 있어야 한다
는 점이다. 또한 MQTT를 사용하므로 MQTT 브로커 서버가 항상 연결되어야 한다.
장점은 웹에서 그래프와 버튼 등을 쉽게 구현할 수 있어 시각적으로 우수한 인터페이
스를 할 수 있어, 만들 수 있다. 충분히 사용 가치가 있다.

설치
https://nodejs.org/en/

❶ nodejs 위에서 실행되므로 이것을 설치한다.

❷ 설치 이후에 윈도즈에서 CMD를 실행하여 아래의 것을 설치한다.

npm install -g --unsafe-perm node-red

npm install node-red-dashboard

node-red

를 치고 계속 설치 작업을 진행한다.

▲ 설치 화면

```
Microsoft Windows [Version 10.0.19042.985]
(c) Microsoft Corporation. All rights reserved.

C:\Users\winforsyschekde21>npm install -g --unsafe-perm node-red

added 299 packages, and audited 300 packages in 14s

31 packages are looking for funding
  run 'npm fund' for details

found 0 vulnerabilities
npm notice
npm notice New minor version of npm available! 8.3.1 -> 8.5.1
npm notice Changelog: https://github.com/npm/cli/releases/tag/v8.5.1
npm notice Run npm install -g npm@8.5.1 to update!
npm notice

C:\Users\winforsyschekde21>npm install node-red-dashboard

added 56 packages, and audited 57 packages in 5s

found 0 vulnerabilities

C:\Users\winforsyschekde21>node-red
21 Feb 10:13:50 - [info]

Welcome to Node-RED
===================

21 Feb 10:13:50 - [info] Node-RED version: v2.2.2
21 Feb 10:13:50 - [info] Node.js  version: v16.14.0
```

21 Feb 10:13:50 - [info] Windows_NT 10.0.19042 x64 LE

21 Feb 10:13:51 - [info] Loading palette nodes

21 Feb 10:13:51 - [info] Dashboard version 3.1.6 started at /ui

21 Feb 10:13:51 - [info] Settings file : C:\Users\winforsyschekde21\.node-red\settings.js

21 Feb 10:13:51 - [info] Context store : 'default' [module=memory]

21 Feb 10:13:51 - [info] User directory : C:\Users\winforsyschekde21\.node-red

21 Feb 10:13:51 - [warn] Projects disabled : editorTheme.projects.enabled=false

21 Feb 10:13:51 - [info] Flows file   : C:\Users\winforsyschekde21\.node-red\flows.json

21 Feb 10:13:51 - [info] Creating new flow file

21 Feb 10:13:51 - [warn]

Your flow credentials file is encrypted using a system-generated key.

If the system-generated key is lost for any reason, your credentials
file will not be recoverable, you will have to delete it and re-enter
your credentials.

You should set your own key using the 'credentialSecret' option in
your settings file. Node-RED will then re-encrypt your credentials
file using your chosen key the next time you deploy a change.

----

21 Feb 10:13:51 - [info] Server now running at http://127.0.0.1:1880/

21 Feb 10:13:51 - [info] Starting flows

21 Feb 10:13:51 - [info] Started flows

❸ 크롬으로 가서 http://localhost:1880에 들어가 실행한다.

❹ 설치 이후에 다시 실행을 할 경우 윈도즈 CMD에서 node-red를 실행하고 http://local host:1880을 입력하여 실행한다.

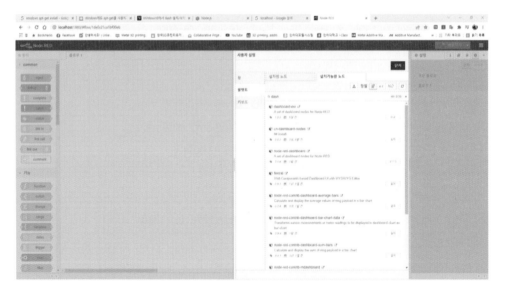

❺ 따로 설치한 Dashboard가 설치된 것을 확인할 수 있다. 개발을 위한 도구이다.

❻ 프로그램을 개발 및 실행한다.

❼ Inject를 클릭해서 가져오고 디버그(debug)를 가져와서 연결한다.

❽ 상단 우측의 "배포하기"를 누른다.

❾ Inject의 왼쪽 부분을 누르면 디버그 창에서 글자 "안녕하세요"가 출력된 것을 볼 수 있다. 설치가 잘 되었다.

❿ 아래는 값에 따라 게이지가 변하게 하는 간단한 프로그램을 짜본 것이다.

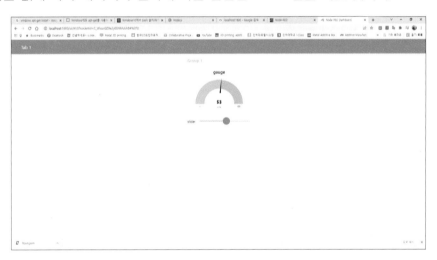

⓫ 아래와 같이 크롬에서 타이핑을 하고 slider를 옮기면 게이지가 바뀐다. 이런 프로그램을 쉽게 만들 수 있으니 여러분도 한 번 실습해 보기를 권한다. 프로그램은 flow.json에 저장해 두었다. 메뉴에서 읽을 수 있으니 소스를 보고 학습해 본다.

이 프로그램 사용법은 매뉴얼에 잘 나와있으니 여러분이 테스트해 보기 바란다. 앱 인벤터 나 Node-Red에 대해 자세히 다루기에는 책 분량이 부족하므로 여러분이 소스를 보고 공부하기 바란다. 1~2 시간이면 충분히 습득할 수 있다.

≫ 문제 발생 및 해결

계속 에러가 나고 PC 및 스마트폰에서 연결이 안된다.

192.168.0.21:1880/ui

≫ 해결방안

네트워크에서 방화벽 차단이 되어 그런 것이니 방화벽을 전부 제거한다. 추후에는 이것만 켜주면 된다.

https://bit.ly/3IjUWjh

방화벽 문제 : 여러 PC, 스마트폰에서 계속 연결해 보며 한참 헤매다가 해결했다.
　　　　　　PC의 방화벽을 다 끈 이후에는 모든 PC와 스마트폰으로 연결할 수 있다.

아래는 스마트폰을 연결한 사진이다.

192.168.0.21:1880/ui를 웹브라우저에서 타입하여 연결한다.

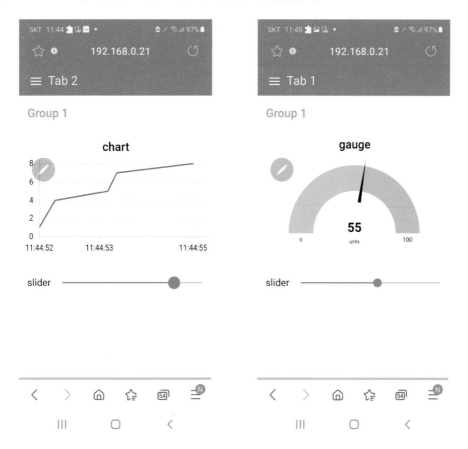

》》아두이노 ESP8266과 연결

IoT 커넥션 오픈소스 NODE-RED 사용법 - node-red + NodeMCU + MQTT

노드레드는 IBM에서 IoT 시스템 개발을 지원하는 오픈소스 플랫폼이다. 노드레드를 이용하면 코딩할 필요 없이 다양한 IoT 프로토콜과 입출력 연결을 손쉽게 처리할 수 있다. 노드레드는 아파치 라이센스 2.0을 지원하기 때문에 라이센스 규약만 지키면 상용 패키지를 개발할 때 큰 문제가 없다. IoT 장치와 MQTT방식으로 데이터 교환을 하는 간단한 IoT 시작품을 만드는 방법을 제시하겠다.

CMD에서 node–red 실행 → node–red 웹브라우저 실행

크롬을 실행한 후 localhost:1880/에 접속하면, node–red GUI를 사용할 수 있다.

MQTT 서버 사용

http://test.mosquitto.org/

ESP8266 회로 구성

내장 LED =2 번 사용

On–off 기능 사용

ESP8266 Node–Red

MQTT 서버 주소 : test.mosquitto.org:1883

ESP32 : Client 이름

ledcontrol : Topic 이름

0 또는 1 : payload (보내려는 값)

여러분은 실습을 위해 새로 짜지 말고 이미 작업이 끝난 파일을 읽어 오길 바란다.

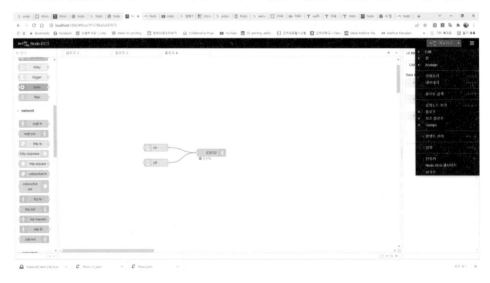

맨위 오른쪽 끝을 클릭하면 위의 화면이 나온다. 여기서 파일 flow.json을 가져와서 작업한다.

작업 순서 : 여기서는 보기만 하고 필요하면 여러분이 다시 짜기 바란다. 각 통신 파라미터를 아래와 같이 세팅한다.

플로우4를 선택한 후에 작업한다.

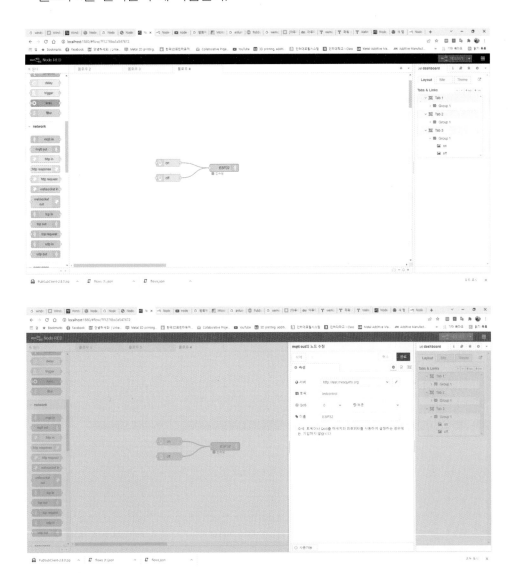

ESP32 노드를 클릭하여 세팅한 값을 본다.

MQTT 서버 주소 : test.mosquitto.org:1883

서버의 1883 포트는 디폴트라 따라 세팅하지 않는다. 편집(연필)을 누르면 나온다.

ESP32 : Client 이름

이 이름을 일치시키지 않으면 통신이 되지 않는다. 필자는 이것을 세팅하지 않아서 초반에 헤맸다.

ledcontrol : Topic 이름

• on 노드

Topic에 payload 값 세팅 : on일때 1을 세팅 / 옆에 Tab3을 눌러서 Group1을 선택한다.

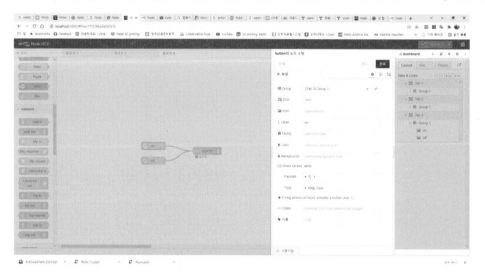

• off 노드

Topic에 payload 값 세팅 : off일때 0을 세팅

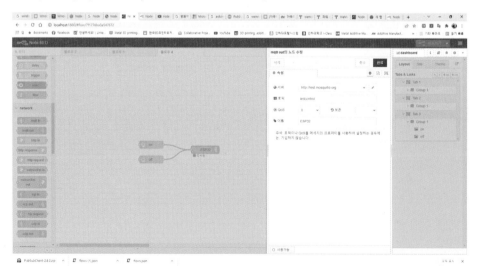

다 만들고 반드시 배포하기를 누른다.

실행 화면 : localhost:1880/ui

옆에 Tab3 왼쪽을 눌러서 Tab3를 선택한다.

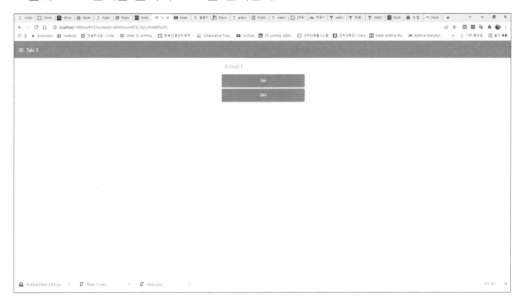

on off를 누르면 보드의 LED가 꺼지고 켜진다. LED 대신 릴레이를 연결하면 제어를 할
수 있다.

최종 저장하기

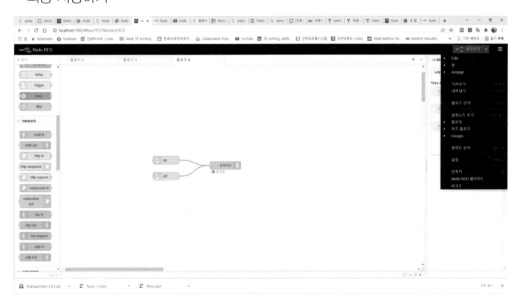

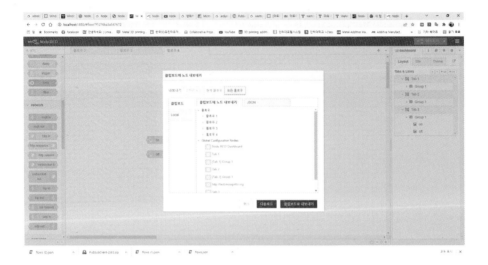

flow.json으로 저장된다.

아두이노에서 프로그램을 짜본다.

MQTT 8266 라이브러리

Pubsubclient 라이브러리 설치

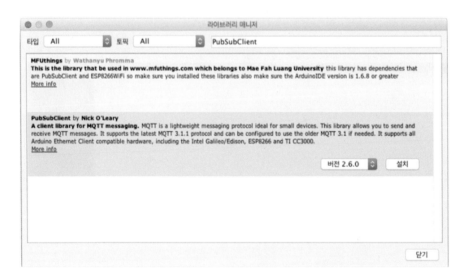

아두이노 프로그램 : node-red-test_esp8266_ledonoff

분석

Node-Red과 통신 시 중요사항

MQTT 서버 주소: test.mosquitto.org:1883

　ESP32 : Client 이름

　ledcontrol : Topic 이름

　0 또는 1 : payload (보내려는 값)

　각 통신 파라미터를 아래와 같이 세팅한다.

const char* mqtt_server="test.mosquitto.org";

WiFiClient espclient;

PubSubClient client(mqtt_server,1883,callback,espclient);

MQTT 서버 주소: test.mosquitto.org:1883

　ESP32 : Client 이름

　ledcontrol : Topic 이름

　0 또는 1 : payload (보내려는 값)


```
if(client.connect("ESP32")){
    Serial.println("connected");
    client.subscribe("ledcontrol");
  }
```


0,1 을 숫자가 아닌 Character(글자) 로 받기 때문에 아스키 코드 48,49 로 비교한다.

LED on off 가 Low일때 켜지고 High일때 꺼진다.


```
if(payload[0] == 48)     // if(data == "48")
 {
    //ASCII VALUE OF '0' IS 48
```

```
   digitalWrite(LED_BUILTIN, HIGH);
   Serial.println("off");
 }
 else if(payload[0] == 49) // else if(data == "49")
 {
   //ASCII VALUE OF '1' IS 49
   digitalWrite(LED_BUILTIN, LOW);
   Serial.println("on");
 }
}
```

프로그램

```
#include ⟨ESP8266WiFi.h⟩
#include ⟨PubSubClient.h⟩


const char* ssid    = "iptime9";
const char* password = "**********";


const char* mqtt_server="test.mosquitto.org";
WiFiClient espclient;

void callback(char* topic,byte* payload,unsigned int length1){
 Serial.print("message arrived[");
 Serial.print(topic);
 Serial.println("]");

 String data = "";
```

```
  for(int i=0;i<length1;i++)
    data = data + payload[i];
  Serial.println(data);
  Serial.println(payload[0]);


  if(payload[0] == 48)    // if(data == "48")
  {
    //ASCII VALUE OF '0' IS 48
    digitalWrite(LED_BUILTIN, HIGH);
    Serial.println("off");
  }
  else if(payload[0] == 49) // else if(data == "49")
  {
    //ASCII VALUE OF '1' IS 49
    digitalWrite(LED_BUILTIN, LOW);
    Serial.println("on");
  }
}


PubSubClient client(mqtt_server,1883,callback,espclient);


void setup() {


  pinMode(LED_BUILTIN, OUTPUT);
  Serial.begin(115200);
  Serial.print("connecting");


  WiFi.begin(ssid,password);      //SSID,PASSWORD
  while(WiFi.status()!=WL_CONNECTED){
    delay(500);
```

```
    Serial.print(".");
  }

  Serial.println("");
  Serial.println("WiFi connected");
  Serial.println("IP address: ");
  Serial.println(WiFi.localIP());


  Serial.println();
  digitalWrite(LED_BUILTIN, HIGH);

  reconnect();
}

void reconnect(){
  while(WiFi.status()!=WL_CONNECTED){
    delay(500);
    Serial.print(".");
  }
  while(!client.connected()){
    if(client.connect("ESP32")){
      Serial.println("connected");
      client.subscribe("ledcontrol");
    }
    else{
      Serial.print("failed,rc=");
      Serial.println(client.state());
      delay(500);
    }
  }
```

```
    }


    void loop() {
     if(!client.connected()){
       reconnect();
     }


     client.loop();



    }
```

≫ 시리얼 모니터 화면

스마트폰이나 PC에서 웹을 통해 실행하면 LED가 on off되는 것을 볼 수 있다.

PC 화면이나 스마트폰 브라우저에서 쉽게 사용할 수 있다.

```
...........
WiFi connected
IP address:
192.168.0.12

connected
message arrived[ledcontrol]
49
49
on
message arrived[ledcontrol]
48
48
off
message arrived[ledcontrol]
49
49
on
message arrived[ledcontrol]
48
48
off
message arrived[ledcontrol]
49
49
on
```

제3부

클라우드와
연결하기

LESSON 9 아마존 IoT

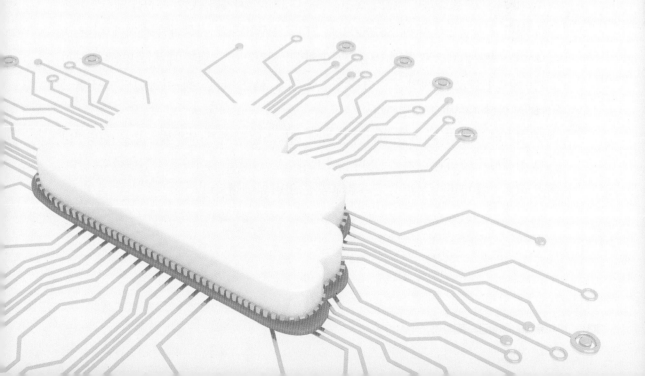

LESSON 09

아마존 IoT

9-1 아마존 IoT 구현, 통신 연동 테스트

》 아마존 IoT와 ESP32의 연결

목적은 아마존 AWS 서버를 사용하여 서버 없이(Serverless) 시스템 환경을 구현하는 것이다. 이는 서버를 빌려 쓰는 것이다. 안전하게 데이터를 보존할 수 있고, PC를 기존의 스마트팜, 스마트홈, 스마트 제조 환경 등에서 설치하지 않아도 데이터의 안정성이 보존된다.

여기서는 3장에 걸쳐 세 가지를 설명한다.

① 아마존의 AWS-IoT 환경 구축 및 AWS-IoT의 사물을 만들고 이 사물이 PC의 Node-red 프로그램과 MQTT 통신을 하는 것이다. 사물과 PC의 통신을 테스트한다.

② 동일한 사물을 PC 대신 ESP32로 MQTT로 AWS-IoT 사물과 통신하게 한다. 아두이노 프로그램으로 통신 가능하게 ESP32 세팅 프로그램에 대해 설명한다. 또한, 한 예로 ESP32에 써멀 프린터를 연결한 것을 AWS-IoT 사물이 MQTT 통신을 통해 프린팅하는 법도 설명한다.

③ 마지막에는 AWS 서버를 빌려서 여기에 리눅스를 깔아서 사용하는 법을 설명한다. 운영체제가 깔리면 여기에 DB나 소프트웨어를 설치해서 서비스를 진행할 수 있다.

가장 기초적인 방법을 설명하고 추후에 응용 방법을 설명한다.

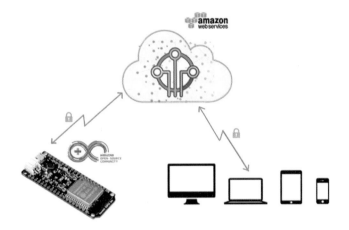

≫ 아마존과 ESP32 연결 환경

가장 큰 목적은 아마존의 IoT 사물과 ESP32를 연결하여 데이터를 아마존 서버에 저장하는 것이다.

① 계정을 만든다. 암 형성를 형성한다.

② AWS-IOT에 사물(Thing)을 만든다.

③ 사물과 MQTT 통신으로 PC-Node-red 프로그램과 ESP32-아두이노에 연결하여 데이터를 주고받는다.

아마존을 쓰려면 먼저 계정을 만든다.

카드 번호와 전화번호를 넣고 Verify code를 스마트폰으로 받아 입력해서 계정을 등록한다.

아이디와 비밀번호를 저장한다.

아마존 계정 들어가기

https://go.aws/3q8Tmuc

≫ 아마존 IoT 설치

아마존에 IoT Core를 설치한다. 그래야 사물을 형성하고 이것으로 ESP32와 MQTT를 이용한 통신을 할 수 있다.

• lot core 설치

먼저 정책을 정하고 이후에 사물을 형성한다. 사물을 만들 때 정책을 넣어야 한다.

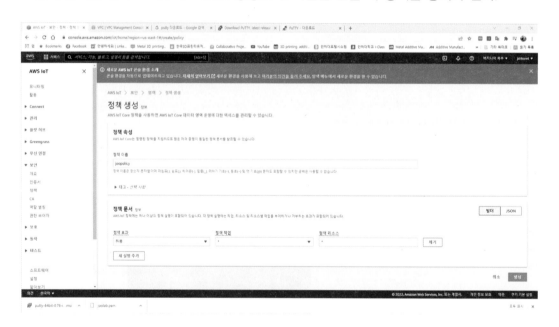

정책이 끝나면 사물을 생성한다. 관리에 가서 사물 생성을 하고 가장 중요한 보안 키를 받는다. 정책 이름은 joopolicy이다.

사물 생성이 끝나면 메뉴에서 손쉽게 MQTT 테스트로 사물과 센서 사이를 연결을 할 수 있다. MQTT로 메시지를 주고받는다.

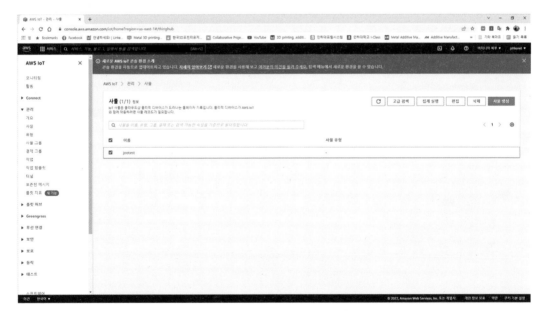

생성한 사물의 이름은 jootest이다.

여기서 중요한 것은 사물의 인터넷 주소인데, 이것은 아마존의 end-point에서 알 수 있다. 복사를 한다.

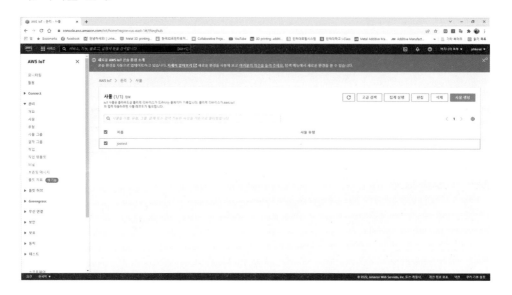

아마존 사물과 외부의 센서나 프로그램을 MQTT로 연결해서 테스트한다. 아마존 기준으로 주제 구독은 입력이고 게시는 출력이다.

아래에서 PC로 간단한 Node-red 프로그램을 짜서 연결 테스트를 한다.

Topic : /in   /out 이다.

에러가 발생했다. 지정한 메시지가 안 나와서 메시지를 받지 못했다. 뭔가 잘못되었다. 이제 이것을 찾아서 디버깅했다. 이유는 단순했다. 포트 번호가 아마존에서 쓰는 번호가 달

랐다. 이것을 제대로 세팅하지 못해서 연결이 안되었다. 세팅을 잘하기 위해 필요한 자세한 포트 번호는 제공하는 node-red 프로그램에서 확인하기 바란다. client.begin(AWS_IOT_ENDPOINT, 8883, net); 다음 장의 아두이노 프로그램에서 확인할 수도 있다. 8883이다. 필자는 이것을 다르게 써서 연결이 안되어 고생했다.

아래는 Node-red에서 간단한 프로그램을 짠 것이다. 이것은 flow.json으로 저장했으니 보기 바란다.

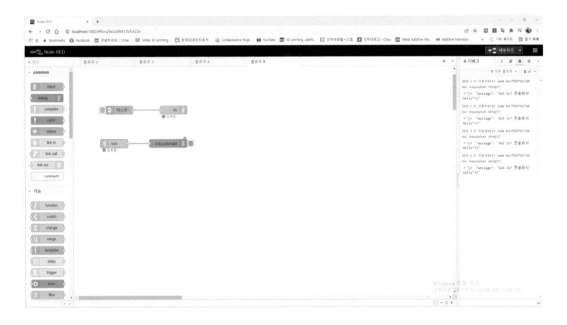

9-2 아두이노를 활용한 아마존 IoT 연결

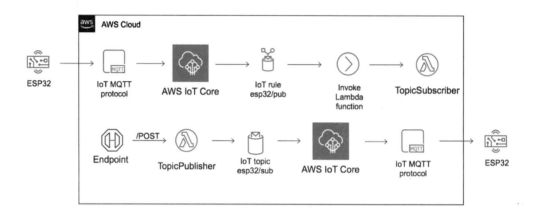

ESP32의 MQTT subscriber와 Publisher의 연결 과정이다.

❶ AWS IoT 콘솔을 연결한다.

https://go.aws/3wcTf4y

❷ 로그인한다.

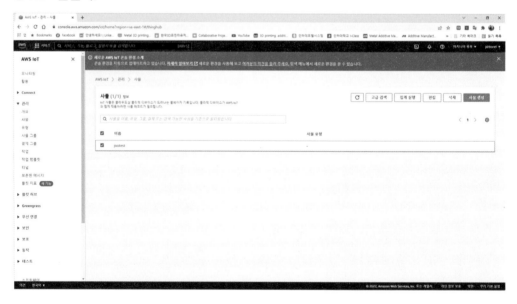

❸ 만들어 놓은 사물 jootest를 선택한다.

참조

ESP32 아두이노로 진행에 대한 공식 사이트

https://go.aws/3li3zLg

여기를 기준으로 보고 연결한다.

아두이노 환경 설치

아두이노 ESP32 Dev Kit 릴리고사 LoRa 버전 보드를 사용한다.

앞에서 사용한 MQTT 라이브러리는 ESP32 라이브러리를 설치한다.

ArduinoJson 설치

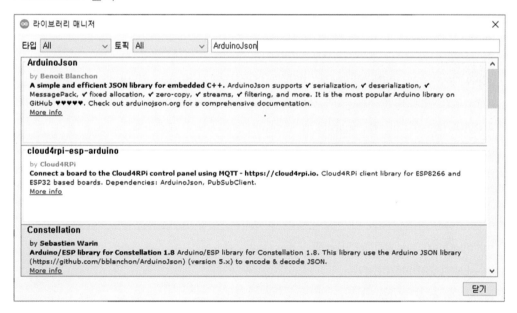

사이트에 있는 프로그램을 카피해서 가져온다. 프로그램은 ino 파일과 헤더 파일, screts.h 파일이 있다. 각 파일을 우리에게 맞게 수정한다.

앞에서 이야기한 key는 1회 이상 카피가 안되니 잘 보관해야 한다. 먼저 key 파일을 가지고 있는 헤더 파일을 수정한다. 키는 wordpad 파일로 읽어서 카피해서 넣으면 된다. 앞에서와 마찬가지로 3가지 키를 사용한다.

Amazon Root CA 1, Device Certificate, Device Private Key

```
// Amazon Root CA 1
static const char AWS_CERT_CA[] PROGMEM = R"EOF(
-----BEGIN CERTIFICATE-----
MIIDQTCCAimgAwIBAgITBmyfz5m/jAo54vB4ikPmljZbyjANBgkqhkiG9w0BAQsF
ADA5MQswCQYDVQQGEwJVUzEPMA0GA1UEChMGQW1hem9uMRkwFwYDVQQDExBBbWF6
b24gUm9vdCBDQSAxMB4XDTE1MDUyNjAwMDAwMFoXDTM4MDExNzAwMDAwMFowOTEL
MAkGA1UEBhMCVVMxDzANBgNVBAoTBkFtYXpvbjEZMBcGA1UEAxMQQW1hem9uIFJv
b3QgQ0EgMTCCASIwDQYJKoZIhvcNAQEBBQADggEPADCCAQoCggEBALJ4gHHKeNXj
ca9HgFB0fW7Y14h29Jlo91ghYPl0hAEvrAIthtOgQ3pOsqTQNroBvo3bSMgHFzZM
9O6II8c+6zf1tRn4SWiw3te5djgdYZ6k/oI2peVKVuRF4fn9tBb6dNqcmzU5L/qw
IFAGbHrQgLKm+a/sRxmPUDgH3KKHOVj4utWp+UhnMJbulHheb4mjUcAwhmahRWa6
VOujw5H5SNz/0egwLX0tdHA114gk957EWW67c4cX8jJGKLhD+rcdqsq08p8kDi1L
93FcXmn/6pUCyziKrlA4b9v7LWIbxcceVOF34GfID5yHI9Y/QCB/IIDEgEw+OyQm
jgSubJrIqg0CAwEAAaNCMEAwDwYDVR0TAQH/BAUwAwEB/zAOBgNVHQ8BAf8EBAMC
AYYwHQYDVR0OBBYEFIQYzIU07LwMlJQuCFmcx7IQTgoIMA0GCSqGSIb3DQEBCwUA
A4IBAQCY8jdaQZChGsV2USggNiMOruYou6r4lK5IpDB/G/wkjUu0yKGX9rbxenDI
U5PMCCjjmCXPI6T53iHTfIUJrU6adTrCC2qJeHZERxhlbl1Bjjt/msv0tadQ1wUs
N+gDS63pYaACbvXy8MWy7Vu33PqUXHeeE6V/Uq2V8viTO96LXFvKWIJbYK8U90vv
o/ufQJVtMVT8QtPHRh8jrdkPSHCa2XV4cdFyQzR1bldZwgJcJmApzyMZFo6IQ6XU
5Msl+yMRQ+hDKXJioaldXgjUkK642M4UwtBV8ob2xJNDd2ZhwLnoQdeXeGADbkpy
rqXRfboQnoZsG4q5WTP468SQvvG5
-----END CERTIFICATE-----
)EOF";


// Device Certificate
static const char AWS_CERT_CRT[] PROGMEM = R"KEY(
-----BEGIN CERTIFICATE-----
MIIDWjCCAkKgAwIBAgIVANs3/4mcjov+U2jF2lU/TBey7TQjMA0GCSqGSIb3DQEB
CwUAME0xSzBJBgNVBAsMQkFtYXpvbiBXZWIgU2VydmljZXMgTz1BbWF6b24uY29t
IEluYy4gTD1TZWF0dGxlIFNUPVdhc2hpbmd0b24gQz1VUzAeFw0yMjAyMjExMDU5
MTBaFw00OTEyMzEyMzU5NTlaMB4xHDAaBgNVBAMME0FXUyBJb1QgQ2VydGlmaWNh
```

dGUwggEiMA0GCSqGSIb3DQEBAQUAA4IBDwAwggEKAoIBAQDGQ6lpXs1FWpYopxoL
YjcfwgvXd1+itrbhMpDY5ZFltcp3ppTX6i2IZKWoCVhKAGn1PbMPwLYoqeMOClqO
atCMcvb2DK3fT62wZMAAH8lJhiYt5/Ecsvzn7sy1QZYGsf4wxmlHH3gsbRT/9dWd
+b/s9FdizrUJsTQaS4ihk9S11SFE7F/Snax52bj+hiYiDlFiZcVN4ou8KrhZSvaO
0QSXnmPuje9jFq3c5+brm6blC110rMvJc+Ra0ZFFb4+45AZVDThdDMyswgGulhK0
goPO3GR9/VebG+nf/YrM7OOQIZ8PMkXYJZ9NX+AY9jK+DS98g7QytX2Acq3kN/Qk
GlW5AgMBAAGjYDBeMB8GA1UdlwQYMBaAFNiJ3XQEtTv9o0ab64M6QjXlUin9MB0G
A1UdDgQWBBR6OijTWy09xYgauh8sUDdusTPzXTAMBgNVHRMBAf8EAjAAMA4GA1Ud
DwEB/wQEAwIHgDANBgkqhkiG9w0BAQsFAAOCAQEAUO/wqrM2+fkp8yBYT0Ayn+N4
2qdOrydVVAce5tCHp5zst/tKmXvzJ2GhGHW+9mNHrPA6ddiWMsHy5uwWl0nq/Qmn
7bdhNtA/79nNVVVQ35otoV/iBb25lYqXvEpRNn+lomS9wQxqPqZ1QkdJbUSRHqy+
U+zhLlyQuFrlROld7P3q9ic0J9ZDZPez3BLnVTvwPxlGw2+xQa2NkN0YMpR/qlJ1
Tb4/UMP5FYFgZVzpdL56uhp9Db//ccFKgCJD7KOzjkoJTD8qhjAGcLB98w6klBaf
WJE0t2xmru4OO1qnbSJflAOdeQYsq4+7ZghOtP2o1nnRH6TST84PYdeKjx9JVw==
-----END CERTIFICATE-----
)KEY";

// Device Private Key
static const char AWS_CERT_PRIVATE[] PROGMEM = R"KEY(
-----BEGIN RSA PRIVATE KEY-----
MIIEpAIBAAKCAQEAxkOpaV7NRVqWKKcaC2I3H8IL13dfora24TKQ2OWRZbXKd6aU
1+otiGSlqAlYSgBp9T2zD8C2KKnjDgpajmrQjHL29gyt30+tsGTAAB/JSYYmLefx
HLL85+7MtUGWBrH+MMZiBx94LG0U//XVnfm/7PRXYs61CbE0GkuloZPUtdUhROxf
0p2sedm4/oYmIg5RYmXFTeKLvCq4WUr2jtEEl55j7o3vYxat3Ofm65umyAtddKzL
yXPkWtGRRW+PuOQGVQ04XQzMrMIBrpYStlKDztxkff1Xmxvp3/2KzOzjkCGfDzJF
2CWfTV/gGPYyvg0vfIO0MrV9gHKt5Df0JBpVuQIDAQABAoIBAEW9lUEQbOphdAJ2
zS2F7dgI/Ptc7VliLXBHxjXVgvChIsg125Obt0qMBM14BAt728m9W1hGNI1XPRw6
PiJsplFRO1fPm/W6ZGFw/yzMAZUQUCvDs8ehml7HXFDB8lEGmWB02BSjWDVgZYun
4O2B5aYnSPnjtkDjiW1adoRHqQIQiK8zLOmLi6Be59Nq19DtQxpLGYwFA+vBYpGa
EnBTbOq97RGnYqxd4K9+8r87xZTzoqwf0+ZSY9sa0XGF7RMyzSUjgARIshmdnBBo
wXBY6ZfSLAweihUXP5XozlqO8vhlehOdd0YFUqoHhXb4G3fFuaTYz8g+WVdhfwZG
nkDKXhECgYEA7uzxMVXYDnmJgfP2e9v6f/AV3WEJp6B/b0M8W/a9YkRSQ1mLjkKo

57rNiab37xz5ikw5YNJiApRfbmD8JOpRf2TUmd1g4+/TJDjBkFFv+zqt8ktpn63C
2yszLH1vpuIDRWMAcXwEBum6eUKRdkMQ7ndEo7OKxvyL45cCpvJLgP0CgYEA1G7W
JUuxzeLhLOvQyAazgWhh1Lk8nPvtk+v+8hLXnuzplcEDQ5+02CnQVjQTkUgoBxCR
46aiXXdwQOTV3brGGBzYKSUl5D+KViLsYBU+6L0YI0414Voxo4ruluhplaLR6Q6w
SBmsV7ugsulMd6G3iFcvFrQoX9skmz3mCla/Mm0CgYEAqhLaAc9kk7EqE+pQi4xk
PUvulH5tu/gAnnfS8HesCdYuZKjKMYL77rBHfPPwyzHp4+sscOJxR/rMD6tT8Qcm
6jMhL0Gppbdiqgclqi1+M+xqQ+4wiqzK5u5SaBoGL1n1ECBQAXhQ+Ybl6WZcWz2U
QNt/bbPxVoIRJfmptqME4hUCgYArlzLKJGYv4UZjeWA2K2naPBkXFYuiiu+NUvfV
pJgqPGMSH7ETx0nMsYfWqlj7XtsX2AaXuDHJDCE0r8BS52iOuhyBFOZZl9BDLJdk
f/eQunyhggL8Yw2ciX276aTpCggY0rLJmLsMpausCsNuKPkIORuohP9j7Avu7xyt
Mm+5YQKBgQDpNebbTRuz1W0R0Zxkz/KN7PZxFQ1U3T3EBsksJ7OhZa6cFIAM/QXj
CbX3uL4nFYElw87UF9FAlOC1j0e4aLuuAYcdg0UGpOn3CBN3CXXfJx7ROCC+3CkT
wADQVTdB0gFPJ2754sQT6hgbDk/iFi/QU7Vno2dqArPm8mw8irjvQQ==
-----END RSA PRIVATE KEY-----
)KEY";
//Enter the name of your AWS IoT thing, MyNewESP

복사 과정이 끝나면 프로그램을 수정한다.

프로그램 : amazon_esp32_joo 디렉토리의 amazon_esp32_download.ino

세팅 변경

AWS_IOT_ENDPOINT는 AWS IoT console에서 가져올 수 있다. 이전에 사용했던 그 주소이다. 사물(Thing)은 AWS IoT 에 등록한 jootest 이다. 나머지는 Topic의 이름이다. 모두 통신에 중요한 변수이니 오자 없이 잘 써야 동작한다.

```
#define THINGNAME "jootest"
// The MQTT topics that this device should publish/subscribe
#define AWS_IOT_PUBLISH_TOPIC   "outTopic"
#define AWS_IOT_SUBSCRIBE_TOPIC "inTopic"
const char AWS_IOT_ENDPOINT[] = "a1vhe53h583s33-ats.iot.us-east-1.amazonaws.com";
```

```
//https://aws.amazon.com/ko/blogs/compute/building-an-aws-iot-core-device-using-aws-
serverless-and-an-esp32/

#include <pgmspace.h>
#include <secrets.h>
#include <WiFiClientSecure.h>
#include <MQTTClient.h>
#include <ArduinoJson.h>
#include <WiFi.h>

#define SECRET
#define THINGNAME "jootest"
// The MQTT topics that this device should publish/subscribe
#define AWS_IOT_PUBLISH_TOPIC   "outTopic"
#define AWS_IOT_SUBSCRIBE_TOPIC "inTopic"

WiFiClientSecure net = WiFiClientSecure();
MQTTClient client = MQTTClient(256);

const char WIFI_SSID[] = "iptime9";
const char WIFI_PASSWORD[] = "**********";
const char AWS_IOT_ENDPOINT[] = "a1vhe53h583s33-ats.iot.us-east-1.amazonaws.com";

void connectAWS()
{
  WiFi.mode(WIFI_STA);
  WiFi.begin(WIFI_SSID, WIFI_PASSWORD);
  Serial.println("Connecting to Wi-Fi");

  while (WiFi.status() != WL_CONNECTED){
    delay(500);
```

```
  Serial.print(".");
}

// Configure WiFiClientSecure to use the AWS IoT device credentials
net.setCACert(AWS_CERT_CA);
net.setCertificate(AWS_CERT_CRT);
net.setPrivateKey(AWS_CERT_PRIVATE);

// Connect to the MQTT broker on the AWS endpoint we defined earlier
client.begin(AWS_IOT_ENDPOINT, 8883, net);

// Create a message handler
client.onMessage(messageHandler);

Serial.print("Connecting to AWS IOT");

while (!client.connect(THINGNAME)) {
  Serial.print(".");
  delay(100);
}

if(!client.connected()){
  Serial.println("AWS IoT Timeout!");
  return;
}

// Subscribe to a topic
client.subscribe(AWS_IOT_SUBSCRIBE_TOPIC);
Serial.println("AWS IoT Connected!");
}
```

```
void publishMessage()
{
  StaticJsonDocument<200> doc;
  doc["time"] = millis();
  doc["sensor_a0"] = analogRead(0);
  char jsonBuffer[512];
  serializeJson(doc, jsonBuffer); // print to client

  client.publish(AWS_IOT_PUBLISH_TOPIC, jsonBuffer);
}

void messageHandler(String &topic, String &payload) {
  Serial.println("incoming: " + topic + " - " + payload);

// StaticJsonDocument<200> doc;
// deserializeJson(doc, payload);
// const char* message = doc["message"];
}

void setup() {
  Serial.begin(115200);
  connectAWS();
}

void loop() {
  publishMessage();
  client.loop();
  delay(1000);
}
```

≫ 아마존에서 받기

outTopic한다. 필자는 inTopic해서 데이터가 안 와서 조금 헤맸다. 입력 출력을 잘 구분해야 한다. 아래에 있는 ESP32가 보낸 메시지를 받는다.

• outTopic

```
February 24, 2022, 09:25:06 (UTC+0900)
{
  "time": 275731,
  "sensor_a0": 0
}
```

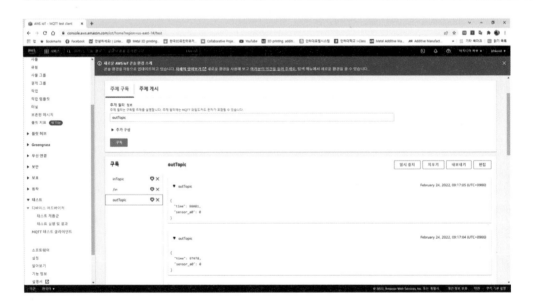

• ESP32에 쓰기

```
{
  "message": "AWS IoT 콘솔에서 Hello"
}
```

내용을 보낸다.

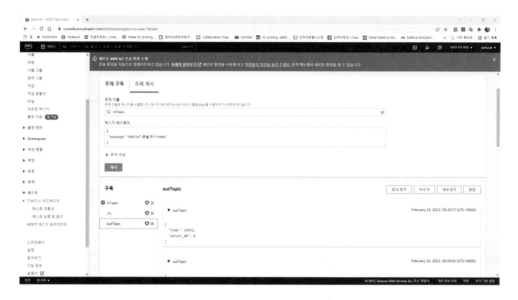

시리얼 모니터에서 보기

Connecting to Wi-Fi

.......Connecting to AWS IOT

AWS IoT Connected!

AWS IoT에 접속해서 jootest라는 AWS IoT와 연결되었다는 뜻이다.

• outTopic

February 24, 2022, 09:25:06 (UTC+0900)

```
{
  "time": 275731,
  "sensor_a0": 0
}
```

으로 메시지를 보내고 AWS IoT에서 아래의 메시지를 받는다.

```
incoming: inTopic - {
  "message": "AWS IoT 콘솔에서 Hello"
}
incoming: inTopic - {
  "message": "AWS IoT 콘솔에서 Hello"
}
```

이것으로 아두이노에서 필요한 메시지나 센서 데이터 값을 AWS 서버의 IoT 사물과 통신할 수 있다. 데이터가 전송되면 AWS의 프로그램을 이용해서 저장도 하고 데이터 분석도 해서 진정한 IoT를 구현할 수 있다.

뒤에서는 AWS 서버에 운영체제 우분투 리눅스를 설치하고 여러 가지 DB와 툴을 설치하여 사용하는 것을 보여주려 한다. 이것을 하면 PC나 서버 없이 아마존을 이용해서 구현할 수 있다.

아까 프로그램 다운로드 사이트에 써멀 프린터를 연결하는 예제가 있었는데 써멀 프린터가 있으면 따라해 보면 좋을 것 같다.

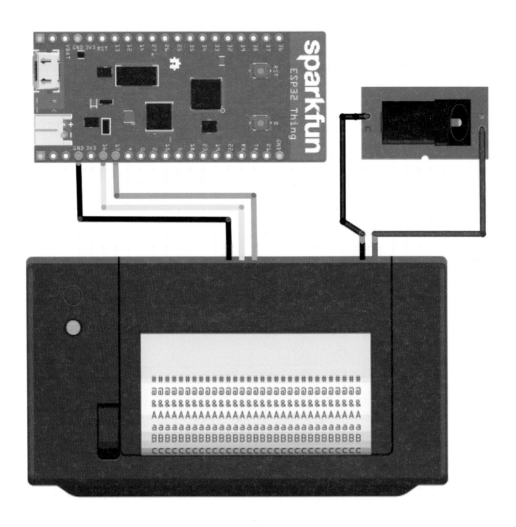

연결도 GPIO16/GPIO17 핀을 RX/TX 각각 사용한다.

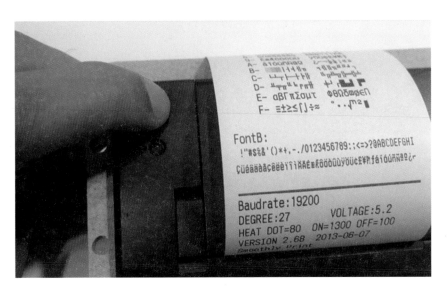

AWS IoT의 사물이 보낸 메시지가 프린트된다. 앞에 프로그램에서 아래와 같이 바꾼다.
시리얼 프린터를 &Serial2로 연결한다. GPIO16/GPIO17 핀을 RX/TX 각각 사용한다.

아래는 소스 코드이다.

```
#include ⟨Adafruit_Thermal.h⟩

Adafruit_Thermal printer(&Serial2);

void setup() {
  Serial.begin(115200);

  // Start the thermal printer
  Serial2.begin(19200);
  printer.begin();
  printer.setSize('S');

  connectAWS();
}
```

앞의 프로그램에서 messageHandler 함수만 바꾸어주면 써멀 프린터에 AWS IoT에서 보낸 데이터를 프린팅할 수 있다. 진정한 Serverless가 되는 것이다.

```
void messageHandler(String &topic, String &payload) {
  Serial.println("incoming: " + topic + " - " + payload);

  // deserialize json
  StaticJsonDocument<200> doc;
  deserializeJson(doc, payload);
  String message = doc["message"];

  // Print the message on the thermal printer
  printer.println(message);
  printer.feed(2);
}
```

Message에 프린트할 데이터를 넣는다.

참고

연결 프로그램

https://bit.ly/3ib88fL

아두이노로 제작한 여러 가지 프로젝트의 예이다.
이것을 사물화할 수 있다.

https://bit.ly/3IcT2Rm

9-3 아마존 서버로 활용하기, 우분투 설치

≫ 아마존에 운영체제 프로그램 설치하기

아마존 서버를 빌려서 운영체제와 DB도 깔고 여러 가지로 응용한다. 여기서는 가장 기본적인 운영체제를 깔아 본다. 운영체제 1개까지는 무료이니 실습이나 테스트가 충분히 가능하고 필요하면 비용을 지불하고 상업용 응용 프로그램을 이용하는 것이 좋다. 우분투 리눅스 1가지를 설치하는 것은 무료이다.

≫ EC2 설치하기

운영체제를 설치하는 것이다. 여기서는 우분투 리눅스를 설치한다. 아마존 홈페이지에서 EC2를 검색하여 우분투 최신 버전을 설치한다. 설치가 끝나면 터미널로 연결하기 위해 터미널 프로그램 Putty를 설치한다.

구글 검색을 해서 다운로드한다. 아마존에서 암호화 키를 다운로드한다. joolab.pem

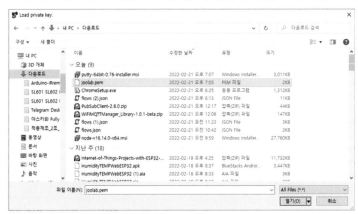

Putty 화면에서 그 키를 Load 하여 읽는다.

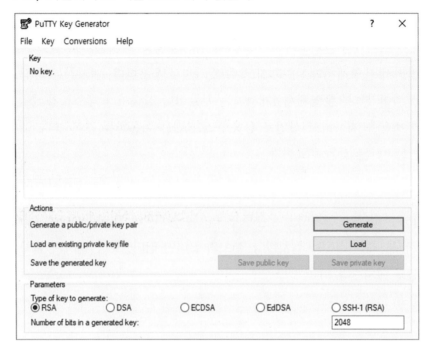

Load할 키 joolab.pem을 선택한다.

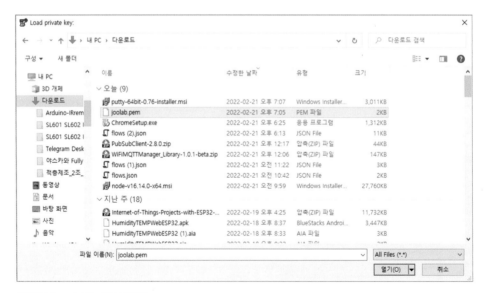

읽어서 ppk를 생성한다.

아마존으로 가서 보안 그룹 들어가기를 하여 포트를 오픈한다. 이것이 되어야 접속 가능하다. 접속할 포트는 접속 방식과 보안 방식에 따라 여러 가지가 있다.

지금 설정한 맨 위에 있는 것에 표시하면 꺽쇠 표시가 나오고 그쪽으로 들어간다.

규칙 편집으로 http 80포트를 추가한다.

putty를 실행하면 이제 들어갈 수 있다.

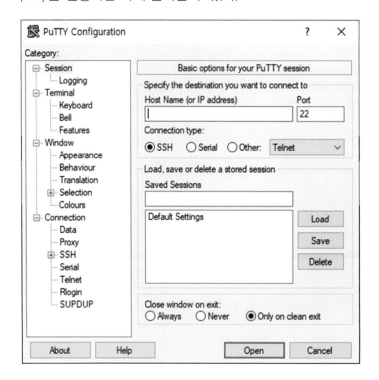

Host IP를 넣으라고 한다. 이것을 아마존에서 알아 와야 한다.

SSH 방식 Connection type이니 이 포트도 아마존에서 열어 놔야 한다.

Host IP를 적고 save를 눌러서 저장하면 다음에 쉽게 연결된다.

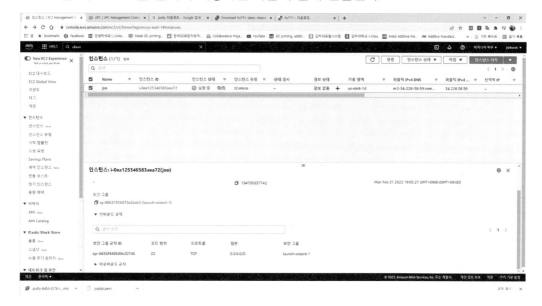

퍼블릭 IP 주소 : 34.228.38.59

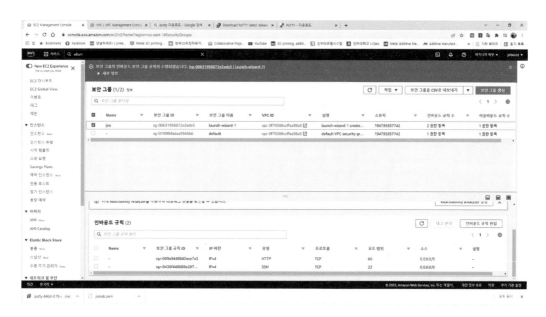

Ssh 22번 포트를 등록하니 putty가 연결되고 로그인된다. 유저 ID ubuntu로 로그인한다.

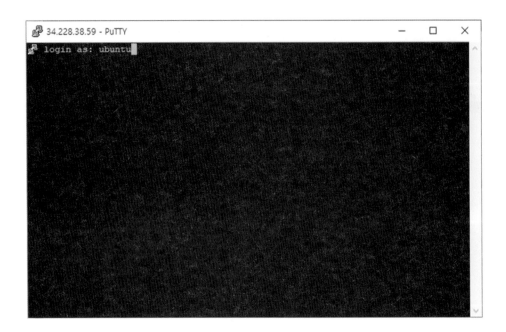

성공적으로 로그인했다.

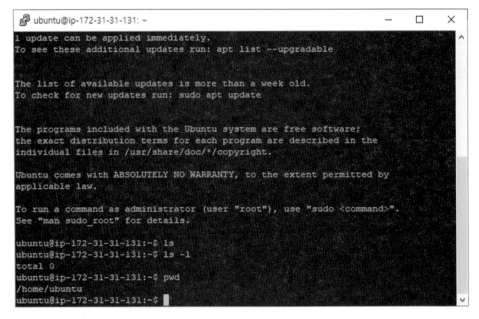

ls ls -l pwd

명령을 실행하여 성공적으로 설치했다.

여기에 여러 가지 프로그램 DB와 데이터 등을 저장하고 설치한다. 추후에 자세히 다룬다.

제4부

스마트팜, 홈, 제조 및 인공지능 실습

LESSON 10 스마트홈

LESSON 11 스마트팜

LESSON 12 스마트 제조

LESSON 13 인공지능

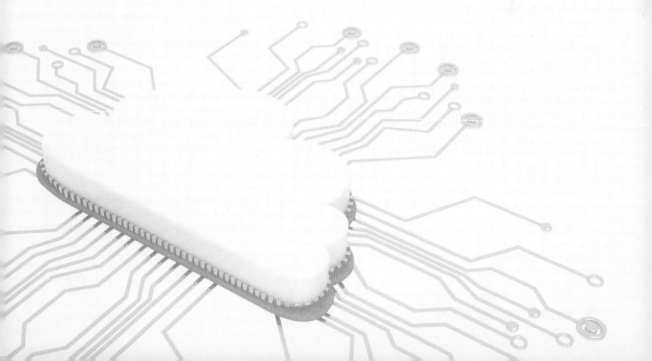

LESSON 10

스마트홈

10-1 스마트홈 - 홈오토메이션의 오해와 진실

메일 : jshkoret@naver.com, jshkoret@inha.ac.kr

블로그 : https://blog.naver.com/jshkoret/222525063944

스마트홈(Smart Home)은 AI와 IoT, ICT 등 첨단기술을 주택에 접목함으로써 지능형 정보생활기기를 네트워크로 연결해 사람과 자연스러운 상호작용을 하여 인간 중심 서비스 환경에서 유익함을 실감하게 하는 생활 서비스 제공 기술이다.

한국스마트홈산업협회는 스마트홈을 '주거 환경에 IT를 융합하여 국민의 편익과 복지를 증진하고 안전한 생활이 가능하도록 하는 인간 중심적인 스마트 라이프 환경'이라고 정의한다. 인간에게 가장 쾌적하고 안락한 환경을 제공할 수 있도록 자율적으로 관리되면서 실감할 수 있고 감성적인 그린 가정 환경을 발전시키고 있다. 전문가들은 최종적으로는 개별 주거 공간을 벗어나 단지 및 도시와 연계하여 삶의 질을 향상하는 진보된 실감/감성화 기술과 자율적 홈관리 기술, 초광대역 무선 및 휴먼 인터페이스 분야의 기술이 지속적으로 발전할 것으로 전망하고 있다.

현재 스마트홈을 구성하기 위한 다양한 종류의 기기들이 시장에 공급되고 있으며, 해외의 경우 사용자가 스마트홈 기기들을 구입해서 기존 주택에 적용하는 방식이 일반적이다. 구글(Google)과 아마존(Amazon)은 인공지능 기술과 플랫폼을 가전제품에 폭넓게 적용하면서 대표적인 스마트홈 기업으로 부상하고 있다.

신종 코로나바이러스 감염증(코로나19) 사태 이후 집에서 머무는 시간이 늘어나면서 인공지능 비서(IVA : Intelligent Virtual Assistants) 플랫폼과 인공지능(AI) 스피커 경쟁이 다시 치열해지고 있다.

2021년 5월 구글·아마존·애플 등 글로벌 스마트홈 업체들은 최신 기술로 만든 표준 통신 프로토콜인 '매터(Matter)'를 공개했다. 이 표준을 적용하면 사용자가 원하는 플랫폼에서 제어·조작할 수 있게 돼 사실상 '플랫폼 종속성'이 사라진다. 기존엔 스마트홈 서비스 업체와 디바이스 제조사의 개별 애플리케이션(앱)을 모두 설치해야 했다. 하지만 매터를 지원하는 플랫폼 하나만 설치하면 돼 사용자 편의성이 높아져 이를 계기로 플랫폼 종속성이 해소되었다. 스마트홈 업계는 차별화된 서비스 공급이 경쟁력을 좌우할 것으로 전망하였다.

[4차 산업혁명 시대와 지능형 스마트홈]

출처: IoT가전 스마트홈 융복합제품 글로벌 민간규제 가이드, 국가기술표준원(2018, 11)

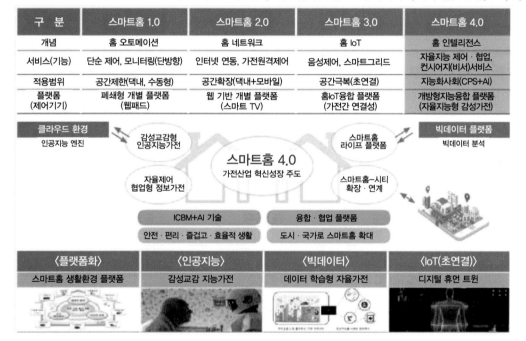

스마트홈은 1.0~4.0까지 발전 중이며 플랫폼화, 인공지능 빅데이터, 초연결까지 가고 있다.

[스마트홈 전략분야로 국내에서 육성 중인 스마트홈 분야이다.]

실제 구현 과정에서 겪은 일을 중심으로 스마트홈에 대해 설명하겠다. 스마트홈 중에서 위 그림의 1.0 정도로 홈 오토메이션으로 말로 제어하고, 전등, 콘센트, TV, 커튼, 센서 제어, 에어컨, 난로 온도 제어 등 여러 가지 장치를 작동시키고, 온도와 습도를 제어해 보고, 모션 센서로 전등을 켜보는 등의 경험을 한 느낌을 정리하겠다.

요즘 스마트홈, 홈오토메이션의 가장 큰 특징은 음성으로 모든 것을 제어하는 것이다. 리모컨 대신 말로 하는 것이다. 크게 아마존과 구글이 있는데 필자는 구글을 선택했다. 구글이 오픈시스템이고 국내에서 가장 구하기 쉬운 부품으로 스피커는 구글과 아마존 제품의 성능이 비슷하니 독자 여러분이 선호하는 제품을 선택하면 된다. 장비를 결정한 후 거기에 맞는 플랫폼을 정하고, 부품을 구입하여 구현하면 된다.

▶▶ 홈오토메이션에 대한 오해

비용이 많이 든다는 건 오해이다. 세팅해도 추가 비용은 500만 원 미만이다. 인공지능으로 구두로 명령을 내릴 때는 한 글자만 틀리게 명령해도 장치가 작동하지 않는다. 예를 들어 명령어를 "화장실 등 켜줘."로 세팅하고, "화장실 불 켜줘."라고 말하면 장치가 작동하지 않는다. 각 부품, 각 구성품, 전등, 선풍기 등에 대한 이름을 특화된 이름을 쓰고 잘 기억해야 한다.

첫 구매 : 구글 네스트(구글 홈 스피터는 구 버전) AI 스피커 구매

　　　　구글 스마트홈 등 모든 스마트홈 디바이스 연결은 아래의 3단계로 구성된다.
　　　　구글 스피커에 대해서는 다음 장에서 다룬다.

▶▶ 3단계 구성

플랫폼 – 구글 홈 – 구글 어시스턴스 (구글 네스트 스피커, 구글 홈 스피커)

• 1단계

플랫폼 – Smart Life(삼성), Tuya, Broadlink, ewelink, ihc, Magic Home

수백 개가 있고 서로 호환이 잘 안된다. 앞에서 언급한 매터 플랫폼으로 통일되면 무척 편해질 것이다.

- 2단계

　구글 홈 : 모든 플랫폼을 통일하여 앱 하나에서 제어할 수 있게 한다. 구글 홈과 구글 어시스턴스를 연결하여 음성 인식을 하게 한다.

- 3단계

　구글 어시스턴스로 구글 스피커나 아마존 알렉사, 애플 시리(Siri) 등을 작동하게 한다.

》》 플랫폼 선정

고가 : 현재 Smart Things(삼성전자가 인수함)가 가능성이 좋으나 고가이다.

저가 : Tuya Smart Life를 선택하는 것이 최선이다.

》》 하드웨어 연결 선정

초보자는 Wifi 부품으로 기기 구매를 하는 것이 좋다. Wifi가 아닌 예전 제품은 BLE, 지그비로 된 1단계 부품이 많다. 결국 Wifi 연결을 위해 라우터를 두는데, 이 라우터도 호환이 안되어 매우 불편하고 속도도 2단계를 거치므로 느린 시스템 환경에서는 더 느려진다. 음성 명령을 내리고 2~3초나 더 늦게 실행되는 것 같은 느낌이 들 때가 많다.

- 1단계 : BLE(Bluetooth Light Energy), Zigbee, 리모컨 IR

　　Wifi 라우터가 반드시 필요(가격 상승 및 속도 저하. 각 플랫폼 별로 별도로 구입 및 설치)

- 2단계 : Wifi 라우터로 1단계를 상위로는 라우터에서 Wifi로 연결

　　Wifi 부품 (1단계 연결 장치 대신 wifi 내장으로 wifi에 직접 연결. 이것은 라우터 서버가 없어도 되어서 편하다.)

- 3단계 : AI 스피커

3단계는 구글, 아마존, 애플 등이 있는데, 현재 구글을 가장 많이 쓰며 앞으로도 그럴 것 같다. 구글은 최신 버전인 네스트로 선택하는 것이 좋을듯 하다. 아마존이 국내에 알렉사 서버를 설치한다면 추후 어떻게 될지는 의문이다.

≫ 하드웨어 사별 부품 특징

• 브로드링크(Broadlink)사

‒ 리모컨/RF 리모컨으로 작동하는 전자 기기는 모두 연결 가능하여 말로 제어하고 조절할 수 있다.

‒ Wifi 라우터 기능이 있고 온습도센서(옵션 HTS2)를 사용할 수 있다.

‒ 호환성이 떨어저 국내산 제품은 일일이 학습시켜야 한다.

‒ 7m 이상인 방에서도 잘 동작한다.

‒ 리모컨과 같이 다른 기기를 제어하려면 쉽지 않다. 예를 들어 Tuya의 온습도센서는 리모컨과 음성 인식 시스템을 동시에 사용할 수 없다.

• Sonoff 사

‒ Wifi로 전등만 켜고 끄는 경우에는 최고의 제품이다. 그런데 센서를 달려면 1단계 제품 밖에 없어서 Wifi 라우터를 따로 구매한다. 타 플랫폼 기기와 연결하기 어렵다.

• 자동 커튼

‒ 앱이나 리모컨, 음성 인식으로 작동한다.

APP&Remote Smart Blinds Motor Controller

스마트폰에서 리모컨 제어가 되고 일반 리모컨도 사용할 수 있으며, 배터리가 내장된 Wifi 버전이다(Zigbee 버전을 사면 Wifi 연결 라우터가 필요하다.).

• 컬러 조명

일반 조명과 같은 백색 빛도 사용할 수 있다. 사이키 조명으로 이용하려고 구입했으나 사이키 조명 효과는 불가능하고, 마이크가 있어야 노래에 맞는 조명을 쓸 수 있다. 마이크 없이 하려면 컬러 조명 앱에 노래를 업로드해서 사용해야 해서 노래방용으로 사용할 수 없다는 느낌이 들었다.

그나마 스트로보가 노래방 조명과 거의 비슷하지만 이것도 카메라 플래시처럼 순간적으로 터지는 효과만 있다. 사이키 조명을 별도로 구매해야 한다.

조명은 필립스사 것이 대표적이나 이제는 플랫폼 별로 조명이 나와서 선택의 여지가 무척 많다. 가장 편한 점은 자다 깨서 "조명 켜줘. 조명 꺼줘."라고 말로 명령할 수 있어서 리모컨을 찾을 필요 없다는 점이다.

[Philips의 스마트 전구 'Hue']

》온도 조절
• 가장 저렴

Smart Life/Tuya에서 콘센트 기능을 하는 부품으로 난로를 켜고 끈다. 온도계는 각 플랫폼으로 호환 가능한 것을 사용해야 한다. 어떤 난로에서든 사용할 수 있어야 하고 정전 복구 기능이 있어야 한다.

결론은 각 플랫폼 별로 구현을 해야 한다는 것이다. 센서와 난로의 플랫폼이 서로 다르면 호환이 안된다. 그러면 플랫폼 별로 센서를 따로 구입해야 하므로 매우 불편하다.

• 리모컨을 이용하는 방법

브로드링크사 제품을 이용하려면 이 회사의 온습도 센서를 구입해야 한다. 가격은 1만원대로 저렴하다. 샤오미사의 온풍기가 가성비가 좋지만 연결하려면 샤오미의 플랫폼으로 들어가야 하므로 현실적으로 연결하기 힘들다. 샤오미 온풍기와 온습도계를 사용하려면 연결을 위해 스마트폰을 켜야 해서 불편했고, 블루투스를 이용해야 하므로 연결성도 좋지 않았다.

• Sonoff사의 것을 사용하려면 Sonoff TH16과 온습도계를 동시에 구매해야 한다. 방수 온도계도 있어 수온 제어시에 편하다. 일반 센서는 연결할 수 없고, Zigbee 허브와 센서 구매에 비용이 많이 들며, 다른 센서와 호환되지 않는다.

• 에어컨 제어

위니아 리모컨은 브로드링크사 리모컨 서버 중에서도 특이해서 온도 17도, 18도, 30도 별로 다른 값을 가지고 있어 온도를 올리고 내리는 것을 각각 버튼에 정해야 한다.

• 앰프 제어

브로드링크사 리모컨으로 제어한다. 브로드링크사 리모컨 학습 기능으로 야마하 앰프를 학습시킨다. 야마하 앰프는 on, off가 따로 있어 세팅을 따로 해야한다. Relearn 기능과 기존에 브로드링크에 내장된 리모컨 파일이 제대로 동작하지 않는다.

• 플랫폼 문제점 해결

Sonoff사의 경우는 전등 전원 onoff 장치는 Wifi이나 센서는 라우터가 필요하고, 플랫폼도 ewelink라는 별도의 플랫폼을 사용해서 Smart Life 같은 플랫폼과는 호환이 되지 않아 불편하다. 온도 조절을 할 경우 동일 플랫폼을 사용하는 것이 가장 좋다. 구입 시 신경 써야 할 부분이다.

브로드링크 리모컨으로 냉방 제어를 하는 경우에도 온도계가 호환되지 않아서 브로드링크 온도계를 따로 구입해야 한다. 필자도 온도계를 새로 구입해서 사용했다.

자동 커튼의 경우는 Wifi 버전을 사지 않으면 센서, Wifi 라우터 등을 같은 플랫폼에서 사용할 수 있는 것으로 다시 구매해야 한다.

현재 가성비가 가장 좋은 플랫폼은 중국산 Tuya와 Smart Life이다(2가지 플랫폼은 호환이 잘된다.).

• 현재 해결 방안

2단계 상위인 구글 홈 같은 곳에서 센서 데이터까지 각 플랫폼별로 호환되면 다 해결된다. 현재는 시장을 통일하는 플랫폼이 없으므로 현재는 플랫폼 선정이 제일 중요하다. 호환성이 뛰어나고 각 부품이 많은 플랫폼이 좋다. 가성비가 문제이기는 하다. 가성비가 가장 좋은 플랫폼은 현재 중국산 Tuya와 Smart Life이다.

가정에서 스마트홈을 제대로 구현하려면 플랫폼을 하나로 통일하거나 플랫폼끼리 연결하는 장치가 있어야 한다.

아직은 초창기라 통일하려면 시간이 필요하다. 하지만 플랫폼을 하나로 통일하고, 블루투스나 zigbee 통신 연결을 IoT 표준 프로토콜인 MQTT(Wifi 가능)로 통일함으로써 하드웨어 통신도 하나로 통일할 필요가 있다. 곧 매터로 통일된다고 하니 기대된다.

ESP32의 입장에서는 구글이나 알렉사에 연결되어 음성 명령이 되면서 동시에 Wifi를 통해서 인터넷이나 윈도즈 서버 등에서 조정되는 시스템의 구축이 필요하다. 즉 음성 명령은 필수이다.

다음 장에는 아두이노 ESP32와 구글 스피커로 하는 음성인식 방법을 설명한다. 이것이 된다면 기존의 ESP32로 했던 모든 것을 음성으로 제어할 수 있다. 다음 장에서 실제 음성 제어 방법을 배워서 여러분이 EPS32로 만든 디바이스를 구글이나 알렉사 디바이스로 만든다.

이제 기존의 ESP 제어 시스템과 음성 인식을 통한 구글 홈 연결이 가능하다. 그러면 많은 편의성이 제공이 되고 좀 더 많은 디바이스를 만들 수 있어 스마트홈을 구현할 수 있다. 결국 구글 디바이스나 알렉사 디바이스가 되는 것이다.

기대되는 세상이 될 것이다. 플랫폼 호환 문제와 음성 인식 부분만 제대로 해결이 된다면 스마트홈은 대세가 될 것이다. 아주 편하기 때문이다. 대표적으로 노인 케어에 로봇을 접목시킨 새로운 산업이 크게 성장할 것이다. 로봇이 간병인의 역할 중 많은 부분을 대신할 수 있기 때문이다.

10-2 구글 스피커 / 아마존 알렉사 음성인식 스피커

구글에서 발매한 음성 인식 스피커이다. '구글 네스트(Nest)'가 최신 버전이고, 구 버전은 '구글 홈'이다. 구글 네스트는 구글 네스트와 미니 두 가지가 있다.

2020년 6월 말에 구글은 AI 스피커 '네스트 허브'와 '네스트 미니'를 국내에 출시하였다. 네스트 허브는 구글 최초로 스크린을 탑재한 스마트스피커이다. 7인치 터치스크린을 통해 동영상을 시청할 수 있고 날씨 등의 정보를 확인할 수 있다. 유튜브와 구글 포토 등 다양한 Google 서비스도 시각적으로 지원한다. 구글 포토의 경우 라이브 앨범 기능을 활용해 스크린을 액자로도 사용가능하다. 네스트 허브는 한 개의 화면에서 스피커와 연동된 모든 홈네트워크 기기를 확인하고, 터치스크린과 음성을 통해 쉽게 제어할 수 있어 본격적인 스마트홈 기기로서의 형태를 띠고 있다. 네스트 미니는 구모델인 구글 홈 미니보다 베이스 사운드가 더욱 강력해졌고, 독창적인 튜닝 소프트웨어로 고품질 사운드를 제공한다.

▲ 네스트 미니

공식 스토어

https://bit.ly/2TJoQGL

▼ 국내에서 판매하는 구글 스피커

아마존에서 나온 알렉사도 비슷한 제품이다. 대표적으로 두 가지가 가장 많이 쓰인다. 아마존은 데이터 분석을 중심으로 인공지능과 하드웨어의 결합을 통해 생태계를 구축하고 있다. 데이터 분석 플랫폼인 'AWS IoT', 인공지능인 '알렉사'와 알렉사를 탑재한 홈 IoT 허브인 '에코(Echo)' 스피커 등 개방형 IoT 사업을 추진하고 있다. AWS IoT는 개발자들에게 SDK를 제공하고 있으며 현재 다수의 기업 및 개발자들이 다양한 AWS IoT 애플리케이션들을 개발하고 있다. 이 책에서도 ESP32를 통해서 AWS IOT 를 연결하는 예제를 제공하고, 알렉사 스피커에 연결하여 음성 인식이 되는 시스템을 개발할 수 있는 환경을 제공한다. 실제 연결을 해서 테스트를 한다.

'에코(Echo)'는 다양한 가전제품과 연동되며 음성으로 명령할 수 있다. 에코와 연동 가능한 기기는 250여 개가 넘을 정도이다. 아마존은 시장을 주도하며 무료 상담 및 특정 제품 설치 서비스 등을 제공하고 있으나, 국내에서는 구글에 비해 시장에서 밀리는 양상이다. 하지만 국내에 서버를 설치한다면 시장에서 큰 역할을 할 것으로 기대된다.

여기서는 구글과 알렉사에 모두 연결되는 기술과 두가지 다 AWS-IoT에 연결하는 기술을 배운다.

>> 구글 스피커에서 말로 명령할 수 있는 것

구글 스피커를 쓰면 어디까지 사용이 가능한지 헷갈릴 때가 있다. 이것이 어느 정도까지 되는지 조사를 해보았다. 아래는 구글에서 쓸 수 있는 말로 하는 명령어의 예이다.

https://bit.ly/3D5YRiN

구글에게 말을 걸려면 "Ok, Google." 혹은 "Hey, Google."이라는 말로 시작해야 한다.

>> 구글 스피커 명령어 (출처 : 구글 홈페이지)

Google 어시스턴트로 할 수 있는 작업

- **현지 정보 확인하기**
  - **날씨** : 오늘 날씨는 어때?
  - **음식** : 근처 피자집을 찾아 줘.
  - **영업시간** : 이마트 아직 열려있어?
  - **길 안내** : 집까지 길 안내해 줘.

- **하루 계획**
  - **교통정보** : 오늘 출근길 교통량 어때?
  - **리마인더** : 집에 도착하면 빨래하라고 알려 줘.
    일요일마다 엄마한테 전화하라고 알려 줘.
  - **캘린더 일정** : 오늘 첫 번째 회의는 언제야? 내 캘린더에 회의 추가해 줘.
  - **항공편** : 유나이티드 항공편 1463이 정시 도착해?

- **Google에 물어보기**
  - **게임 업데이트** : 워리어스 게임에서 누가 이겼어?
  - **계산** : 80의 20%는 뭐야?

- **사전** : "gregarious"가 무슨 뜻이야?
- **번역** : 프랑스어로 "반갑습니다."가 뭐야?
- **금융** : 오늘 S&P 500 지수는 어때?
- **단위 변환** : 1마일은 몇 킬로미터야?
- **검색** : 여름 방학에 뭐 하면 좋을지 검색해 줘.
- **이미지 검색** : 새끼 고양이 사진 찾아 줘.
- **웹 답변** : 카펫의 와인 얼룩은 어떻게 지우지?

• **미디어 재생**
- **음악** : 재즈 음악 틀어 줘.
- **팟캐스트** : 「This American Life」의 최신 에피소드 틀어 줘.
- **뉴스** : 뉴스 틀어 줘. BBC 최신 뉴스는?

• **즐기기**
- **어시스턴트에 대해 알아보기** : 꿈을 꾸니? 제일 좋아하는 색깔이 뭐야?
- **게임** : 게임 하자. 퀴즈 하나 내줘.
- **엔터테인먼트** : 재밌는 얘기 좀 해 줘. 재미있는 이야기 들려줘.
- **동물 상식** : 기린에 관해 말해 줘. 오늘의 동물은 뭐야?

• **스마트 홈 제어**
- **조명** : 거실 조명 어둡게 해 줘.
- **온도 조절기** : 난방을 21도로 설정해 줘. 온도 2도 낮춰.

Tuya, smart life 플랫폼이나 Sinric Pro 등도 호환되면, 호환되는 플랫폼이 무지하게 많아서, 구글 홈에만 연결하면 구글 스피커에서 사용할 수 있다.

• **하루 계획**
- **알람** : 오전 7시에 알람 설정해 줘.
- **예약** : 금요일에 [음식점] 2명 예약해 줘. [음식점] 예약해 줘.
- 일부 음식점은 지원되지 않을 수 있다.

• **연락**
중요 : 스마트 디스플레이에서만 작동한다.
- **통화** : 엄마한테 전화해 줘. 스피커폰으로 주언이한테 전화해. 화상 통화 걸어 줘.

- **Duo** : 엄마한테 전화해 줘. 거실 스마트 디스플레이에 전화 걸어 줘.

도움말 : 두 가지를 한 번에 요청하려면 '다음'을 사용해 이어 말하세요. 예를 들어 "Hey Google, 조명 끈 다음 TV 켜 줘."라고 말하면 된다. 현재로서는 Google 어시스턴트를 영어로 사용하는 경우에만 두 가지를 한 번에 요청할 수 있다.

• 스피커 및 디스플레이에서 음악 듣기

인기 음악 서비스에서 아티스트, 노래, 장르, 앨범, 재생목록, 기분, 활동별로 음악을 즐겨라. Google Nest 또는 Home 스피커/디스플레이를 한 명이 사용하든 여러 명이 사용하든 관계없이 각 사용자는 스트리밍 서비스당 계정 하나만 연결할 수 있다. 콘텐츠 파트너 및 가입 상품에 따라 들을 수 있는 음악이 다르다.

- YouTube Music*, Spotify*, Pandora*: 사용자가 요청한 노래, 앨범, 아티스트와 관련있는 뮤직 스테이션을 들을 수 있습니다.
- YouTube Premium*, YouTube Music Premium*, Spotify Premium*, Apple Music*, Pandora Premium*, Deezer Premium* : 특정한 노래나 앨범을 감상하거나, 특정 아티스트의 여러 음악을 들을 수 있다. 장르, 기분, 활동에 따라 음악을 듣거나 개인 재생목록에 있는 음악을 들을 수 있다.

• 기본 음성 명령

요청할 작업	"Hey Google" 다음에 할 말
노래 요청	"[노래 이름] 재생해 줘." "[아티스트 이름]의 [노래 이름] 재생해 줘." "[앨범 이름]에서 [노래 이름] 재생해 줘." "[음악 서비스]에서 [노래 이름] 재생해 줘." "[노래 이름]하고 비슷한 노래 재생해 줘."
아티스트 요청	"[아티스트 이름] 노래 재생해 줘." "[아티스트 이름] 음악 재생해 줘." "[음악 서비스]에서 [아티스트 이름] 노래 재생해 줘." "[아티스트 이름] 노래하고 비슷한 노래 재생해 줘."
앨범 요청	"[앨범 이름] 재생해 줘." "[아티스트 이름]의 [앨범 이름] 재생해 줘." "[음악 서비스]에서 [아티스트 이름]의 [앨범 이름] 재생해 줘."

장르, 기분, 활동에 따라 음악 재생	"클래식 음악 재생해 줘." "기분 좋은 음악 재생해 줘." "요리할 때 어울리는 음악 재생해 줘." "[음악 서비스]에서 [장르] 재생해 줘."
선택한 서비스의 맞춤 추천 콘텐츠 재생	"음악 재생해 줘." "[음악 서비스]에서 [장르] 음악 재생해 줘."
셔플	"셔플해 줘." "[앨범] 셔플해 줘." "음악 셔플해 줘." "[앨범] 셔플로 재생해 줘." "[앨범] 셔플해 줘." "셔플 모드로 [앨범] 재생해 줘." 앨범 이름 대신 아티스트 또는 재생 목록 이름을 사용할 수도 있다.
일시중지	"일시중지." "음악 일시중지해 줘."
다시 시작	"다시 시작." "계속 재생해 줘."
중지	"중지." "음악 중지해 줘."
다음 노래 재생	"다음." "건너뛰기." "다음 노래."
재생 중인 콘텐츠	"지금 재생 중인 거 뭐야?" "재생 중인 노래 뭐야?" "누구 노래 재생 중이야?"
볼륨 조절	"볼륨 5로 설정해 줘." "볼륨 40%로 설정해 줘."

10-3 인공지능 음성인식되는 구글 디바이스 만들기

구글 어시스턴트로 구글 홈으로 전등을 켜고 끄는 것은 큰 의미를 갖는다. 지금까지 연구 개발한 모든 기술이 들어간 구글 디바이스를 만들어 음성으로 모든 것을 제어할 수 있다는 뜻이다. ESP32를 구글 디바이스로 만들어서 고부가가치 제품으로 만들고, 구글 홈으로 자동화를 하고, 구글 스피커나 알렉사 스피커를 통해서 말로 전등 켜고 끄기 등 모든 작업을 할 수 있다는 뜻이다.

한 마디로 ESP32로 개발한 모든 제품이 구글 디바이스화되어 스마트홈 시스템에 자동으로 연결된다는 뜻이다. 결국 이 기술로 스마트홈의 최종 단계까지 올라가는 하드웨어/소프트웨어가 되는 것이다. ESP32를 구글 홈의 기기로 등록을 하고 그것을 구글 어시스턴스가 음성 인식을 해서, 구글 홈의 기기를 켜고 꺼주는 것이다.

이것이 가능하려면 Tuya, 스마트 씽(삼성 인수)… 등등의 플랫폼에 연결해야 하는데 여기서는 Sinric Pro라는 플랫폼을 사용한다. 디바이스 3개까지는 무료이고 3개 이상은 유료이다.

≫ 준비물

- ESP32 배터리 버전과 릴레이

  앞에서 사용한 것을 그대로 사용한다. 모든 ESP32를 사용할 수 있다.
- 스피커로 아마존 에코 닷(optional)이나 구글 네스트 미니(optional)에 연결한다. 스마트폰으로 테스트할 수 있다.

≫ 순서

릴레이를 구글 어시스턴트 혹은 알렉사로 음성 제어한다 → Sinric Pro 유저 id를 만들고 디바이스를 등록한다 → ESP32 아두이노 IDE로 프로그래밍한다 → Sinric Pro를 통해 구글 홈 앱에 연결한다 → Sinric Pro를 통해 아마존 알렉사 앱에 연결한다.

> **결론**
>
> 다른 어떤 연결 방식보다 빠르고 간단하다. ESP32를 활용해서 구글과 알렉사 디바이스를 쉽게 만들 수 있다.

➤➤ ESP32 아두이노 IDE에 라이브러리를 설치한다.

라이브러리가 3개 있다.　　　　　　　　　　　　　https://bit.ly/3qfCxhr

- **Sinric Pro** ,Boris Jaeger (Download Sinric Pro examples for ESP8266 & ESP32)
- **WebSockets** ,Markus Sattler (minimum Version 2.3.5)
- **ArduinoJson** ,Benoit Blanchon (minimum Version 6.12.0)

➤➤ 아두이노 IDE

① 라이브러리 매니저(Library Manager – Tools / Manage Libraries)

② Sinric Pro를 검색해서 설치한다.

③ 반복해서 다른 라이브러리 2개도 설치한다.

④ 예제 파일을 실행해 본다. (File / Examples / SinricPro / ...)

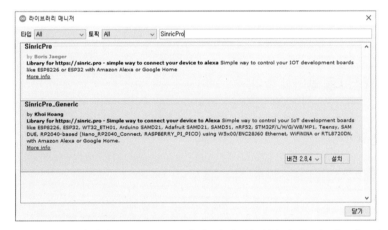

Sinric Pro 설치 (WebSockets까지 같이 설치할지 물어보는데, 같이 설치한다.)

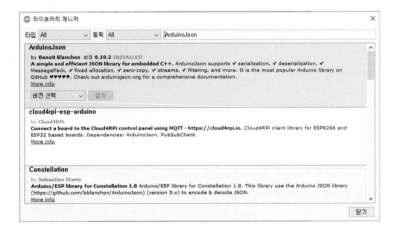

아마존 IoT를 하면서 이미 설치했으므로 그대로 사용한다. 안 깔려있으면 새로 깐다. 설치
를 완료했다.

≫ 예제 프로그램 실행

Sinric 라이브러리의 relay 예제 프로그램을 사용하려고 한다. 하드웨어는 배터리 보드를 그대로 사용하여 구글 어시스턴스 음성 인식 명령으로 릴레이를 켜고 끄려고 한다. 바뀐 프로그램은 relay_google 이다. 먼저 Sinric device로 등록해야 한다. 그래야 아래의 key값 3개를 얻을 수 있다.

```
//#define APP_KEY        "f98aadb1-c7f0-477c-8XXXXXXXXXXXXXXXX"      // Should look like "de0bxxxx-1x3x-4x3x-ax2x-5dabxxxxxxxx"
//#define APP_SECRET        "20554093-bfd6-46d4-ab89-87b1cfc2fc0a-f8f7cebb-3ae8-466c-aXXXXXXXXXXXXXXXX"   // Should look like "5f36xxxx-x3x7-4x3x-xexe-e86724a9xxxx-4c4axxxx-3x3x-x5xe-x9x3-333d65xxxxxx"
//#define SWITCH_ID        "6219bd94XXXXXXXXXXXXXXXX"      // Should look like "5dc1564130xxxxxxxxxxxxxx"
```

본인이 등록한 키 값을 넣어서 #을 풀어야 한다.

등록하는 곳

https://bit.ly/3N0v2od

등록이 끝난 후 credentials에 가면 APP 키와 APP SECRET 키 값을 알 수 있다.

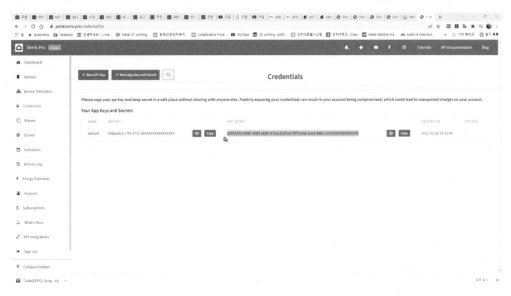

여기 있는 것을 긁어서 카피하니 연결이 안되어서 한참 고생했다. 카피 아이콘을 이용해야 키 값을 정확히 복사할 수 있다. 디바이스를 등록한다. Relay로 등록하고, 영어 발음이 r이 잘 되지 않아 구글 어시스턴스로 음성 인식이 안되어 한글로 바꾸었다.

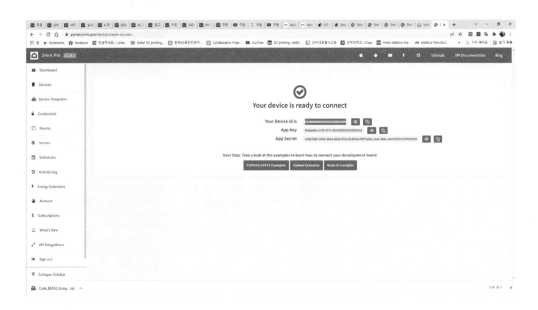

디바이스 ID까지 생성된다. 복사할 때 반드시 카피 아이콘을 사용해야 한다.

```
    #define APP_KEY          "f98aadb1-c7f0-477c-82fe-aabcd6173d50"      // Should look like
"de0bxxxx-1x3x-4x3x-ax2x-5dabxxxxxxxx"

    #define APP_SECRET       "20554093-bfd6-46d4-ab89-87b1cfc2fc0a-f8f7cebb-3ae8-466c-
a90b-dae0d080412f"   // Should look like "5f36xxxx-x3x7-4x3x-xexe-e86724a9xxxx-4c4axxxx-
3x3x-x5xe-x9x3-333d65xxxxxx"

    #define SWITCH_ID         "6219bd94d0fd258c52e6c012"     // Should look like
"5dc1564130xxxxxxxxxxxxxx"
```

정확히 카피한다. 다음 회로 상태에 맞게 수정한다.

```
    #define BAUD_RATE      115200          // Change baudrate to your need
    #define RELAY_PIN       23             // Pin where the relay is connected (D5 = GPIO 14 on
ESP8266)
```

릴레이 23으로 한다. 기존에 배터리 ESP32에서 쓰던 회로이다.

≫ 스마트폰 : 다음은 구글을 연결하는 방법이다.

Sinric 앱을 깐다. → 구글 홈 앱을 깔고 연결한다. → 구글 어시스턴스 앱을 사용하여 음성 인식 명령을 내려 본다.

• **Sinric 앱 깔고 세팅하기**

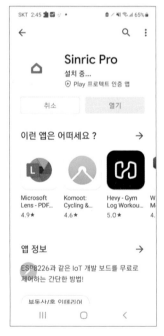

❶ 앱을 깔고 연다.

❷ 이 상태에서 ESP32에 프로그램을 업로드한다.

프로그램 : relay_google

```
/*
 * If you encounter any issues:
 * - check the readme.md at https://github.com/sinricpro/esp8266-esp32-sdk/blob/master/
README.md
 * - ensure all dependent libraries are installed
 *   - see https://github.com/sinricpro/esp8266-esp32-sdk/blob/master/README.
md#arduinoide
 *   - see https://github.com/sinricpro/esp8266-esp32-sdk/blob/master/README.
md#dependencies
 * - open serial monitor and check whats happening
 * - check full user documentation at https://sinricpro.github.io/esp8266-esp32-sdk
 * - visit https://github.com/sinricpro/esp8266-esp32-sdk/issues and check for existing issues
or open a new one
 */
#define ENABLE_DEBUG

#ifdef ENABLE_DEBUG
    #define DEBUG_ESP_PORT Serial
    #define NODEBUG_WEBSOCKETS
    #define NDEBUG
#endif

#include <Arduino.h>
#ifdef ESP8266
    #include <ESP8266WiFi.h>
#endif
#ifdef ESP32
    #include <WiFi.h>
#endif

#include <Arduino.h>
```

```
#include <WiFi.h>

#include <SinricPro.h>
#include <SinricProSwitch.h>

#define WIFI_SSID      "iptime9"
#define WIFI_PASS      "**********"
#define APP_KEY        "f98aadb1-c7f0-477c-82fe-aabcd6173d50"    // Should look like
"de0bxxxx-1x3x-4x3x-ax2x-5dabxxxxxxx"
#define APP_SECRET     "20554093-bfd6-46d4-ab89-87b1cfc2fc0a-f8f7cebb-3ae8-466c-
a90b-dae0d080412f"   // Should look like "5f36xxxx-x3x7-4x3x-xexe-e86724a9xxxx-4c4axxxx-
3x3x-x5xe-x9x3-333d65xxxxxx"
#define SWITCH_ID      "6219bd94d0fd258c52e6c012"   // Should look like
"5dc1564130xxxxxxxxxxxxxx"

//#define APP_KEY        "f98aadb1-c7f0-477c-8XXXXXXXXXXXXXXX"    // Should look like
"de0bxxxx-1x3x-4x3x-ax2x-5dabxxxxxxx"
//#define APP_SECRET     "20554093-bfd6-46d4-ab89-87b1cfc2fc0a-f8f7cebb-3ae8-466c-
aXXXXXXXXXXXXXXX"   // Should look like "5f36xxxx-x3x7-4x3x-xexe-e86724a9xxxx-4c4axxxx-
3x3x-x5xe-x9x3-333d65xxxxxx"
//#define SWITCH_ID      "6219bd94XXXXXXXXXXXXXXX"   // Should look like
"5dc1564130xxxxxxxxxxxxxx"
#define BAUD_RATE    115200       // Change baudrate to your need

#define RELAY_PIN    23              // Pin where the relay is connected (D5 = GPIO 14 on
ESP8266)
//const char* ssid     "iptime9"
//const char* passwd   "**********"

bool onPowerState(const String &deviceId, bool &state) {
  digitalWrite(RELAY_PIN, state);      // set pin state
  return true;                 // request handled properly
```

```
}

void setup() {
  pinMode(RELAY_PIN, OUTPUT);              // set relay-pin to output mode

  digitalWrite(RELAY_PIN, HIGH);
  Serial.println();
  Serial.println();
  Serial.print("Connecting to ");
  Serial.println(WIFI_SSID);
  WiFi.begin(WIFI_SSID , WIFI_PASS);        // start wifi

  //WiFi.begin(ssid, password);

  while (WiFi.status() != WL_CONNECTED) {
    delay(100);
    Serial.print(".");
  }

  Serial.println("");
  Serial.println("WiFi connected.");
  Serial.println("IP address: ");
  Serial.println(WiFi.localIP());

  SinricProSwitch& mySwitch = SinricPro[SWITCH_ID];  // create new switch device
  mySwitch.onPowerState(onPowerState);              // apply onPowerState callback
  SinricPro.begin(APP_KEY, APP_SECRET);             // start SinricPro
}

void loop() {
  SinricPro.handle();                    // handle SinricPro commands
}
```

❸ Upload가 되면 ESP32는 Sinric 앱에 연결된다. 이러면 Sinric앱의 offline이 온라인으로 바
  뀌고 거기서 on, off가 된다.

  Relay 프로그램은 시리얼 모니터에 아무것도 나오지 않아, 디버깅 용으로 다른 프로
  그램을 짜보았다. 거기서는 시리얼 모니터링이 되어서 on, off 한 값을 볼 수가 있다.
  Device ID로 확인이 가능하다.

참고

  그러나 계속 되지 않아서 고생했다. 아까 말한 것처럼 키 값의 Copy 부분을 클릭하는
  방식으로 복사하지 않아서 제대로 카피가 안되어 오프라인으로 연결이 안되어 계속 헤
  매었다. 나중에 제대로 카피하여 해결하였다.

❹ 구글 홈을 설치하여 음성 인식을 한다.

❺ 구글 홈으로 들어간다. 여기서 +를 선택해서, 플랫폼 중
  에 하나인 우리가 쓰려는 Sinric를 연결하고, 우리 디바이
  스인 relay를 등록해야 한다.

❻ 기기 설정을 누른다.

❼ 구글 호환 가능을 선택한다.

❽ Sinric을 검색하여 선택한다.

❾ Sign in을 하라고 하는데, 기존
에 등록한 것으로 Sign in한다.

⑩ Sign in을 한 번만 하면 구글 홈에 Living Room 에 relay로 등록이 된 것이 나온다. 성공이다. 이 제 음성 인식이 된다. 음성 인식은 구글 어시스 턴스에서 자동으로 실행된다. "헤이, 구글."또 는 "오케이, 구글."이라고 말하면 음성 입력이 가능한 상태가 된다. Relay 발음이 어려운 R 발 음이라 한글, 영어로 해도 잘 인식을 못하여 음 성 명령이 잘 안되었다. 그래서 한글 이름으로 바꾸기로 했다. Sinric 앱에 가서 이름을 바꾸기 위해 설정으로 간다.

⑪ Edit를 눌러서 수정한다.

⑫ 한글 이름으로 바꾼다. 이제 음성 인식이 된다.
   하나 하나가 과정이다. "헤이 구글, 릴레이 켜줘."
   라고 하면 릴레이가 따각 소리와 함께 켜진다.

⑬ "헤이 구글, 릴레이 꺼줘."라고 하면 릴레이가 꺼진다. 이것은 동영상을 만들어서 유튜브에 올릴 예정이니 보기 바란다. 스마트폰에서 두 번째에 인식하지 못한 것은 카메라와 구글 스피커가 동시에 구글 음성 인식을 해서 혼선이 왔기 때문이다.

음성으로 실행하는 비디오

https://youtu.be/lyndOZ9q-PM

알렉사로도 가능하나 필자는 알렉사를 사용하지 않아서 여기서는 다루지 않는다. 알렉사를 쓰는 사람들은 알렉사 연결법으로 하면 그대로 사용 가능하다. 그 외에 예제에 프로그램이 많으니 분석해서 사용하기 바란다. 단 무료로 Sinric Pro 사용 시에 디바이스 3개까지는 무료이나 그 이상은 유료이니 대량으로 쓸 때는 유료로 쓰면된다. 서비스 하거나 판매할 때는 유료로 하니 큰 문제는 없다. 구글 디바이스를 살 때 비용을 내는 것과 같다.

> **참고**
>
> LED_devkit_google 프로그램은 DevKit의 내장 LED를 켜고 끄는 것을 구글 음성 명령으로 테스트할 수 있는 프로그램이다.
> "헤이 구글, 릴레이 켜줘."라고 하면 내장 LED가 켜지고 꺼진다. 간단한 기능 테스트를 할 수 있다.

10-4 구글 홈 디바이스

》 구글 홈 구축에 사용한 부품 구입

구글 홈 부품을 만들수도 있지만 구입할 수 있는 제품이 무궁무진하다.

• 스마트 소켓

반드시 Wifi용으로 사고 모든 제품이 안정적이므로 원하는 곳에서 구입하면 된다. 플랫폼은 Tuya나 Smart Life를 선택한다.

https://bit.ly/3wuYuN4

여러 가지 플랫폼을 통해 구글 , 아마존 스피커 모두와 연결된다.

콘센트 전원을 on off해서 집안의 모든 기기를 스마트폰이나 음성으로 제어할 수 있다.

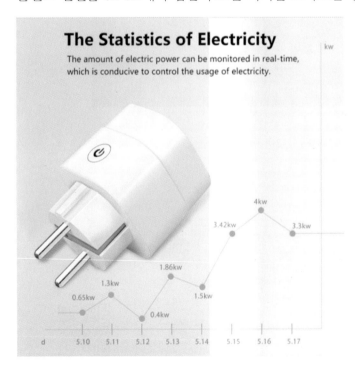

단락 시에 전력을 자동으로 차단할 수 있고, 전력 사용 상태를 모니터링할 수 있으며, 스케줄을 정해서 관리할 수도 있다.

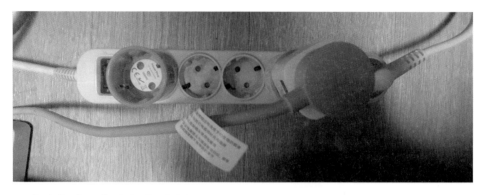

집에서 난로와 가습기 제어용으로 사용한다. 말로 난로와 가습기를 켜고 끈다.

"헤이 구글, 난로 켜줘."

"헤이 구글, 가습기 켜줘."

샤오미 난로 연결

• Sonoff Wifi 스위치

https://bit.ly/3uauweQ

Wiring Diagram

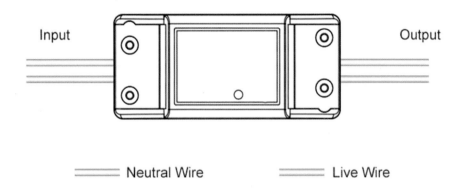

Input   Output

══ Neutral Wire   ══ Live Wire

Quick Start

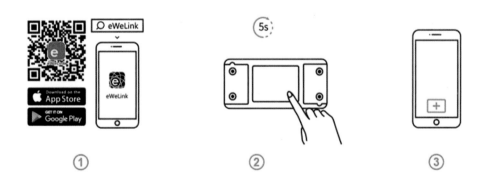

①   ②   ③

필자는 Sonoff사의 제품이 많이 쓰여서 Ewelink 플랫폼을 구입했는데 호환성을 위해 Tuya 플랫폼을 구입하는 것이 좋을 듯하다. Ewelink 플랫폼은 개별 제어는 되지만 연결 제어가 안되어 불편해서 구입한 게 후회된다.

일반 Tuya wifi switch로 구입하기 바란다.

https://bit.ly/36cvWNO

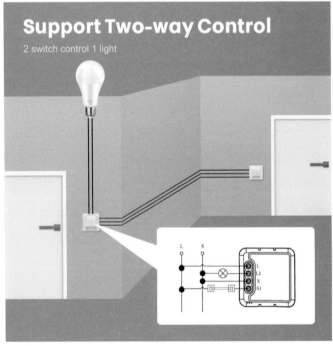

• 모션 센서

https://bit.ly/3N5twkE

• LED 스트립 – 컬러

https://bit.ly/3IvDdW2

• 리모컨

https://bit.ly/3CVOj5F

https://bit.ly/3tmq9hn

https://bit.ly/3uaN2U9

https://bit.ly/3JsACgZ

• **스마트홈 자동 커튼 구동 장치 구입** : MoesHouse ZigBee 스마트 DIY 전동 롤러 블라인드/
쉐이드 드라이브 모터 허브 Tuya Smart Life APP Alexa Google 홈 음성 제어

　단점 : Zigbee 허브 구매, 배터리 포함 배터리 용량: 7.4VDC/1000mAh

• **가격 저렴 :** wifi, 리모컨 포함, 배터리 없음.

https://bit.ly/3wo2izL

• AVATTO Wifi 스마트 롤러 블라인드 모터, Tuya WiFi 전기 셔터 커튼 모터,
알렉사/구글 홈으로 원격 음성 제어 작업. 배터리 없음.

https://bit.ly/34VZ3Eq

• **선정** : 충전 배터리, 리모컨, Wifi, 알렉사/구글, Broadcom RM4 호환

https://bit.ly/3N5yxK0

APP&Remote Smart Blinds Motor Controller

RF433.2 mhz remote

Google home

Broad link RM

Mobile app tuya wifi

Works with Amazon Alexa

• **샤오미 스마트 난로** : $76

https://bit.ly/3CZ4uit

10-5 구글 디바이스 제작 프로젝트 : 인공지능 음성인식 말 알아듣는 싱크대 수도

≫ 구글 알렉사 디바이스 제작 프로젝트 : 음성 인식 수도꼭지(Faucet)

기본 기능 이외에, "헤이, 구글. 물 틀어 줘."같은 음성 인식이 가능한 제품을 만들 수 있다. 3D 프린터로 기존 기계 가공으로는 제작할 수 없는 제품을 설계하여 최상의 제품을 만들 수 있다. 파이프가 없어도 물이 나오는 DFAM 방식의 3D 프린팅 설계 기술을 도입해서 진행한다. 아래의 유튜브 비디오를 참조한다.

Moen사의 스마트 수도꼭지(Smart faucet) 처럼 수도꼭지를 개선하여 메탈 3D 프린터로 예술적인 제품으로 만들 수 있다. 이를 하나의 프로젝트로 진행하여 세계 최상급의 제품을 만들 수 있다. 가정용 수도꼭지 시설을 만드는 회사에게 마케팅 목적으로 좋은 프로젝트가 될 수 있다.

참고

≫ Moen사의 Smart 수도꼭지

https://bit.ly/3Iqy9Cg

https://bit.ly/3N78WAn

필자가 메탈3D 프린터로 협회 제작 시에 만든 수도꼭지이다.

국내에서 개발한 사례가 있다. 여기에 구글, 알렉사 디바이스로 만드는 과정을 추가하면 된다.
https://bit.ly/3L1tgkY

≫ 해외 제작 사례

해외에서 제작하여 아랍 에미리트 최고급 호텔에 설치한 수도꼭지

https://bit.ly/3N94y43

https://bit.ly/3N62zgC

https://bit.ly/34XslTf

세계적인 기업 GROHE 와 American Standard 에서도 발매했다.

LESSON 11

스마트팜

11-1 스마트팜을 시작하며

≫ 스마트팜이란 ?

정보통신기술(ICT)을 활용해 '시간과 공간의 제약 없이' 자동으로 작물의 생육 환경을 관측하고 최적의 상태로 원격 관리하는 과학에 기반을 둔 농업 방식이다.

- 스마트팜은 농작물과 가축의 생육 정보와 환경정보 등에 대한 정확한 데이터를 기반으로 언제 어디서나 농작물과 가축의 생육환경을 점검하고 적기 처방을 함으로써 노동력·에너지·양분 등을 종전보다 덜 투입하고도 농산물의 생산성과 품질 제고가 가능한 농업을 의미한다.
- 농작물 재배 시설의 온도와 습도, 이산화탄소, 토양 등을 사물인터넷(IoT)기술로 측정해 분석 결과에 따라 제어 장치를 구동하여 적절한 상태로 변화시킨다.

스마트팜은 일반적으로 IoT와 빅데이터, AI, 자동화 시스템 및 로봇 기술을 시설 원예(비닐·유리 온실), 축사, 과수원 등에 접목하여 농작물과 가축의 생육 환경 유지·관리를 원격 또는 자동으로 수행하는 지능화된 농장 형태로 구현된다.

출처 : 농림수산식품교육문화정보원 제공, 2021

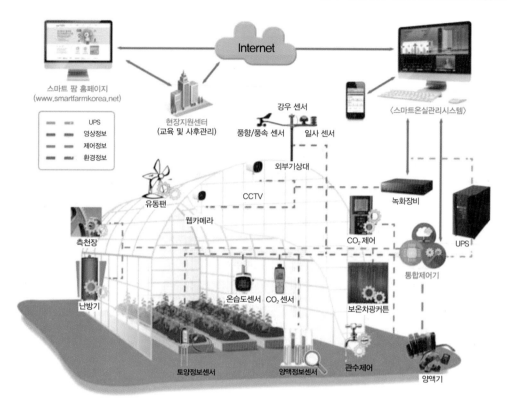

▲ 일반적인 형태의 스마트팜

아래는 미래에 적용할 제3세대 스마트팜 기술이다. 클라우드 서비스와 진단 및 패턴을
제시하며 IoT, 인공지능, 빅데이터 기술이 탑재된 것이 특징이다.

[3세대 스마트팜 기술 개요]

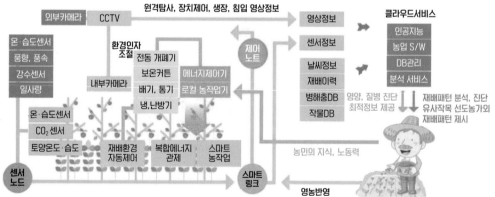

출처 : 국립농업과학원 스마트팜개발과 제공, 2021

최신 기술인 에어로팜은 작물을 흙 없이 재배하는 기술이다. 우리가 최종적으로 추구해야 할 기술이다.

* 출처 : 에어로팜을 아시나요?, 현대자동차 제공 2021

지금까지 스마트팜의 정의와 미래 기술에 대해서 알아보았다. 이제는 개인이 만들 수 있는 스마트팜에 대해서 알아보고 현재 판매되는 제품 중에서 집에서 구현할 수 있는 것에 대해서 알아본다.

≫ 재배 가능한 식물

what kinds of plants can be grown?

집안이나 스마트팜에서 재배가 가능한 채소류이다. 요즘 롯데마트 같은 곳에서 스마트팜에서 재배한 채소를 손쉽게 구할 수 있다. 최근에는 인삼과 산삼을 재배하는 방법이 각광받으며 현재 많이 재배되고 있다.

PROCESS OF THE PLANTING

1.Seed and Sprout

Put the seed into the water-absorbing sponge.Cover the sponge with a cloth or paper towel,Waiting for sprout
1).Leaf vegetables will need 2-10 days to sprout. Fruit will need longer
2).Keep the sponge absorbing water, don't bask in the sun

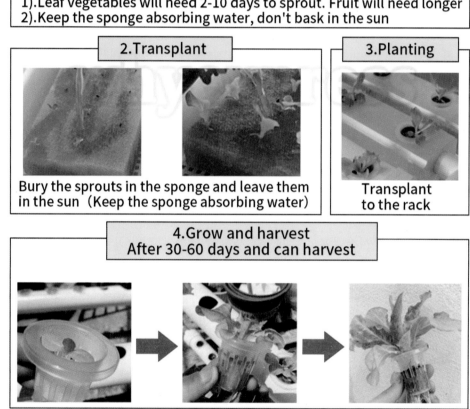

2.Transplant	3.Planting

Bury the sprouts in the sponge and leave them in the sun (Keep the sponge absorbing water)

Transplant to the rack

4.Grow and harvest
After 30-60 days and can harvest

생장하는 과정이다. 발아 → 스마트팜 장비로 이전 → 생장 단계를 거친다. 가정용 신선한 채소 또는 산삼과 인삼근을 공급하여 주말 농장이나 아파트 베란다에서 하는 채소 재배를 완벽히 대체 가능하다. 여기서 고려할 점은 스마트팜을 어떻게 개발하느냐이다. 규모를 어느 정도로 할지도 고민해야 한다.

ESP32 계열의 MCU와 아두이노 센서를 쭉 리뷰하다 보면 스마트팜을 산업용으로 할지 개인용으로 할지 고민하게 된다. 일단 MCU는 문제가 없으나 기타 센서와 전장 부자재, 모터 등은 산업용의 경우 가격이 가정용과 10배 이상 차이가 나기 때문이다. 구체적으로 초기에 구축하는 스마트팜은 테스트용이기 때문에 금액과 규모를 고려하면 굳이 산업용으로 진행할 필요는 없다. 따라서 여기서는 개인용으로 한 가정에 필요한 작물을 재배해서 먹는 정도나 디스플레이용에 맞게 제작하고, 추후에 투자 계획이 서면 산업용으로 바로 적용 가능하게 진행하고자 한다.

처음부터 산업용으로 진행하면 같은 일을 두 번 하지 않아도 되어 좋지만 투자와 영업계획이 없으면 가정용으로 진행하는 것이 좋다. 특히 판매 방안과 영업 계획이 없으면 무모한 투자나 정부의 연구비를 받고자 하는 용도로 전락하는 것이 현실이다. 산업용으로한 경우를 찾아보니, 스마트팜은 농업의 노동 집약적인 측면이 개선되었지만, 노동량과인력 투입이 많은 것이 현실이다. 노동력을 최대한 줄이는 것이 중요하다.

일단 개인용으로 구축하되 산업용 컨셉으로 진행하고 센서나 전장 자재를 일반용으로쓰고 추후에 산업용 부자재를 구입해서 바로 대체할 수 있게 진행한다. 개인용은 한 가족에게 필요한 채소나 식물 식자재 공급을 우선으로 한다. 주말 농장을 대체하여 집에서 키운다고 여기면 된다. 또는 아파트 베란다에서 채소를 재배하면 태양의 강도에 따라 남향이 아니면 힘든데, 이 시스템에서는 채소를 필요한 만큼 충분히 공급받을 수 있다.

그러면 스마트팜에 투자한 시간이 아깝지 않다. 개인용 스마트팜을 구성해서 가정에필요한 채소를 공급하고 아파트 베란다나 주말 농장을 충분히 대체할 수 있다. 또한 언제든지 산업용으로 부품을 대체하여 적용 가능한 시스템을 구축한다.

필자가 만든 가정용 스마트팜 MCU는 32비트이기 때문에 ESP32 성능상 산업용에 적용해도 되지만, 일반 센서나 전장 부자재, 모터 등은 저렴한 테스트용을 쓰고 추후 산업용 구축 시에는 내구성과 안정성이 우수한 산업용을 쓰는 것이 맞다는 생각을 했다.

통신 방식은 산업용을 사용한다. Wifi(TCP/IP)와 MQTT, LoRa(장거리,저전력 배터리 장시간 사용 방식),RS485, 휴대폰 통신, GPS 등을 사용한다. 이 부분은 가정용, 산업용이 동일하다.

센서나 전장 부자재는 일반용을 사용한다. 추후 이 부분만 교체하면 바로 산업용에 적용되고 가정용 장비에서는 안정적인 환경이라서 일반용으로 충분히 가동할 수 있다.

≫ 구성품

- **뼈대 부분인 생물이 생장할 수 있는 부분** : 자체 제작(목공, 용접기 등 공구,CNC, 3D 프린터…) 알루미늄 프로파일로 조립식 부품은 국내에서는 랜테리어㈜에서 구입하거나 임대하면 된다.
- **PC** : 데이터 저장, 중앙 제어
- **IoT 통신 장비** : 안드로이드폰, 자체 개발 손목 시계
- **MCU** : ESP32, 구글을 사용해서 음성 인식도 가능하다.
- **센서** : PH, 수분, 온도, 습도, CO
- **제어 장치** : 가습기(자체 제작), 히터, 양액 공급 장치, LED 조명(식물 생장용), 펌프, 모터, 릴레이, SSR, 솔레로이드 밸브, 인버터(LG 산전)
- **통신 장치** : Wifi(TCP/IP), MQTT, LoRa(장거리,저전력 배터리 장시간 사용 방식),RS485, 휴대폰 통신, GPS
- **전장 부자재**
- **식물생장용 자재** : 인삼(산삼), 가정용 채소, 딸기 재배 시스템이 많이 쓰인다.

이런 컨셉으로 제작하면 될 것 같다. 이 책에서는 어떤 방식으로 제작할지에 대한 컨셉만 이야기한다. 페이지 수의 제한 때문에 스마트팜 구현 과정은 추후 다른 책에서 소개할 예정이다.

기존 상용 제품에 대해서 알아본다. 알리익스프레스를 검색해서 이미 출시된 제어 시스템과 재배 시스템 관련 제품에 대해 알아보았다.

>> 농업 제어 시스템

대표적인 농업 제어 시스템을 살펴보면 알리익스프레스에서 구매해서 쓸만한 제품은 아래와 같다. 구입하거나 제작하면 되는데, 한꺼번에 사면 쌀 수도 있다. 야외 사용 시에는 컨트롤 박스를 사용해서 만드는 것이 안전하다.

https://bit.ly/3qofFMK

컨트롤 박스와 전원, 통신 장치, 릴레이 접점 센서 연결부 등으로 구성된다. MQTT, 웹, 스마트폰에서도 제어할 수 있다.

▲ 컨트롤 박스의 겉모양

PC뿐만 아니라 스마트폰에서도 제어가 가능하다. 필자는 추후 집필할 책에서 스마트
홈과 스마트팜을 동시에 제어하는 PC와 ESP32, 스마트폰을 쓰는 오픈소스 플랫폼을 제
작해 보려고 한다. 제작을 완료하면 공개하려고 한다.

》》 수경 재배 시스템

구매할 만한 시스템 몇 가지를 검색해 보았다. 제어부를 제외하고는 자재를 따로 구매
하는 것보다 중국산 제품을 사는 것이 좋을 듯하다. 제어부는 추후에 따로 만들어서 붙이
는 것을 권한다. 뒷 장에서는 스마트팜에 맞는 센서에 대해서 알아본다.

https://bit.ly/3N7o1C4

4단으로 각 레이어별로 8개, 총 48개의 작물을 키울 수 있게 구성되었고 상업 수경 성장
시스템이며 LED 빛을 사용한다.

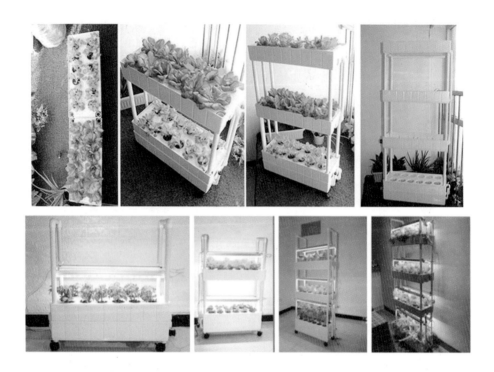

≫ 수경 재배 시스템

앞의 제품에 비해 성능이 좋아지고 비교적 고가 시스템으로 스마트화 되었다.

https://bit.ly/3ucF8K6

- **지능형 스마트 수경 화분**

  1. 식물 구멍 : 72

  2. 시딩 구멍 : 85

  3. 총 5층

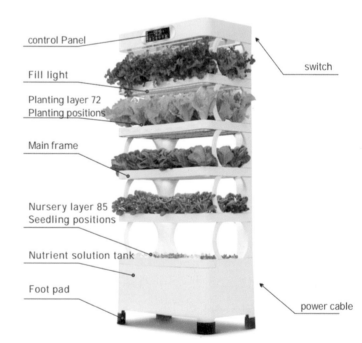

control Panel

switch

Fill light

Planting layer 72
Planting positions

Main frame

Nursery layer 85
Seedling positions

Nutrient solution tank

Foot pad

power cable

Dimensions： 770mm （long） X400mm （width） X1700mm （high）

>> 수경 재배 시스템

https://bit.ly/3ucF8K6

• **포함 사항**

　1 x 홀더 주요 파이프

　108 x 심는 구멍

　2 x 심기 스펀지

　6 x LED 성장 조명

　1 x 워터 펌프 (유럽 표준)

　1 x 타이머 (유럽 표준)

　다음 장에서 이런 시스템을 구축하는 센서 부품 및 시스템에 대해서 알아본다.

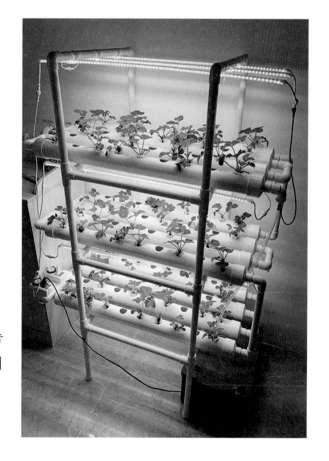

11-2 스마트팜에 사용하는 센서

식물이 쾌적하고 깨끗한 생장 환경에서 자라도록 하는 시스템이 스마트팜이다. 식물 재배를 위해서는 광, 수분, 온도, 습도, 이산화탄소, 양분 등을 조절해 식물이 생장하기에 적합한 환경을 조성해야 한다. 센서를 이용하여 제어하는 것이 대세이다. 각 센서에 대해서 알아본다. 여기서는 센서에 대해서 알아보고 이것을 활용해서 각자 스마트팜을 구현하기 바란다. 사례는 중국에서 판매되는 제품으로 알아보았다. 이를 참조하여 우수한 국산 제품도 찾아보고 여기서 배운 기술을 바탕으로 만들어 보기 바란다.

양액 pH 조절,온도, 습도, 환기, 광합성을 위한 광 제어 등등 최적의 환경을 만들기 위한 시스템에 필요한 부품에 대해서 알아보고 이것을 시스템에 붙이는지에 대해서 알아본다.

[측정매체별 분류]

분류	상세 내용
온도센서	• 공기, 작업환경, 기계 또는 열조건을 추적하는 모든 종류의 센서 • 접촉식과 비접촉식으로 구분됨
수분센서	• 습도를 측정하는 센서 • 농업환경, HAVC 등에 적용되는 기술
음향센서	• 특정 환경의 소음 수준을 측정하는 센서
초음파센서	• 초음파를 발생시켜 두께와 움직임을 검출하는 센서 • 정전효과 방식과 압전소자 방식 등으로 분류됨
수위센서	• 자연 재해를 방지하기 위한 수위센서로, 홍수 경보 및 분석, 예측에 활용 가능
모션센서	• 움직임을 파악하여 침입 및 강도를 모니터링할 할 수 있는 센서
자이로스코프센서	• 회전 및 각속도를 측정하는 센서로, 내비게이션 시스템과 로봇공학 등에 적용
화학센서	• 화학 물질을 검출할 수 있는 센서
이미지센서	• 광학 데이터를 전기적 임펄스로 변환하는 센서

≫ 센서의 종류

센서의 인터페이스는 센서에서 나오는 0~5V의 센서 출력을 동작하는 ESP32의 아날로그 입력 전압 레벨인 3.3V에 맞추기 위해서 레벨 컨버터를 사용한다. 전압 분배기를 만들 수 있으나 간편하게 이것을 사용한다. 센서 출력 0~5V → 3.3V ESP32 입력으로 연결한다. 센서 출력이 0~5V가 대부분이라 ESP32에서는 레벨 컨버터로 5V를 3.3V로 낮추어 준다.

1) pH 센서

pH 센서는 크게 두 가지가 있다. 물의 pH 농도를 재는 센서, 수용액이나 양액의 pH를 재는 센서가 있다. 여기서는 물의 pH를 재는 센서를 실습한다. 두 가지 인터페이스 방법이 동일하므로 하나만 실습해 보면 센서를 바꾸어 그대로 사용할 수 있다. 센서만 바꾸면 물 또는 양액의 pH를 측정하여 제어할 수 있다. 수경 재배 시스템에서는 약 6정도를 유지해야 식물 영양 섭취에 최적이다. 측정 범위는 0~14이다. pH 7이 중성이고 0에 가까우면 산성, 14에 가까우면 알칼리성이다.

PH-4502C-아두이노-센서 물의 pH를 재는 센서의 구매처이다.

https://bit.ly/3lvQ2j8

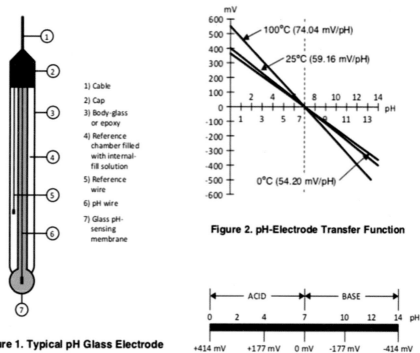

Figure 1. Typical pH Glass Electrode

1) Cable
2) Cap
3) Body-glass or epoxy
4) Reference chamber filled with internal-fill solution
5) Reference wire
6) pH wire
7) Glass pH-sensing membrane

Figure 2. pH-Electrode Transfer Function

Figure 3. pH Scale

Source: AN-1852 Designing With pH Electrodes, Texas Instruments

▲ 센서 일렉트로드

수용액의 경우는 다른 것

https://bit.ly/36y9yOA

》》 센서 인터페이스 부

아두이노 ESP32와 연결이 가능한 부분이다.

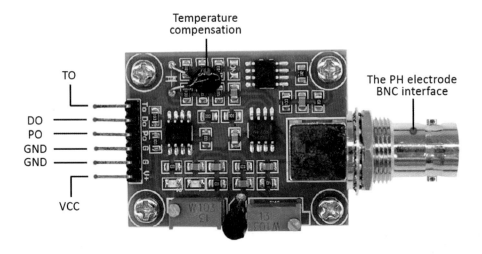

TO – Temperature output   여기서는 연결하지 않는다.

DO – 3.3V pH limit trigger   여기서는 연결하지 않는다.

PO – PH analog output   ESP32의 35번 핀에 연결한다.

Gnd – Gnd for PH probe   ESP32의 GND

Gnd – Gnd for board   ESP32의 GND

VCC – 5V DC   ESP32의 5V

POT 1 – Analog reading offset (Nearest to BNC connector)

POT 2 – PH limit setting

》》 레벨 컨버터 사용

https://bit.ly/3CYOYTR

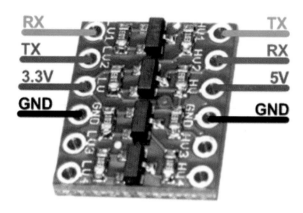

왼쪽에 ESP32, 오른쪽에 pH 센서를 연결한다. PH 센서는 0~5V를 출력하고 ESP32는 3.3V까지 읽을 수가 없어서 전압 레벨을 바꾸어 주는 level converter를 연결한다.

≫ PH4502C 전압 오프셋 조정

pH 7 = 0V로 조정되어 있어서 음수 값이 출력되는데 이것을 음수값 전압이 나오지 않게 강제로 조정한다. 조정한다. 0~5V가 나오게 한다. BNC 커넥터를 단락시켜서 조정한다.

– 위의 사진처럼 단락시킨다.

– 단락시킨 것을 뺀다.

– POT 1 – Analog reading offset (Nearest to BNC connector) 가변 저항을 조정해서 2.5V가 나오게 한다. 측정은 테스터(멀티미터)로 한다.

– 끝이다.

≫ 캘리브레이션

이후 pH 표준 용액으로 캘리브레이션하면 더욱 정확할 수 있다.

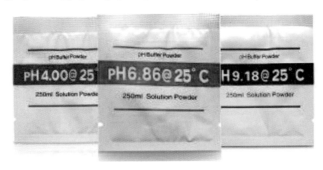

위의 분말을 250ml 증류수에 타서 용액으로 만든다. 각 pH 별로 측정되는 아날로그값을 측정해서 기준값으로 쓸 수 있다. 측정은 10~100회 정도해서 평균을 낸다. 아래 프로그램으로 측정한다.

프로그램 : GPIO 핀 35 사용

```
int pH_Value;
float Voltage;

void setup()
{
  Serial.begin(115200);
  pinMode(pH_Value, INPUT);
}

void loop()
{
  pH_Value = analogRead(35);
  Voltage = pH_Value * (3.3 / 4095.0);
  Serial.println(Voltage);
  delay(500);
}
```

10회 정도 측정해서 평균을 낸 값으로 pH 값을 산출하는 것이 좀 더 정확할 수 있다.

2) 수분 센서

센서와 제어장치를 같이 가지고 있는 일체형이 있다. 여기서는 센서에 대해서 알아본다. 토양의 수분량을 측정하는 데 사용한다.

 구매한 센서

https://bit.ly/3lqykOa

 국내 동일 센서 판매처

https://bit.ly/3iohQLG

》 일체형 센서

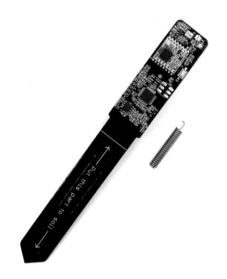

 LoRa 배터리까지

https://bit.ly/3too18Y

 국내 구입처

https://bit.ly/37B5hdM

 프로그램 소스

https://bit.ly/37B5hdM

3) 수분센서 활용법

화면의 A0에 GPIO 35번을 연결한다. pH 센서와 동일한 방법으로 연결하고 프로그램도 같이 사용한다.

```
int pH_Value;
float Voltage;

void setup()
{
 Serial.begin(115200);
 pinMode(pH_Value, INPUT);
}

void loop()
{
 pH_Value = analogRead(35);
 Voltage = pH_Value * (3.3 / 4095.0);
 Serial.println(Voltage);
 delay(500);
}
```

4) 기타

》》 비 오는지 측정하는 센서

　연결은 위와 같은 방식으로
한다. A0에 아날로그 입력을 읽
어서 사용한다.

>> 광센서 (BH1750)

식물이 광합성을 하는 파장 영역은 400~700nm로 가시광선 영역에 광합성 유효 복사, PAR (Photosynthetic active radiation) 영역의 빛의 세기를 측정하는 센서이다.

이 외에도 많은 센서나 구동 장치가 쓰이는데 앞에서 배운 방법으로 제어가 가능하다. 온도와 습도ph, 광 등을 모터, 난로(릴레이 제어), 가습기, 펌프 등으로 제어한다. 이렇게 데이터를 받아들이고 저장하고 이것을 빅데이터화하여 인공지능으로 농업에 필요한 정보를 산출하고 생산성을 높이면 그것이 스마트팜이다. 여러분이 충분히 혼자 개발할 수 있으며, 필자는 이에 대해 앞으로 나올 상급 과정 책에서 다룰 것이다.

스마트 제조

12-1 스마트 제조란?

≫ 스마트 제조 및 스마트 공장

    스마트 제조란 ICT(Information and Communication Technologies)를 활용하여 기존 제조업의 전 과정을 디지털화하고, 미래 첨단 산업으로 전환(Digital Transformation)한 것이다. 국가 산업 구조를 혁신하기 위한 제반 활동으로 제품(Product)과 생산 시스템(Production System), 그와 관련된 비즈니스 등 제품의 생산 및 이와 연계된 제조 활동을 포함한다.

    스마트제조는 기존의 공장 자동화와는 다른 개념이며, 공장 자동화는 정해진 '개념'을 바탕으로 처음에 설정한 값에 따라 작동한다. 기존 공장 자동화는 인간이 모인 데이터를 분석하고 대책을 강구하여 발전시키는 개념이다.

    반면 스마트제조는 '인공지능(AI)'을 바탕으로 관련 지식을 실시간 수집-활용하여 스스로 발전하는 것을 지향한다. 모르던 데이터까지 누적해 발전을 도모한다. 기업은 이렇게 쌓은 데이터를 분석하고 향후 벌어질 현상을 예상해 스마트 팩토리를 운영한다.

[스마트제조의 개념도]

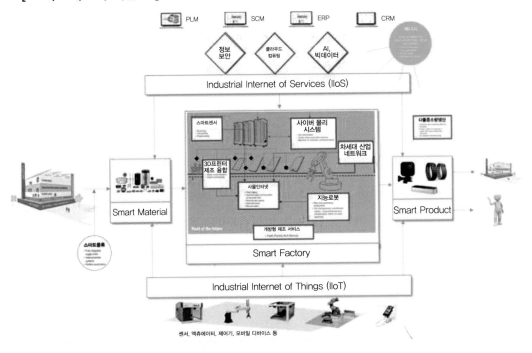

출처 : 스마트제조혁신추진단

아래는 앞에 나온 용어, PLM, SCM, ERP, CRM 등에 대한 정의이다.

[스마트 제조 어플리케이션 구성요소]

	정의
APS	– Advanced Planning and Scheduling, 생산계획 시스템 – ERP와 MES 두 시스템 간 중간에 위치하여 수요계획, 생간계획 및 스케줄을 관리하는 시스템
ERP	– Enterprise Resource Planning, 전사적 자원관리 – 경영활동 데이터를 통합·관리하는 전사적 자원관리 시스템
PLM	– Product Life–cycle Management, 제품수명주기관리 – 제품개발부터 폐기에 이르기까지 제품생산 전 과정의 데이터를 관리하는 시스템
SCM	– Supply Chain Management, 공급사슬관리 – 제조업의 전체 공급망을 전산화하여 효율적으로 처리할 수 있는 관리 시스템
FEMS	– Factory Energy Management System, 공장에너지관리시스템 – 제조공장의 에너지 이용 효율을 개선하는 에너지관리시스템(EMS)
MES	– Manufacturing Execution System, 제조실행시스템 – 제조 데이터를 통합ㅂ하여 관리하는 시스템으로 공장운영 및 통제, 품질관리, 창고관리, 설비관리, 금형관리 등 제조현장에서 필요로 하는 다양한 기능을 지원

출처: 국내 스마트제조 공급산업 현황과 발전과제, KIET(2020)

[스마트제조의 구성 개념도]

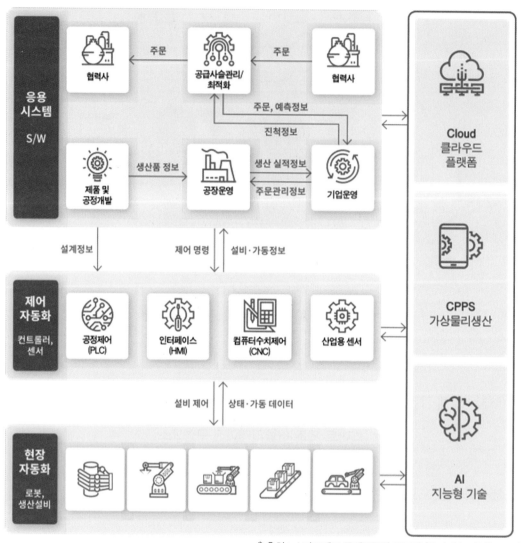

* 출처 : 스마트제조 국제표준화 로드맵 (국가기술표준원, 2018)

≫ 스마트 공장의 정의

제조 과정의 전부 또는 일부에 IoT, AI, 빅데이터와 같은 ICT기술을 적용하여 자동화, 디지털화된 공장을 구현하여 기업의 생산성, 품질 등을 향상시키는 지능형 공장을 의미한다.

[스마트공장 개념도]

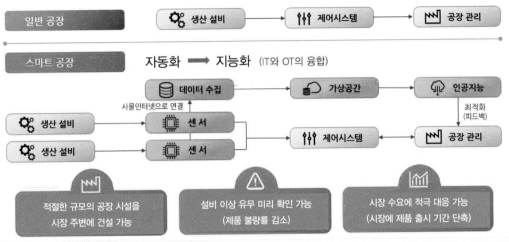

* 출처 : 대한민국 제조혁신 컨퍼런스(KMAC), 한국인더스트리4.0협회

중소벤처기업부 발표 자료에 따르면 스마트공장을 구축할 경우 생산성 향상·불량률 감소 등의 경영 성과를 얻을 수 있고 새로운 일자리도 창출할 수 있다. 도입 효과는 기업의 특성에 따라 다르지만 스마트제조혁신추진단은 평균적으로 생산성은 30%가 증가하고 불량률은 43.5% 감소하며, 원가 15.9% 절감과 산업 재해 22% 감소 효과가 있다고 발표한 바 있다.

스마트제조는 메가트렌드 및 부처별 정책 자료 분석을 통해 도출된 7대 핵심투자주제 중'중소 제조업 역량 강화'와 직접적인 연관성이 있는 전략분야로 커넥티드 로보틱스, 3D 프린팅, 클라우드 컴퓨팅 등의 하위 개념 기술과 함께 핵심 요소로 주목받고 있다.

여기서는 이런 개념을 이해하고 센서 중 산업용 센서에 대해서 알아본다. 실제 ESP32와 PC로 센서 연결과 장비 개발을 해서 IoT로 스마트 제조 환경에 맞출 수 있다.

다음 장에서는 산업용 센서와 메탈3D 프린터에 사용되는 산업용 센서에 대해서 알아본다.

12-2 스마트 제조에 사용하는 센서

1) 산업용 센서

ESP32와는 큰 관련은 없으나 향후 ESP32가 이런 산업용 장비의 부가적인 보조 장치가 될 수 있다. ESP32에 GPS, LoRa와 진동 센서를 달아서 장비의 상태를 측정할 수 있고, 현재 위치 등을 파악할 수 있다. 앞에서 배운 스텝 모터를 사용해서 레이저 장치의 빔 확대기를 TCP/IP로 연결하여 자동 제어할 수도 있다. 여러 용도로 응용할 수 있다.

여기서 소개하는 산업 현장에서 쓰는 센서는 정밀도가 높고 내구성이 뛰어난 제품이다. 수 개월을 가동해도 큰 문제가 없는 검증된 제품이다. 필요한 부품을 선정하기가 어려운데 이런 노하우를 공유하는 것이다. 제어 방식은 PC에서 직접 RS232C나 RS485로 연결해서 직접 제어하거나 LAN이나 Wifi로 제어한다. 네가지 센서와 AD/DA 컨버터, AC 서보 모터 제어기에 대해서 알아본다.

》 센서
    ① 온도 센서 - RS232C
    ② 산소 센서 - RS 232C
    ③ 유량제어기 - RS232C
    ④ 유량계

》 제어기
    ⑤ AD/DA 컨버터
    ⑥ AC 서보 모터
    ⑦ 온도 센서 제어

OneChip 솔류션사의 2채널 온도 트랜스미터 OCS-043D를 사용한다.

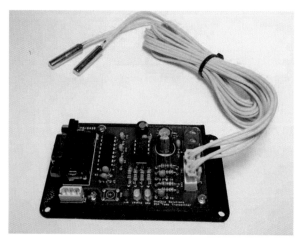

❶ 개요

OCS-043D는 RS232를 통해 써미스터 온도데이터를 0.5초에 1회씩 전송하는 2채널 온도 모듈이다. 전송 포맷은 아스키 포맷의 헥사 값으로 전송된다. 음수(영하)값은 2의 보수 표현식(4항참조)에 의해 전송된다.

- 전원 : 5V DC
- 인터페이스 : RS232 (9600,1스톱,None 패러티)
- 전송주기 : 0.5s
- 측정온도 범위 : −45∼110℃ (섭씨)
- 표현 해상도 : 1℃ (반복오차 ±1℃)

❷ 전송 포맷(10바이트)

ACK와 EOT 제어 문자를 포함하여 총 10바이트를 보낸다. 채널당 온도데이터 2바이트 헥사값을 아스키 4바이트 변환 전송한다. 음수는 2의 보수 표현식이다. 참고로 −1의 표현은 0xFFFF가 된다.

전송 예) CH1:20도, CH2:−15도를 전송하는 예1.

단선 및 단락 시 에러 표현을 위해 0x7FFF값을 나타내며 설치 환경 문제로 인한 에러는 0x7FFE값이 전송된다. 이때 보드 내 에러 LED에 점등이 된다.

```
ACK '0' '0' '1' '4' 'F' 'F' 'F' '1' EOT
0x06 0x30 0x30 0x31 0x34 0x46 0x46 0x46 0x31 0x04
```

❸ 외형 및 치수

상단 단자는 써미스터를 연결하는 단자로서 제품과 같이 제공되는 것만 사용할 수 있다. 출력은 DSUB9 컨넥터를 통하여 RS232 레벨로 전송된다. 제품에는 에러표시를 위한 LED가 있다. 측정온도 범위 밖이거나 센서가 연결되지 않으면 램프가 켜진다. 제품 내에는 보정을 위한 기능이 없다. 온도 측정의 특성상 센서의 위치 및 환경에 따라 측정값이 달라지기 때문에 보드에는 별도의 보정 기능을 넣지 않았다. 측정값을 읽어들이는 메인 장비에서 온도 보정 작업을 해야 한다.

❹ 2바이트(WORD) 2의 보수표현식

음/양수 표현의 방식 중 2의 보수 표현식에는 아래와 같은 규칙이 있다. 참고로 어떤 수를 2의 보수로 만들면 음수가 되는데 일단 해당 숫자에 1의 보수를 취하고 그것에 1을 더하면 2의 보수가 된다.

12	000C	12	00000000 00001100
11	000B	11	00000000 00001011
10	000A	10	00000000 00001010
9	0009	9	00000000 00001001
8	0008	8	00000000 00001000
7	0007	7	00000000 00000111
6	0006	6	00000000 00000110
5	0005	5	00000000 00000101
4	0004	4	00000000 00000100
3	0003	3	00000000 00000011
2	0002	2	00000000 00000010
1	0001	1	00000000 00000001
0	0000	0	00000000 00000000
-1	FFFF	65535	11111111 11111111
-2	FFFE	65534	11111111 11111110
-3	FFFD	65533	11111111 11111101
-4	FFFC	65532	11111111 11111100
-5	FFFB	65531	11111111 11111011
-6	FFFA	65530	11111111 11111010
-7	FFF9	65529	11111111 11111001
-8	FFF8	65528	11111111 11111000
-9	FFF7	65527	11111111 11110111
-10	FFF6	65526	11111111 11110110
-11	FFF5	65525	11111111 11110101

이와 같은 형식으로 데이터가 전송이 된다.

2) 산소 센서 산소 농도 제어

- 목적 : 체임버 내부의 산소 농도를 측정하고 산소 농도를 제어한다.
  애널라이저와 센서로 구성이 된다.
- 구성 : Ntron MicoX Oxygen Analyser + 산소 센서
  Microx231 ,OC-86-04-604-P-001
- 애널라이저를 RS232C 연결하여 데이터를 주고받는다.
- 산소 측정 범위
  0-1000 ppm O2
  0-10000 ppm O2
  0-25% Vol. O2
  0-96% vol. O2

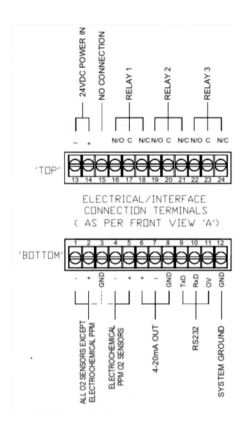

▲ 산소센서

》》 산소 농도 제어 : 질소의 양을 조절해서 산소 농도를 제어한다.

• 연결 방법

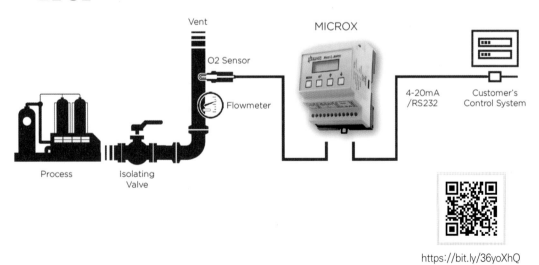

https://bit.ly/36yoXhQ

3) 유량 제어기

밸브와 유량제어 밸브로 구성된다. 질소 가스의 양을 제어한다.

비례제어 밸브용 컨트롤러 KFPC1

비례제어 밸브 V050·KFPV300시리즈 대응

사양

항목	형식		KFPC1-F07-DN DC24V	
취부방법			DIN 레일 취부방식	
입력신호			4~20mA	0~10V
입력임피던스	Ω		220	1.2M
전원전압			DC24V±10%	
밸브용 제어신호			PWM(펄스 폭 변조)	
주위온도범위 (사용환경)	℃		0~50(결로(結露)없는것)	
최대허용부하전류	A		1.1	
소비전력 (제어회로부)	W		0.55	
모니터 신호			솔레노이드 전류에 정비례 1mV=1mA	
램프응답시간	s		0~10	

각 부위의 명칭과 기능

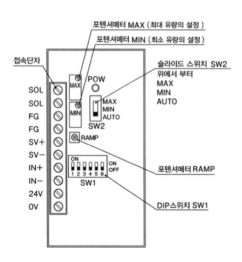

포텐셔메터 MAX (최대 유량의 설정)
포텐셔메터 MIN (최소 유량의 설정)

접속단자

SOL
SOL
FG
FG
SV+
SV−
IN+
IN−
24V
0V

POW

MAX
MIN

슬라이드 스위치 SW2
위에서 부터
MAX
MIN
AUTO

MAX
MIN
AUTO
SW2

RAMP

포텐셔메터 RAMP

ON
1 2 3 4 5 6
OFF
SW1

DIP스위치 SW1

접속단자
SOL   펄스 구동출력 (극성 없음)
SOL   펄스 구동출력 (극성 없음)
FG   밸브용 그랜드
FG   전원용 프레임 그랜드
SV+   모니터 출력 (+)
SV−   모니터 출력 (−)
IN+   표준입력신호 (+)
IN−   표준입력신호 (−)
24V   전원입력 (+)
0V   전원입력 (−)

포텐셔메터
MAX   밸브 전개(全開)시의 전류치 I_2의 설정용
MIN   밸브를 열기 시작할 때의 전류치 I_1의 설정용
RAMP   램프 응답시간 설정용(0~10초)

LED표시
POW   밸브솔레노이드에 전류가 흐르고 있을때에 점등

DIP스위치
SW1
1~3(SIGNAL)   표준입력신호 (4~20mA, 0~10V)의 선택
4, 5(PWM)   PWM 주파수의 절환
6(ZERO)   제로 포인트 스위치 출력 OFF 기능의 절환

슬라이드 스위치
SW2
MAX   입력신호 MAX
MIN   입력신호 MIN
AUTO   입력신호 AUTO(운전모드)

●비례제어 밸브용 컨트롤러의 주문기호
KFPC1-F07-DN DC24V

⚠ 중요

비례제어밸브를 바르게 작동시키기 위해 사용하기 전에
반드시 초기설정을 해주십시오.
(포텐셔메터 MIN, MAX의 조정이 필요합니다.)
상세내용에 대해서는, 취급설명서를 참고하여 주십시오.

- **입력 신호** : IN +, −

    0-10V, 4-20mA

    DA로 연결하여 PC에서 유량 제어 명령이 내려간다.

    CDDLL.COMI_DA_Out(Device, 0, Volt) ; 커미조아 보드의 DA를 사용한다.

- **모니터 출력** : SV +,−

    측정하는 것이 아닌 모니터 출력으로 질소 유량으로 표시한다.

    센서가 아니다.

    AD에서 읽어들인다.

    질소 보조가스 유량으로 표시

4) 유량계

내부 공기 유속을 측정한다. 검지기와 센서로 구성된다. 유량 측정은 AD 컨버터를 통해서 받아들인다.

》》 검지기

Transducer

UFA / 0~10V / 230 VAC / LDG16

》》 센서

ZS25GA-mn20/140/p6

(배관삽입고정형)

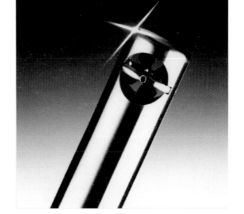

5) AD/DA 컨버터

아날로그 센서는 AD컨버터를 사용하고 유량 제어기 출력제어는 DA를 컨버팅하여 조절한다. 산업용으로 커미조아사의 제품을 사용한다.

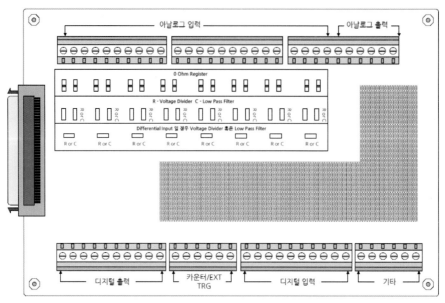

6) AC 서보 모터

전장부에 설치한 모습 : LS 산전 인버터, 산소 아날라이저, AC 서보 모터 제어팩

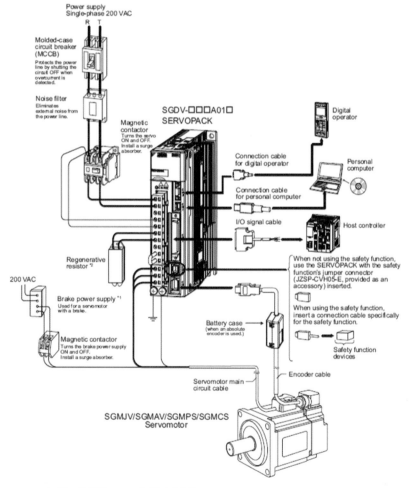

*1. Use a 24-VDC power supply. (Not included.)
*2. Before connecting an external regenerative resistor to the SERVOPACK, refer to *3.6 Connecting Regenerative Resistors.*

야스가와 AC서보모터의 연결 방법 : 200V 단상

AC서보모터는 야스까와 제품을 주로 사용하고 제어 보드는 국내 아진보드를 사용한다. 기본적인 센서와 제어기에 대해서 알아보았다. 이것을 각 단계별로 제어하여 메탈3D 프린터와 샌드 3D 프린터를 개발할 수 있다. 이것을 IoT 디바이스로 공장 자동화에 붙일 수가 있다. 앞에서 배운 기술을 여기에 적용하면 스마트 공장과 스마트 제조를 구현할 수 있다.

한국에서 현재 시판 중인 메탈3D 프린터이다. 필자는 기술 총괄 CTO로서 이 제품을 개발하였다. 그래서 이런 장비와 IoT 연결이 중요하다는 점을 알게 되었다. 스마트 제조와 스마트 공장에 적용할 수 있는 이 책을 쓸 기회가 생겨 필자에게도 큰 도움이 되었다.

〈 메탈3D 금속 3D프린터 장비 라인업 〉

Item	METALSYS 120D	METALSYS 150	METALSYS 250	METALSYS 500
Laser Wavelength	1,075 mm			
Lazer Output power	200W	200W	400W(200W)	400W Dual (or 500W)
Plus Repetition	CW			
Output Power Tunability	10~100%			
Beam Quality	M2 〈 1.1			
Scanner Positioning Speed	7m/s	7m/s	10m/s	10m/s
Building Volume	120mm Dia	150 x 150 x 150mm	250 x 250 x 250mm	500 x 330 x 330mm

LESSON 13

인공지능

13-1 인공지능 - 딥러닝의 이해

책 마지막 부분에 인공지능에 대해 정리해 보았다. 인공지능 구현이 최종 단계이기 때문이다. 인공지능의 역할은 다음과 같다. IoT 디바이스인 ESP32에서 데이터를 모아서 IoT 서버와 아마존 AWS 서버 등의 클라우드 서버에 보내면 수많은 IoT 디바이스에서 모인 정보가 엄청나게 많아질 것이다. 이것이 빅데이터이고 빅데이터를 처리하기 위해서 인간의 두뇌 같은 역할을 하는 것이 필요한데, 인공지능이 그런 역할을 한다.

인간은 자연 법칙을 3~6개 정도의 변수를 통해 이해하는 데 익숙하다.

예를 들어,

$E=mc^2$

아인슈타인의 상대성 법칙이다. 에너지 = (질량×광속)^2 으로 이해할 수 있다. 변수가 많은 자연 법칙을 변수 3개 정도를 이용해야 이해할 수 있는 게 인간의 한계이다.

IoT가 등장하면서 인공지능을 이용해 변수 수십만 개를 128개 정도로 줄일 수 있게 되었다. 전문가는 인공지능으로 줄인 변수를 다시 몇 개 정도로 줄여서 인간이 이해하기 쉬운 법칙으로 만들어야 한다.어쨌든 수많은 IoT 장비들에서 나온 빅데이터, 그것을 처리하기 위한 인공지능이 대세이니 그쪽으로 가야하는 것이 현실이다.

인공지능의 난점은 크게 두 가지이다. 첫 번째는 이론을 이해하는 것이다. 이해하기 어려운 심층 신경망의 개념, 다중 신경망 그리고 텍스트, 이미지 처리 신경망, 음악, 음성 처리 등과 그 응용 방안, 한개의 심층 신경망이 아닌 다수의 신경망 이론(GAN) 등 알아야 할 것이 너무 많다. 여기서 한 번 지친다.

두 번째 난점은 구현이다. 구현에는 너무 많은 난관과 여러 가지의 변수가 있다. 아래에서 자세히 설명한다. 기존의 책이나 인터넷에 있는 코드와 환경이 내 PC 환경이나 개발 환경에서 제대로 작동하지 않으면 크게 좌절한다. 어려운 고비를 넘겼는데 더 큰 난관이 있다. 이런 과정을 거쳐야 겨우 뭔가 할 수 있다. 이 과정을 거친 경험을 그대로 전수해서 독자가 인공지능을 빨리 응용할 수 있도록 돕고자 한다.

이 과정이 끝나면 데이터 처리가 중요하다. 이미지 처리에서 12×12사이즈 화면, 32×32사이즈의 화면은 우리를 만족시키지 못한다. 사이즈가 큰 이미지나 대량의 데이터를 처리할 방안이 필요하다. 예를 들어 심층 신경망 하나만 성능이 검증된 우수한 제품으로 바꾸어도 화질이 좋아진다. Resnet이나 효율이 좋은 신경망을 써도 그렇다.

그러나 실제 우리가 볼만한 화질 4k를 만드는 데는 높은 컴퓨팅 파워가 필요하다. 이에 대한 해결 방안을 찾아야 제대로 응용할 수 있다. 이를 위한 길잡이를 찾아보려고 한다.

추후에는 GAN을 이용한 응용, 이미지, 그림, 사진 처리에 대해 다루고 작곡이나 소리에 대한 내용도 언급할 것이다. 사이즈를 키우거나 화질을 높이는 방법과 메탈3D 프린팅 불량 부품을 검출하는 방법, 의료 MRI나 CT의 이상을 발견하는 방법, 드론에서 인공지능을 이용하는 방법, 인공 지능 미술과 인공지능 음악 등에 대해 알아볼 것이다.

인공지능에서 사용하는 예제는 실제 사람 얼굴 이미지 등을 이용해 진행해야 흥미로운데도 불구하고 어두운 글자로 실습하는 것이 대부분이다. Minst 데이터셋 글자를 이용하면 안 좋은 PC 환경에서 용이하게 실습할 수 있지만 계산을 빠르게 하게 도와주는 GPU 엔비디아 1060 GPU 환경만 갖추어도 충분히 실제 사람 얼굴 이미지로 실습할 수 있다. 앞으로 주로 실무에서 바로 쓸 수 있는 환경을 전제로 설명한다.

≫ 이책에서 인공지능을 언급하는 이유

이론서가 많지만, 이론을 이해해도 실제로 적용할 때 실행하기 무척 어렵다.

≫ 실행 환경에 대한 문제점 해결 방안

❶ 운영체제 선정

- 윈도즈 또는 리눅스 우분투 환경을 선택한다.

- 본인이 처음이라 짜지 못 하는 상황에서 남의 프로그램이나 신경망을 돌리려면 호환성이 좋은 것을 선정해야 한다.

❷ 최종적으로는 리눅스 우분투 선정을 권한다. 실제 예제를 많이 돌려본 결과 우분투가 윈도즈에 비해서 고생 없이 실행될 확률이 매우 높다. 초보 개발자들이 대부분 우분투 리눅스 환경에서 개발을 하기 때문에 리눅스가 반드시 필요하다.

우분투의 버전이 중요하다. 현재 20.04 버전이 제일 많이 사용하나, 18.04 버전을 가장 안정적으로 돌아간다.

리눅스 버전에 따라 우리가 가장 많이 사용하는 파이썬 프로그램의 버전도 달라지고, 여기에 설치가 되는 텐서플로우와 케라스의 버전도 달라진다.

❸ 다음은 GPU 사용이 필수이다.

GPU를 사용하지 않으면 1시간 걸려서 끝날 일이 2일 이상 걸리는 경우도 많다. 최저 사양은 Nvidia GPU 1060 6GB(3GB도 가능)이다. 이것이 반드시 필요하다. 제대로 실행하고 공부하고 중급자가 실무에 사용하기 위해 필요한 사양은 1080 8GB 이상이다.

최근에 나온 것 중에 가장 가성비가 좋은 것은 3080 버전이다. 예산에 맞추어 잘 선정해서 구매한다. 중고도 잘 구입하면 큰 문제 없이 사용할 수 있다. 현재 필자는 1060 3GB 중고와 1060 6GB 2대, 1070 Ti 버전을 사용한다.

여기서 중요한 것은 하드웨어와 더불어 사용하는 소프트웨어 라이브러리인데, CUDA와 cuDNN 라이브러리이다. 여기에 맞추어 텐서플로우와 케라스의 버전이 적용된다.

❹ 그 다음 수십 가지의 수많은 라이브러리 버전이 있다. 이것은 텐서플로우와 케라스 버전이 맞아야 한다.

수십 가지 라이브러리 x 수십 가지 버전이다.

❺ 다음은 가상 환경이다. 도커와 아나콘다 등을 사용하는데 필자는 가장 쉬운 pycharm을 사용하였다. 파이썬의 그래픽 개발 환경인데 가장 많이 쓰인다. 이 환경에서 가상 환경을 쓰니 그래픽 환경에서 손쉽게 작업할 수 있었다. 도커나 아나콘다에 비해서 사용이 간편하고 파이참 환경에서 평소처럼 설치하면서 쓰면 된다. 단지 프로젝트만 다르게 하면 되므로 가상 환경이라는 것을 따로 의식할 필요가 없다. 가상 환경이 필요한

이유는 각 예제 별로 라이브러리가 달라서 이것을 맞추기 위한 것이 가장 크고, 여러 사용자가 사용할 경우에 사용자 별 환경도 맞추어야 하기 때문이다. 혼자 사용할 경우에는 파이참 환경을 사용해도 큰 불편은 없다.

결론적으로 이런 복잡한 환경에서 여러분이 스스로 버전을 맞추어 실행한다면 전문가도 최소 6~8 시간이 걸린다. 이런 가이드없이 초보자나 중급자가 배우기 시작하면 대부분 포기하거나 학원 수업을 듣는데, 전문가에게 배우지 않으면 쉽지 않다. 이 책에서처럼 이런 부분을 정확히 짚고 가야 나중에 크게 고생하지 않고 포기하지 않는다. 이 책으로 한 번에 설정하고 진행하는 것이 좋다. 그러지 않으면 필자처럼 전체적인 프로그램을 다 돌리는데 6개월 이상 소요될 것이다.

설사 학원이나 교육센터에서 배워도 자체 PC가 아닌 호환성때문에 외부 환경 구글의 Colab을 불편하게 사용해야 하고, 인터넷 환경이라 사용 중에 중단되기도 한다. 10시간 이상 돌릴 경우에 갑자기 네트워크가 끊어지거나 데이터가 다 날아가기도 해서 큰 곤혹을 치르고 비용을 날리게 된다. 이제는 본인이 직접 환경을 만들어야 한다.

이 책의 목적은 독자가 이론과 실행 환경 세팅에 대해 익혀서 빨리 인공 지능을 응용할 수 있게 하는 것이다.

위에서 방법론에 대해서 설명했는데, 리눅스에서 하는 것은 지면이 부족하니 다음에 설명한다. 여기서는 윈도즈 환경에서 간단히 인공지능을 접하는 것에 대해서 이야기한다. 다음에 나올 아두이노ESP32 - 인공지능 - 파이썬 책에서 더 자세히 다루고 이 책에는 맛보기 예제를 담았다.

이 책에서는 인공지능 중 딥러닝에 대해서 다룬다. 인공지능은 포괄적인 의미로 사람의 지능을 모사한 것 전체를 지칭한다. 그중 딥러닝은 신경망으로만 구성한 인공지능을 말하며, 신경망을 많이 써서 원래는 빅러닝이라고 하는 것이 맞으나, 빅데이터라는 말이 먼저 나와서 빅러닝이라고 하면 빅데이터의 아류라는 이미지가 생겨 딥러닝이라고 했다는 이야기가 야사로 전해진다. 실제 신경망의 깊이가 그렇게 깊지 않고 신경의 수만 많다. 빅러닝이라고 해도 말이 틀리지 않는다. 신경망은 대부분 하나만 쓰거나 많아 봤자 GAN 같이 2개를 쓰는 게 현실이다. 따라서 빅러닝이라는 용어가 더 정확한 것 같다.

딥러닝이 최초로 인간의 능력을 넘어선 분야는 컴퓨터 비전 분야이다. 컴퓨터 비전에서 딥러닝을 적용하기 전에는 감지 능력이 80%라 인간보다 못했다. 하지만 딥러닝을 적용하면서 기계가 인간의 능력을 앞서가기 시작했고 실제로 인간의 능력을 넘어섰다. 그로 인해 기존의 컴퓨터 비전이라는 학문은 없어지고 현재는 딥러닝만 살아 남았다. 컴퓨터 비전은 곧 딥러닝이라고 해도 과언이 아니다.

현재의 딥러닝 기술에 가장 적합하고 가장 각광을 받는 분야이다 보니 인공지능의 예제도 거의 딥러닝에 대한 것이다. 여기서도 주로 카메라와 ESP32-CAM을 이용한 딥러닝 분야에 대해 다룬다. 시중에 나온 책 대부분도 이 분야를 다룰 수 밖에 없다.

아두이노 ESP32-CAM과 ESP32를 사용

PC 운영체제는 일단 가장 사용하기 편한 윈도즈를 쓰고 추후에 학문이 깊어지면 리눅스를 사용한다.

언어는 주로 오픈 환경이라 간편한 파이썬을 쓰고, 사용 환경은 파이참을 쓴다. 또한 많은 파이썬 라이브러리가 사용된다. 마이크로 소프트사 C#은 오픈 환경이 아니라 여기에 적합하지 않다.

》》 라이브러리

여러 가지가 있다. OpenCV는 이미지 처리 라이브러리인데, 이것으로 기본적인 이미지 처리를 하고 최종적으로 표준적인 딥러닝인 CNN 같은 딥러닝이 탑재된다. 딥러닝 라이브러리 중 Yolo도 성능이 열악한 스탠드 얼론 (배터리로 사용하고 컴퓨팅 환경이 열악한 곳, 예를 들어 날으는 드론 등…)에서 가장 성능이 좋아 많이 사용한다,

신경망은 이미지 처리에 적합한 CNN을 사용하고 성능이 향상된 신경망은 이름을 각자 붙이기 시작했는데 성능 좋은 신경망을 쓰고, 학습시키기 어려우니 학습이 된 신경망 재원을 쓰기도 한다. 이런 일련의 과정을 이해해야 어떤 실습을 하는지 알 수 있다.

13-2 ESP32 인공지능 예제 실제 수행 - 물체 인식

》》 인공지능 실제 구현하기

　PC에서 ESP32-CAM 카메라 이미지를 보고 인공지능으로 판단하여 PC화면에 표시하는 시스템이다. 아주 간단한 시스템이지만 가장 기본적인 인공지능이다. 먼저 이것을 실습해 보고 추후에 ESP32 카메라 안에 Yolo 모듈을 탑재하거나, PC를 제외하고 실행 가능한 시스템을 만들어 보기로 한다.

》》 구성

　PC - AI 파이썬 프로그램, 케라스 사용

　ESP32 - CAM 카메라 모듈 - PC와 Wifi로 연결

https://bit.ly/3wqA9bn

　ESP32 - CAM에 아래와 같은 프로그램을 다운로드한다. 이 프로그램을 실행하기 위해 기존의 라이브러리 대신 위 QR코드에 있는 라이브러리를 설치한다. Zip으로 다운로드해서 설치한다.

프로그램 : Esp32-cam-Opencv

```
#include <WebServer.h>

#include <WiFi.h>

#include <esp32cam.h>

//#include <esp_camera.h>

const char* WIFI_SSID = "iptime9";

const char* WIFI_PASS = "*********";


WebServer server(80);


static auto loRes = esp32cam::Resolution::find(320, 240);

static auto midRes = esp32cam::Resolution::find(350, 530);

static auto hiRes = esp32cam::Resolution::find(800, 600);

void serveJpg()

{

  auto frame = esp32cam::capture();
```

```
  if (frame == nullptr) {
    Serial.println("CAPTURE FAIL");
    server.send(503, "", "");
    return;
  }
  Serial.printf("CAPTURE OK %dx%d %db\n", frame->getWidth(), frame->getHeight(),
         static_cast<int>(frame->size()));

  server.setContentLength(frame->size());
  server.send(200, "image/jpeg");
  WiFiClient client = server.client();
  frame->writeTo(client);
}


void handleJpgLo()
{
  if (!esp32cam::Camera.changeResolution(loRes)) {
    Serial.println("SET-LO-RES FAIL");
  }
  serveJpg();
}


void handleJpgHi()
{
  if (!esp32cam::Camera.changeResolution(hiRes)) {
    Serial.println("SET-HI-RES FAIL");
  }
  serveJpg();
}


void handleJpgMid()
{
```

```cpp
    if (!esp32cam::Camera.changeResolution(midRes)) {
      Serial.println("SET-MID-RES FAIL");
    }
    serveJpg();
  }


void setup(){
  Serial.begin(115200);
  Serial.println();
  {
    using namespace esp32cam;
    Config cfg;
    cfg.setPins(pins::AiThinker);
    cfg.setResolution(hiRes);
    cfg.setBufferCount(2);
    cfg.setJpeg(80);

    bool ok = Camera.begin(cfg);
    Serial.println(ok ? "CAMERA OK" : "CAMERA FAIL");
  }
  WiFi.persistent(false);
  WiFi.mode(WIFI_STA);
  WiFi.begin(WIFI_SSID, WIFI_PASS);
  while (WiFi.status() != WL_CONNECTED) {
    delay(500);
  }
  Serial.print("http://");
  Serial.println(WiFi.localIP());
  Serial.println("  /cam-lo.jpg");
  Serial.println("  /cam-hi.jpg");
  Serial.println("  /cam-mid.jpg");
```

```
    server.on("/cam-lo.jpg", handleJpgLo);

    server.on("/cam-hi.jpg", handleJpgHi);

    server.on("/cam-mid.jpg", handleJpgMid);


    server.begin();
}


void loop()
{
    server.handleClient();
}
```

업로드하고 리셋(Reset)을 눌러 프로그램을 실행하면 시리얼 모니터에 아래와 같이 나온다. 여기서 IP 주소 192.168.0.19fmf 기억하고 파이썬 프로그램에 입력한다.

≫ 시리얼 모니터 출력

```
CAMERA OK
http://192.168.0.19
 /cam-lo.jpg
 /cam-hi.jpg
 /cam-mid.jpg
CAPTURE OK 800x600 16619b
CAPTURE OK 800x600 23508b
CAPTURE OK 800x600 17152b
CAPTURE OK 800x600 16554b
CAPTURE OK 800x600 16529b
CAPTURE OK 800x600 16941b
CAPTURE OK 800x600 16673b
CAPTURE OK 800x600 16739b
CAPTURE OK 800x600 16885b
```

≫ PC 부분

파이썬 및 PyCham을 설치하여 실습 준비를 한다.

실습 환경 – 설치 2가지 : Python 3.8.5 / Pycham Community Version

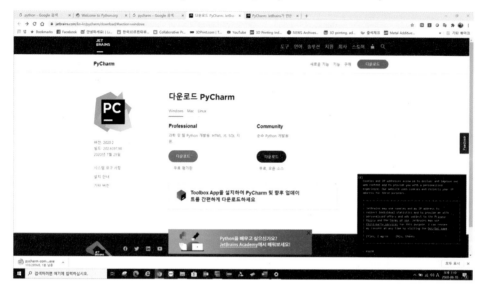

파이참의 프로페셔널 버전은 평가판으로 오래 사용하지 못하므로 커뮤니티 버전을 설치한다. 파이썬은 언어이고 파이참은 개발 환경이다. 파이참 개발 환경에서 실습한다.

≫ 파이썬 환경

파이썬 프로젝트 파일이 저장되어 있는 공간

위치를 기억해 두고 파이썬 프로그램에서 찾는 이미지 파일의 디렉토리 등을 정확하게 표시해야 파일을 못 찾아서 생기는 문제의 상당 부분이 해결된다.

≫ 파이선의 장점

인공지능에서는 파이썬을 사용하고 그것에 대한 라이브러리가 많다. 너무 많아서 문제이다. 라이브러리가 많고 버전 별로도 많아 실제 실행 시에 버전이 안 맞아 제대로 실행되지 않는 문제가 있으니, 버전에 신경을 써서 설치해야 한다.

파이썬은 인터프리터로 모델 변경 테스트를 하기에 아주 좋다. 즉, 컴파일하지 않고 쓸수 있다. 단점은 느리다는 것이다. 인공지능 버전 실습은 텐서플로우 1.0 또는 2.0을 사용하는데, 이제는 2.0 이상의 버전을 사용한다. 실제 인공지능 예제는 텐서플로우 위에서 실행이 되는 케라스 프로그램으로 해결한다.

https://keras.io/about/

케라스는 파이썬으로 작성한 오픈 소스 신경망 라이브러리dl다. TensorFlow, Microsoft Cognitive Toolkit, R, Theano 또는 PlaidML에서 실행할 수 있다. 심층 신경망으로 빠르게 실험할 수 있도록 설계되었다. 쉽고 모듈식이며 확장 가능한 것이 특징이다. ONEIROS(개방형 신경 전자 지능형 로봇 운영 체제) 프로젝트의 일환으로 개발되었다.

본 프로그램에서는 인공지능 학습이 완료된 Yolo를 사용한다. Yolo는 경량화된 인공지능 모델이다. 이외에 Resnet도 사용이 가능하다. 이미 훈련 된 모델이다. ResNet은 2015년 이미지넷 경진대회에서 우승을 차지한 이미지 분류 모델이다. ResNet50은 ResNet 중에서 50개의 층을 갖는 하나의 모델이다. 이미지넷이라는 데이터셋을 가지고 훈련시킨 것이다.

이것은 이미지넷으로 훈련되었기 때문에 1000개의 객체를 분류해낼 수 있다. 이 훈련된 Yolo에게 아래 이미지가 무엇에 관한 것인지를 판독시킨다. 오늘은 이미 훈련된 Yolo를 이용해서 이미지를 분류해보았다. Yolo 말고도 ResNet50, VGG16, InxeptionV3, MobileNet, DenseNet 등의 다른 이미지 분류 모델들을 불러와서 사용할 수도 있다. 코드 한두 줄만 바꾸면 된다.

》》 아래의 프로그램을 실행하기 위해 라이브러리 OpenCV 설치

NumPy, OpenCV, cvlib 라이브러리를 설치한다. 파이참 맨 밑에 있는 Terminal mode로 가서 프롬프트에 아래와 같이 쳐서 설치한다.

```
pip3 install numpy
pip3 install opencv-python
pip3 install cvlib
```

파이참에서 new project를 열어서 아래의 프로그램을 입력한다. 또는 필자가 제공하는 프로그램에서 아래의 프로그램을 읽어온다.

》》 PC에서 실행

url=`http://192.168.0.19/cam-hi.jpg` 을 시리얼 모니터에서 나온 주소로 바꾸어 카메라에서 오는 화면 정보를 수신한다.

```python
import cv2
import matplotlib.pyplot as plt
import cvlib as cv
import urllib.request
import numpy as np
from cvlib.object_detection import draw_bbox
import concurrent.futures


url = 'http://192.168.0.19/cam-hi.jpg'
im = None


def run1():
    cv2.namedWindow("live transmission", cv2.WINDOW_AUTOSIZE)
    while True:
        img_resp = urllib.request.urlopen(url)
        imgnp = np.array(bytearray(img_resp.read()), dtype=np.uint8)
        im = cv2.imdecode(imgnp, -1)
```

```
        cv2.imshow('live transmission', im)
        key = cv2.waitKey(5)
        if key == ord('q'):
            break


    cv2.destroyAllWindows()


def run2():
    cv2.namedWindow("detection", cv2.WINDOW_AUTOSIZE)
    while True:
        img_resp = urllib.request.urlopen(url)
        imgnp = np.array(bytearray(img_resp.read()), dtype=np.uint8)
        im = cv2.imdecode(imgnp, -1)

        bbox, label, conf = cv.detect_common_objects(im)
        im = draw_bbox(im, bbox, label, conf)

        cv2.imshow('detection', im)
        key = cv2.waitKey(5)
        if key == ord('q'):
            break


    cv2.destroyAllWindows()


if __name__ == '__main__':
    print("started")
    with concurrent.futures.ProcessPoolExecutor() as executer:
        f1 = executer.submit(run1)
        f2 = executer.submit(run2)
```

실행을 하니 에러가 나므로 아래의 프로그램을 terminal mode에 가서 추가로 설치한다.

≫ Pycham 터미널 부분에서 필요한 라이브러리 설치

pip3 install matplotlib

Microsoft Windows [Version 10.0.19044.1586]

(c) Microsoft Corporation. All rights reserved.

(venv) C:\Users\win\PycharmProjects\pythonProject1>pip3 install matplotlib

Collecting matplotlib

　Downloading matplotlib-3.5.1-cp37-cp37m-win_amd64.whl (7.2 MB)

　-------------------------------------- 7.2/7.2 MB 5.5 MB/s eta 0:00:00

Collecting cycler>=0.10

　Downloading cycler-0.11.0-py3-none-any.whl (6.4 kB)

Collecting fonttools>=4.22.0

　Downloading fonttools-4.30.0-py3-none-any.whl (898 kB)

　-------------------------------------- 898.1/898.1 KB 7.1 MB/s eta 0:00:00

Requirement already satisfied: numpy>=1.17 in c:\users\win\pycharmprojects\
pythonproject1\venv\lib\site-packages (from matplotlib) (1.21.5)

Collecting pyparsing>=2.2.1

　Downloading pyparsing-3.0.7-py3-none-any.whl (98 kB)

　-------------------------------------- 98.0/98.0 KB 5.9 MB/s eta 0:00:00

Collecting kiwisolver>=1.0.1

　Downloading kiwisolver-1.3.2-cp37-cp37m-win_amd64.whl (51 kB)

　-------------------------------------- 51.6/51.6 KB 2.8 MB/s eta 0:00:00

Requirement already satisfied: python-dateutil>=2.7 in c:\users\win\pycharmprojects\
pythonproject1\venv\lib\site-packages (from matplotlib) (2.8.2)

Requirement already satisfied: pillow>=6.2.0 in c:\users\win\pycharmprojects\pythonproject1\
venv\lib\site-packages (from matplotlib) (9.0.1)

Collecting packaging>=20.0

　Downloading packaging-21.3-py3-none-any.whl (40 kB)

　-------------------------------------- 40.8/40.8 KB ? eta 0:00:00

Requirement already satisfied: six>=1.5 in c:\users\win\pycharmprojects\pythonproject1\
venv\lib\site-packages (from python-dateutil>=2.7->matplotlib) (1.16.0)

Installing collected packages: pyparsing, kiwisolver, fonttools, cycler, packaging, matplotlib

Successfully installed cycler-0.11.0 fonttools-4.30.0 kiwisolver-1.3.2 matplotlib-3.5.1 packaging-21.3 pyparsing-3.0.7

WARNING: You are using pip version 22.0.3; however, version 22.0.4 is available.

You should consider upgrading via the 'c:\users\win\pycharmprojects\pythonproject1\venv\ scripts\python.exe -m pip install --upgrade pip' command.

pip3 install cvlib 가 제대로 설치가 안되었는지 다시 설치하라고 해서 다시 한다.

(venv) C:\Users\win\PycharmProjects\pythonProject1)pip3 install cvlib

Collecting cvlib

  Downloading cvlib-0.2.7.tar.gz (13.1 MB)

    -- 13.1/13.1 MB 6.0 MB/s eta 0:00:00

  Preparing metadata (setup.py) ... done

Requirement already satisfied: numpy in c:\users\win\pycharmprojects\pythonproject1\venv\ lib\site-packages (from cvlib) (1.21.5)

Collecting progressbar

  Downloading progressbar-2.5.tar.gz (10 kB)

  Preparing metadata (setup.py) ... done

Requirement already satisfied: requests in c:\users\win\pycharmprojects\pythonproject1\ venv\lib\site-packages (from cvlib) (2.27.1)

Requirement already satisfied: pillow in c:\users\win\pycharmprojects\pythonproject1\venv\ lib\site-packages (from cvlib) (9.0.1)

Collecting imageio

  Downloading imageio-2.16.1-py3-none-any.whl (3.3 MB)

    -- 3.3/3.3 MB 6.9 MB/s eta 0:00:00

Collecting imutils

  Downloading imutils-0.5.4.tar.gz (17 kB)

  Preparing metadata (setup.py) ... done

Requirement already satisfied: charset-normalizer~=2.0.0 in c:\users\win\pycharmprojects\ pythonproject1\venv\lib\site-packages (from requests-)cvlib) (2.0.12)

Requirement already satisfied: urllib3<1.27,>=1.21.1 in c:\users\win\pycharmprojects\

pythonproject1\venv\lib\site-packages (from requests->cvlib) (1.26.8)

Requirement already satisfied: idna<4,>=2.5 in c:\users\win\pycharmprojects\pythonproject1\venv\lib\site-packages (from requests->cvlib) (3.3)

Requirement already satisfied: certifi>=2017.4.17 in c:\users\win\pycharmprojects\pythonproject1\venv\lib\site-packages (from requests->cvlib) (2021.10.8)

Building wheels for collected packages: cvlib, imutils, progressbar

Building wheel for cvlib (setup.py) ... done

Created wheel for cvlib: filename=cvlib-0.2.7-py3-none-any.whl size=10046385 sha256=8f2cefc8cbda2047d3f602c790090e10d2ecbb0bcae759080eb2748044e6f410

Stored in directory: c:\users\win\appdata\local\pip\cache\wheels\8e\d7\31\bc643bd3a8b11a7368b1ab1d8a6299b33b462ed0b0683ddc5a

Building wheel for imutils (setup.py) ... done

Created wheel for imutils: filename=imutils-0.5.4-py3-none-any.whl size=25861 sha256=5f7990664d3f56d4bfd1f81c618c44b82ed787a75116274be04e0bc9195671ba

Stored in directory: c:\users\win\appdata\local\pip\cache\wheels\86\d7\0a\4923351ed1cec5d5e24c1eaf8905567b02a0343b24aa873df2

Building wheel for progressbar (setup.py) ... done

Created wheel for progressbar: filename=progressbar-2.5-py3-none-any.whl size=12082 sha256=018897d025f017bd0286c9203226b5e2607dd848aab632d6d2c798ec472fdedc

Stored in directory: c:\users\win\appdata\local\pip\cache\wheels\f0\fd\1f\3e35ed57e94cd8ced38dd46771f1f0f94f65fec548659ed855

Successfully built cvlib imutils progressbar

Installing collected packages: progressbar, imutils, imageio, cvlib

Successfully installed cvlib-0.2.7 imageio-2.16.1 imutils-0.5.4 progressbar-2.5

WARNING: You are using pip version 22.0.3; however, version 22.0.4 is available.

You should consider upgrading via the 'c:\users\win\pycharmprojects\pythonproject1\venv\scripts\python.exe -m pip install --upgrade pip' command.

에러가 다 없어지니 실행된다.

파이참 환경에서 실행하면 RUN 모니터에서 아래와 같이 실행된다. 일반 프롬프트에서 손으로 쳐서 해야 하는 것을 파이참이 아래와 같이 편하게 실행시켜 준다.

(venv) C:\Users\win\PycharmProjects\pythonProject1⟩

C:\Users\win\PycharmProjects\pythonProject1\venv\Scripts\python.exe C:/Users/win/
PycharmProjects/pythonProject1/main.py

Started

Downloading yolov4.cfg from https://raw.githubusercontent.com/AlexeyAB/darknet/master/
cfg/yolov4.cfg

Downloading yolov4.weights from https://github.com/AlexeyAB/darknet/releases/download/
darknet_yolo_v3_optimal/yolov4.weights

Downloading yolov3_classes.txt from https://github.com/arunponnusamy/object-detection-
opencv/raw/master/yolov3.txt

이 나오고 실행된다. Yolo라는 물체 인식 라이브러리의 학습이 끝나서 활용이 가능한 학습 데이터를 가지고 와서 실행한다. Yolo는 현존하는 물체 인식 라이브러리 중에서 가장 효율이 좋고 가벼워서 가장 많이 활용된다.

파이썬 코드를 보면 파이썬 뿐만 아니라, opencv라는 컴퓨터 비전을 처리하는 라이브러리, numpy 그리고 인공지능 라이브러리 활용에 관해서 다루고 있다. OpenCV는 필자가 책 한 권으로 배웠던 라이브러리이다. 컴퓨터 비전 처리에서 가장 많이 다루는 라이브러리이다.

이제 실행을 해보면 인공지능에 대해서 흥미가 생길 것이다. 많은 것을 한꺼번에 배우는 것보다는 프로그램을 하나씩 실행해 보며 배우기 바란다. 배워야 할 양이 너무 많아 지치기 일쑤이다. 가능한 것을 하나씩 실행하면서 하나씩 이루어 가는 것이 최선이다.

다음 기회에 출간할 책에서는 독자가 이런 단계들을 하나씩 거치면서 체계적으로 익히도록 할 것이다.

제대로 실행되면 아래와 같은 화면이 나온다,

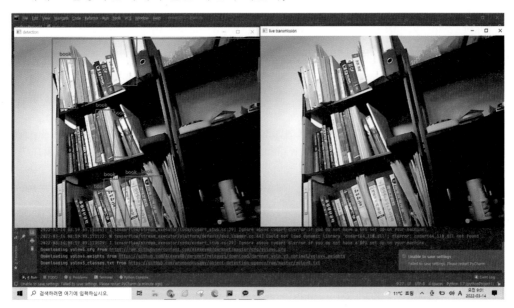

오른쪽은 현재의 화면이 그대로 나오고 왼쪽은 각 화면에 나온 물체를 검출해서 표시한다. 파이썬 소스를 보면 윈도우를 두 개 열게 되어 있다. 프로그램 상에서 물체를 인식하면 네모 윈도우를 열어서 그것이 무엇인지 알려준다. 책꽂이를 찍어서인지 책(book)이라고 인식한다.

필자가 화면에 나오니 박스 윈도우를 치고, 사람(person)으로 인식한다.

```
bbox, label, conf = cv.detect_common_objects(im)
im = draw_bbox(im, bbox, label, conf)
```

물체 인식을 하는 코드이다. Opencv 라이브러리에서 진행한다.

참고로 거리가 조금 머니 네트워크의 거리가 멀어 연결이 안되는지 화면이 안나온다. 네트워크 거리의 문제인 듯 하다.

ESP32-CAM은 필자가 가지고 있는

```
cfg.setPins(pins::AiThinker);
```

AiThinker 보드여야 한다. 다른 보드에서는 실행되지 않는다. 다른 보드에서 실행하려면 보드명을 바꾸어야 한다. 아두이노 세팅도 마찬가지이다.

http://192.168.0.19/cam-hi.jpg로 크롬 브라우저에서 확인 가능하다.

13-3 앞으로 진행할 인공지능 프로젝트

연구하며 실습한 것을 설명하고, 추후에 ESP32와 아두이노, PC의 파이썬, 텐서플로우, 케라스에 대해 순서대로 설명하려고 한다. 아래는 실제 구현했던 인공지능 프로젝트이다. 인공지능을 활용한 3D 프린팅 공정 개발 및 품질관리시스템이라는 제목으로 전에 다니던 회사에서 한국표준협회협회장상 우수상을 수상하였다.

아래는 실제 예제를 가지고 실습한 것이다. 이론 이해와 실습이 어렵고 복잡하다는 게 문제이다.

OS의 다양성, 신경망 구현 언어의 다양성, 보조 프로그램(40여가지)의 문제 때문에 현재 실습이 가장 큰 난관이다. MS Azure는 실행 환경을 같이 가지고 가지만 잘 사용하지 않는다.

≫ 개발 환경

하드웨어 PC

I7

16GB RAM

GPU Nvidia 1060 또는 1080

256GB SSD 또는 일반 하드디스크

소프트웨어

Ubuntu Linux 18.04(추천) 또는 윈도즈

Tensorflow 2.0.0b1

Keras 2.3.1

Cuda 10.0 cuDNN 7.4

≫ AnoGAN : 분포

이상 징후를 검출하는 인공지능이다. CT와 MRI 데이터에서 이상 징후를 지도학습이 아닌 상태로 데이터만 가지고 학습해서 찾아내는 알고리즘이다. 같은 데이터와 소프트웨어 버전을 사용해도 다른 환경에서 하니 데이터 분포가 달라진다. 이런 경우도 있으니 신중하게 해야 한다.

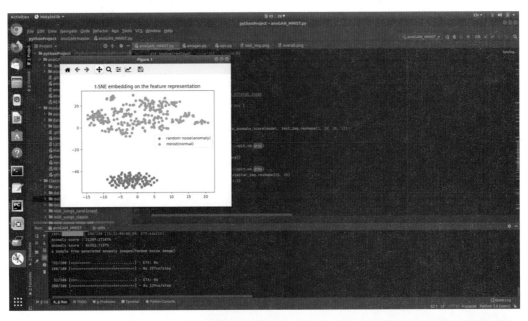

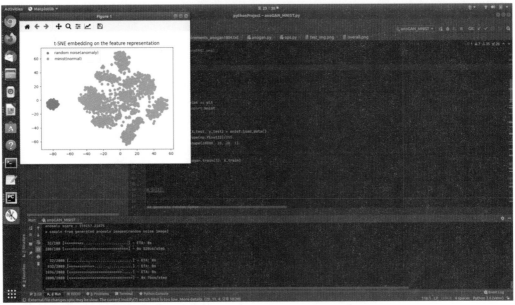

》》VAE (Variable Auto Encoder)

얼굴 사진을 학습해서 유사한 얼굴을 만들어 내는 Auto Encoder 기법이다. 기존 사진으로 학습해서 사진의 얼굴의 분포 확률 함수로 얼굴을 만들어 낸다.

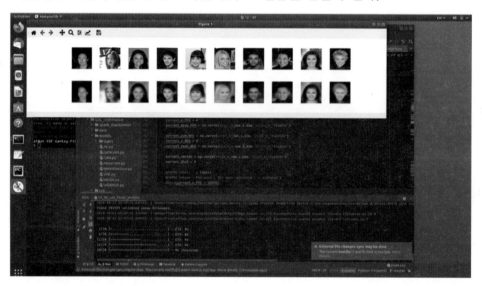

위는 실제 사진이고 아래는 인공지능이 얼굴 함수의 값으로 아래의 얼굴을 Auto Encoder 로 학습한 방식으로 다시 만들어 낸 것이다. 사진을 보관하는 것이 아니라, 아래와 같이 얼굴의 분포를 인식한 후 그 위치에 가면, 그 위치의 함수값으로 얼굴을 합성해내는 것이다. Auto Encoder는 인공지능 딥러닝으로 학습한 것이다.

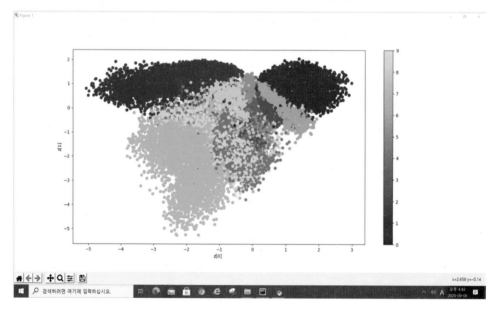

위의 분포에서 함수의 값을 잡으면, 아래와 같이 얼굴을 합성해낸다. 실제 존재하지 않는 사람의 얼굴도 합성할 수 있다. VAE는 GAN 방식보다 효율이 떨어져서 얼굴 외곽이 뿌옇게 나오는 것이 특징이다.

▼ 실제 테스트

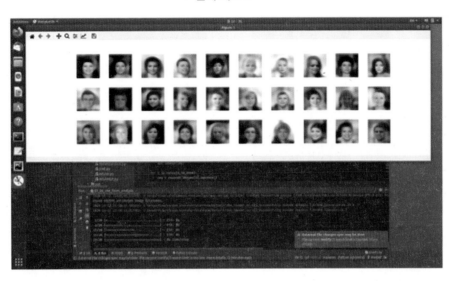

아래 그림처럼 학습하면서 얼굴 윤곽이 사람과 비슷해지는 과정을 볼 수 있다. 네모 박스 4개를 보면 학습 과정에 따라 얼굴이 사람과 비슷해지는 것을 알 수 있다.

≫ MINST-ACGAN

GAN 기법은 글자 쓰는 법을 배우는 과정으로 계속 학습해서 똑같은 글자를 스스로 쓰도록 하는 기법이다.

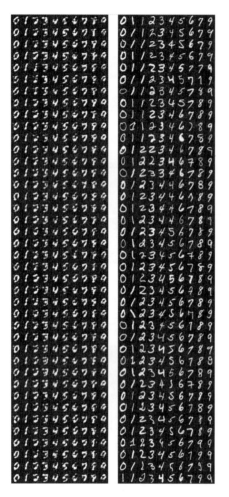

▲ 신경망 AC-GAN이 1회 학습한 후 쓴 글자이다. 왼쪽이 신경망이 쓴 글자이고, 오른쪽이 학습해서 쓴 글자이다.

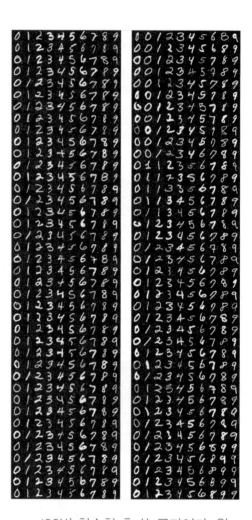

▲ 100번 학습한 후 쓴 글자이다. 왼쪽이 신경망이 쓴 것이고 오른쪽이 원래 글자이다. 100번 정도 학습하니 원본과 비슷하게 쓰기 시작한다.

≫ CycleGAN 90 epoch

CycleGAN은 말 사진을 학습한 후 일반 말을 얼룩말로 만드는 신경망이다.

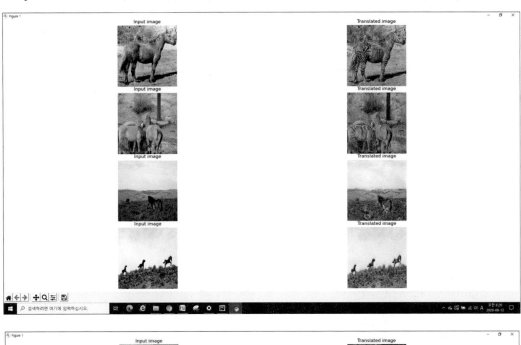

왼쪽이 원본이고 오른쪽이 신경망이 만든 것이다.

얼룩말이 일반 말로 바뀐다.

>> Deep Dream

정선의 산수화를 몽환적으로 바꾸는 기술이다. 왼쪽은 원본이고 오른쪽은 신경망이 만든 그림이다.

>> Neural Style Transfer

사진을 고흐의 화풍으로 바꾸는 신경망이다. 고흐의 그림을 주면, 신경망이 학습해서 사진을 유화처럼 바꿔주는 것이다.

앞으로는 사람이 직접 유화 그리는 법을 배우지 않아도 유화를 그릴 수 있는 시대가 올 것이다. 고흐의 그림을 주어서 학습하게 한다. 사진을 주면 유화처럼 바꾸어 준다. 신경망이 그린 그림이다.

뭉크 스타일 600/4000인데 4000번 학습을 해서 그린다. 그중에 600번째 신경망이 그린 그림이다.

◀ 뭉크의 그림

▲ 지인이 보내준 사진

▲ 신경망이 그린 그림

≫ 음악 작곡

신경망이 여러 클래식 음악을 학습하게 한다.

▼ 실제 테스트

신경망이 작곡한 피아노 곡이다. 일반인이 들어서는 작곡가가 만든 곡과 잘 구분되지 않고 클래식 느낌이 난다. 뽕짝, 가요, 팝송을 작작곡하게 했는데, 많은 곡을 학습하면 충분히 좋은 곡을 작곡할 수 있을 것 같다.

≫ Jetson Nano 에서 실행

PC가 아닌 포터블 환경에서 실행하고 Jetson Nano Board 보드에서 실행한다. ESP32와 같은 환경이나 여기는 인공지능 전용 보드이다.

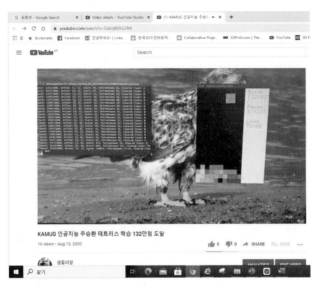

https://bit.ly/3j7nvq5

테트리스 게임을 가르쳤더니 하루만에 100만 점에 도달했다. 이를 보니 인공지능의 가능성이 와닿았다. 이제 인공지능의 시대가 확실히 열릴 것 같은데, 전체적인 상용화까지는 많은 시간이 걸릴 것으로 여겨진다.

물체 검출 방식이다. OpenCV로 진행

사람과 랩탑을 구분한다. ESP32에서도 충분히 구현 가능하다.

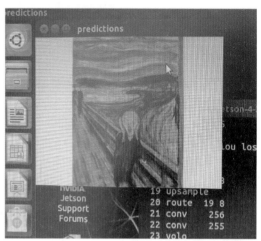

얼룩말은 구별하지만 뭉크의 절규 그림에 있는 사람은 구별해 내지 못한다.

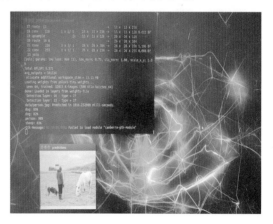

새와 사람, 개 등을 잘 구별한다.

》 인공지능 참고 문헌

 · Classification

https://bit.ly/3tQJlnO

 · Segmentation

https://bit.ly/3JOoiYx

 · Vae mnist

https://bit.ly/3lXf62G

 · Vae gray face

https://bit.ly/3qSgWvB

 · Vae sketch-rnn

https://bit.ly/3DnLTNr

 · 1d gan

https://stanford.io/3tOZNVv

 · Dcgan asian face

https://bit.ly/3K07y0v

 · Dcgan character generation

https://bit.ly/3JZrdxC

 · Style-transfer

https://bit.ly/36lm5iT

 · Pix2pix

https://bit.ly/3lYjxua

 · Colorization

https://bit.ly/3qOMlz5

 · Font generation

https://bit.ly/3qOrZpy

 · Conditional character generation

https://bit.ly/3tTt69C

확, 다른!
아두이노 사이다 교과서

초판인쇄 | 2022년 4월 12일
초판발행 | 2022년 5월   2일

지 은 이 | 주승환
발 행 인 | 김길현
발 행 처 | (주) 골든벨
등   록 | 제 1987-000018호   © 2022 GoldenBell Corp.
I S B N | 979-11-5806-576-8
가   격 | 23,000원

편집 및 디자인 | 조경미 · 남동우   **제작 진행** | 최병석
웹매니지먼트 | 안재명 · 서수진 · 김경희   **오프 마케팅** | 우병춘 · 이대권 · 이강연
공급관리 | 오민석 · 정복순 · 김봉식   **회계관리** | 문경임 · 김경아

(우)04316 서울특별시 용산구 원효로 245(원효로 1가 53-1) 골든벨 빌딩 5~6F
• TEL: 도서 주문 및 발송 02-713-4135 / 회계 경리 02-713-4137
        내용 관련 문의 02-713-7452 / 해외 오퍼 및 광고 02-713-7453
• FAX : 02-718-5510   • http : //www.gbbook.co.kr   • E-mail : 7134135@naver.com